MAISON DE CHABOT

ABO ✠ SIGILL

HISTOIRE
GÉNÉALOGIQUE
DE LA MAISON
DE CHABOT

PAR

L. SANDRET

NANTES

IMPRIMERIE DE VINCENT FOREST ET ÉMILE GRIMAUD

4, PLACE DU COMMERCE, 4

—

1886

INTRODUCTION

L A maison de Chabot, dont on va lire l'histoire, est une des plus anciennes et des plus nobles de France. Peu de familles, en effet, peuvent, comme elle, faire remonter aussi haut leur descendance prouvée, et présenter dès le XIe siècle des personnages aussi notables ; de telle sorte que Le Laboureur a pu dire avec vérité qu'elle était alors « en possession des plus grands honneurs de sa province [1]. »

Avant d'aborder les détails de cette histoire généalogique, nous avons cru devoir répondre brièvement à quelques questions préliminaires, indispensables pour éclairer le lecteur sur les points suivants :

> Le nom des Chabot,
> Leurs armoiries,

---

[1]. Addit. aux *Mémoires de Castelnau*, t. II, liv. VII.

L'origine de la famille,
Son berceau,
Ses diverses branches,
Son illustration,
Ses alliances.

I

On donne en Poitou, et peut-être ailleurs, le nom de chabot à un petit poisson à grosse tête. Est-ce la difformité physique d'un membre de cette maison qui l'a fait comparer à ce poisson, et lui en a fait donner le nom ? Est-ce la possession d'un étang, rivière, cours d'eau quelconque, où ce poisson abondait, qui en a fait désigner ainsi le propriétaire ? Nous ne pouvons le dire ; car la raison de ce nom, ou plutôt de ce surnom, qui est devenu le nom de la famille, nous est demeurée aussi inconnue que celle de beaucoup de noms propres, qui n'étaient anciennement que des sobriquets. La première explication que nous avons donnée de ce nom paraît toutefois être assez généralement admise ; nous l'admettrons aussi.

II

Dès lors, les armoiries des Chabot seront des armes parlantes, c'est-à-dire représentant, comme dans une sorte de rébus, le nom de la famille. Car elle porte : D'or, à trois chabots de gueules, nageant en amont, rangés deux en chef et un en pointe.

Elle a toujours conservé ces armes, qui remontent à une haute antiquité, et les a écartelées des macles de Rohan, après son alliance avec cette maison.

III

La grandeur de la maison de Chabot, comme toutes les grandeurs, a appelé la flatterie. Cette maison, jouissant de la plus haute noblesse, à une époque si reculée, ne pouvait pas manquer d'obtenir de l'imagination de chroniqueurs naïfs et amis du merveilleux une origine légendaire. Nous laisserons de côté ceux qui la font remonter à l'époque romaine et même au delà. On sait quelles fables ont inventées, dans les derniers siècles, les faiseurs de généalogies, pour relever les familles dont ils écrivaient l'histoire. On croyait alors ajouter à la gloire des maisons en leur donnant une origine fabuleuse. N'a-t-on pas fait descendre l'auteur de la nation française elle-même de Francus, fils de Priam, roi de Troie ?

D'autres écrivains sont plus réservés et n'osent pas remonter aussi haut ; mais en prétendant assigner une origine plus récente aux Chabot, ils ne sont ni plus véridiques, ni plus vraisemblables. Un entre autres, dont le témoignage nous a été conservé par Dupuy [1], raconte que Ferri Chabot, vivant au Ve siècle, aurait eu deux fils, Sebran et Adrian, de la sœur de l'Empereur d'Allemagne, qu'il nomme Frédéric. Ces deux fils auraient été envoyés en France, l'an 510, au secours de Louis V, roi de ce pays, et s'y seraient établis.

Signalons les anachronismes grossiers de ce récit : il n'y eut d'empereur d'Allemagne que depuis Charlemagne, plus de trois siècles après ; il n'exista d'empereur du nom de Frédéric qu'au XIIe siècle ; Louis V, roi de France, régna en 986.

La suite n'est pas moins absurde. Sebran Chabot, l'aîné, aurait épousé une fille de France, Radegonde, et en aurait eu Philippe Chabot, marié à Marguerite de la Marche, dont naquirent Brian et Hugues. Adrian

---

1. Dupuy, *Ms* ., t. 37.

Chabot, le puîné, aurait été le mari de Jeanne, fille du comte de Nevers, et aurait eu pour petit-fils Pierre Chabot, connétable de France. Ce récit n'a pas même le mérite de la vraisemblance, puisqu'il renferme presque autant d'erreurs historiques que de mots. Ce qui vient après est plus raisonnable. Un des descendants de ce Pierre, nommé Boniface, aurait été l'époux d'Agnès, fille d'un comte de Poitiers.

Ici nous trouvons la chronique d'accord avec l'opinion assez répandue, plausible, acceptée par plusieurs, et, à tous les points de vue, très acceptable, qui donne pour auteur à la maison de Chabot un descendant des ducs d'Aquitaine, comtes de Poitiers. Hâtons-nous toutefois d'ajouter que la filiation de ces seigneurs contredit cette origine, et qu'en supposant même que leur descendance soit imparfaitement connue, et que les Chabot aient pu avoir pour père un fils innommé des ducs d'Aquitaine, il faudrait, pour pouvoir se glorifier de cette supposition, en fournir la preuve ; or nous ne l'avons rencontrée nulle part.

On a dit [1] que Guillaume II, duc d'Aquitaine, dit Fier-à-Bras, avait eu un second fils, nommé Pierre. (C'est le même Pierre que nous donnons pour père aux premiers Chabot de notre histoire.) Ce Pierre, né vers la fin du Xe siècle, aurait eu, en venant au monde, la tête grosse ; ce qui lui aurait fait donner le surnom de Chabot. Nous ne nions pas que telle dut être la raison de ce surnom, mais rien ne prouve qu'il fut donné à un fils de Guillaume II, duc d'Aquitaine, et même que ce fils ait existé. Car les historiens ne lui reconnaissent qu'un seul fils, qui fut Guillaume III, et aucun document, aucune preuve ne vient appuyer l'allégation qui lui attribue un autre fils ; elle ne peut donc être admise dans un livre sérieux.

Contentons-nous de dire que, quelle que soit l'origine des Chabot, ils étaient déjà au XIe siècle de puissants seigneurs, ce qui permet de faire remonter leur noblesse à une date très reculée, quoique inconnue. Cette affirmation est assez honorable, pour qu'on ne cherche pas à donner à leur maison un lustre faux ou douteux.

1. Généal. de 1834.

IV

Nous trouvons en effet, au XIe siècle, les Chabot établis et possessionnés dans le Bas-Poitou, (aujourd'hui les départements de la Vendée et des Deux-Sèvres) bienfaiteurs des abbayes de cette région, ce qui nous permet de conjecturer que cette partie de la province fut le berceau de la famille. Elle s'étendit depuis dans le reste de la contrée et plusieurs de ses branches se fixèrent ailleurs : ainsi les seigneurs de Rays vinrent en Bretagne ; les seigneurs de Jarnac en Angoumois ; les seigneurs de la Turmelière en Anjou ; les seigneurs de Brion-Charny en Bourgogne ; enfin l'alliance des Chabot avec les Rohan les transporta à Paris et dans les divers domaines de la maison ducale de Rohan. Une branche, toutefois, est toujours demeurée dans le lieu d'origine, celle des seigneurs du Chaigneau, et ses descendants représentent de nos jours l'illustre maison des Chabot en Bas-Poitou. Ajoutons que, dans cette province, le souvenir de cette famille est conservé par les dénominations que portent plusieurs localités, telles que la Chabocière, les Prés-Chabot, les Bois-Chabot, etc., et par une construction récemment détruite, la Tour-Chabot, à Saint-Maixent.

V

Nous venons de citer plusieurs branches de cette maison. Celles qui en sont sorties sont assez nombreuses. On va lire l'histoire de celles du Bas-Poitou, de Vouvent et de la Roche-Cervière, de Rays, de la Grève, de Jarnac, de Sainte-Aulaye, devenue celle des Rohan-Chabot, par le mariage avec un Chabot, en 1645, de l'héritière du fameux duc de

Rohan, de Brion-Charny, du Chaigneau, de la Turmelière, de l'Aleu.
De toutes ces branches, deux seulement existent aujourd'hui : celle des
Rohan-Chabot, qui a produit plusieurs rameaux, et celle du Chaigneau.
Toutes les autres sont éteintes.

Mais nous devons faire observer que les branches, dont nous avons pu
établir sur preuves la filiation, ne sont peut-être pas les seules qui soient
sorties de cette maison. Outre plusieurs individus portant le nom de
Chabot dans la même province, et qu'il nous a été impossible de ratta-
cher à la même famille, il se peut que des Chabot, que nous trouvons
dans diverses localités à des époques plus ou moins éloignées, et même
encore de nos jours, proviennent de la même tige. Mais, pour affirmer
cette provenance, il faudrait pouvoir établir avec exactitude un point d'at-
tache et suivre la filiation sans interruption. Voilà ce qui manque mal-
heureusement à ces diverses familles. La prétention d'appartenir à l'an-
cienne maison des Chabot n'est point une raison, et la conformité d'ar-
moiries, si elle peut servir à confirmer des preuves positives, n'en peut
tenir lieu. Nous avons dû, par conséquent, ne pas les faire entrer dans
cette histoire généalogique. D'autres maisons, du même nom, nobles et
roturières, existant dans plusieurs provinces, même dans le Poitou,
n'ont d'ailleurs jamais appartenu à la nôtre, et nous n'avons pas à nous
en occuper.

VI

La maison dont nous écrivons l'histoire brille dans les temps anciens
d'un éclat qu'elle a conservé durant une longue suite de siècles, et elle
occupe encore de nos jours un rang distingué dans la noblesse française.

Ainsi, pour ne citer que les illustrations principales, dès le XIᵉ siècle,
un Chabot accompagne le duc d'Aquitaine en France avec les plus grands
vassaux du Poitou, un personnage de ce nom est élu évêque de Limoges ; au

XIIe, plusieurs Chabot figurent parmi les Croisés; un autre se distingue
de nouveau sur le siège épiscopal de Limoges; au commencement du
XIIIe, un Chabot est choisi comme témoin de la trève conclue entre Phi-
lippe-Auguste et le roi d'Angleterre Jean-sans-Terre; dans le cours du
même siècle, commence la branche des seigneurs de Rays, qui jette pen-
dant plus de 150 ans un grand lustre sur la maison de Chabot; au
XIVe, ils se distinguent au premier rang parmi les défenseurs de la
France, dans les guerres avec les Anglais; au XVe, leurs services et leur
bravoure sont l'objet de distinctions accordées par les princes de la
maison royale; au XVIe, un des plus grands généraux du règne de
François Ier est l'amiral Chabot, auteur de la branche de Brion-Charny,
laquelle conserva plus de cent ans le gouvernement de la Bourgogne; au
XVIIe, un Chabot s'allie avec la maison ducale de Rohan, joignant en-
semble deux noms illustres; le XVIIIe siècle voit les Chabot remplir des
postes éminents à la cour et à l'armée; la Révolution en fait des émigrés
et les dépouille d'une partie de leur fortune, mais ne peut leur enlever
leur illustration; enfin, au XIXe siècle, les Chabot occupent les fonctions
les plus hautes de notre société moderne, telles que celles d'archevêque et
de cardinal, de généraux, de pairs de France, de députés, de conseillers
généraux, etc.

VII

A toutes ces illustrations se joint celle des alliances. Nous ne pren-
drons pas la peine de les énumérer ici; il suffira, pour les connaître, de
parcourir cette histoire. Qu'il nous soit seulement permis de dire
qu'elles unirent les Chabot aux familles les plus distinguées, les plus
éminentes même, tant du Poitou que des autres provinces, et que ces
unions, sans ajouter au lustre de leur maison, la maintinrent dans le
rang élevé que méritaient son ancienneté et l'éclat de sa noblesse. Remar-

quons aussi que l'union d'Eustachie Chabot, fille de Thibaud II Chabot, qui vivait au XIIe siècle, avec Geoffroi I de Lusignan, et celle de Jacques Chabot, baron de Jarnac, au XVe, avec Madeleine de Luxembourg, rattachent les Chabot aux maisons impériales et royales de l'Europe, à la maison de France, qui toutes descendent des Lusignan et des Luxembourg. Ce n'était donc pas par pure étiquette, mais bien plutôt à cause de leur parenté avec les Chabot, que les rois de France leur donnaient le titre de cousins.

Il nous reste à exposer en peu de mots notre manière de procéder. Nous avons démêlé, non sans peine pour plusieurs degrés, la filiation que nous avons soigneusement établie ; nous avons distingué avec clarté les différentes branches et indiqué leurs points d'attache ; nous avons raconté, sur chacun des personnages, tant des aînés que des puînés, les faits principaux de leur vie, qu'il nous a été possible de connaître, même les faits moins honorables, ainsi que le demande l'impartialité de l'histoire, etc. Notre récit est fait simplement et avec sobriété, sans les digressions dont il est si facile de grossir un livre de ce genre ; mais surtout avec une exactitude scrupuleuse, car nous nous sommes imposé la loi de ne rien avancer qui ne soit appuyé sur les documents. Nous croyons avoir ainsi, malgré notre insuffisance, travaillé à faire mieux connaître l'illustre maison de Chabot, et avoir répondu à la confiance dont nous ont honoré ses représentants actuels en nous chargeant d'être leur historien.

A la suite de l'histoire généalogique, on trouvera un certain nombre de documents originaux, les plus curieux et les plus intéressants, choisis parmi la masse considérable de pièces qui concernent cette maison. Ils serviront, pour plusieurs degrés, de pièces justificatives, et même ils offriront à l'histoire générale de précieux renseignements.

OUVRAGES CONSULTÉS ET CITÉS

MANUSCRITS

Archives de la Côte-d'Or.
— de la Gironde.
— de la Loire-Inférieure.
— de Maine-et-Loire.
— de M. le duc de la Trémoille.
— Nationales.

Armoiries de Baluze, *apud* Bibliothèque nation., mss.

Besly, — notes mss. *apud* Mss. de Dupuy.

Bibliothèque nationale. Manuscrits.

Cabinet des titres, *apud* Bibliothèque nationale, mss.

Carrés de d'Hozier, *apud* Bibliothèque nationale, mss.

Cartulaires de l'Absie, *apud* Arm. de Baluze. Bibl. nation., mss.

— de Montmorillon, *ibid.*

— de Rays, appartenant à M. le duc de la Trémoille.

Registres de la Chambre des Comptes, *apud* Archives nationales.

Decamps. Collection, *apud* Bibliothèque nation., mss.

Duchesne (A.) — Manuscrits.

Dupuy (P.) — Manuscrits.

Estiennot (D.) — *Antiquités bénédictines.*

Fonteneau (D.) — Documents sur le Poitou.

Housseau (D.) — Documents sur la Touraine.

Inventaire de l'Absie, *apud* Mss. de Dupuy.

Inventaire du *Chartrier de Thouars*, appartenant à M. le duc de la Trémoille.

Inventaires de Henri, duc de Rohan-Chabot, et de Marguerite sa femme, appartenant à M. le prince de Léon.

Pièces originales, *apud* Biblioth. nation., mss.

Recueil d'épitaphes, *ibid.*

Titres scellés, *ibid.*

Trésor des Chartes. — Layettes et registres.

Villevieille (D.) — *Trésor généalogique, apud* Bibliot. nation., mss.

IMPRIMÉS

Actes de l'assemblée de la Rochelle, *apud* Archives du Poitou.

Almanach royal.

Anquez. — *Histoire des assemblées des réformés.*

Anselme (P.) — *Histoire des grands officiers de la couronne.*

Argenson (d'). — *Mémoires.*

Art de vérifier les dates.

Barbier. — *Journal.*

Besly. — *Histoire des comtes de Poitou.*

Bouchet (J.). — *Annales d'Aquitaine.*

Boutaric. — *Saint Louis et Alphonse de Poitiers.*

Bulletin de la Société de la Charente.

Cabinet du Saint-Esprit. — Pièces imprimées.

Cartulaires de Coudrie.

     —   de Fontaines.

     —   de la Chaise-le-Vicomte.

     —   de la Chartreuse de Durbon.

     —   de la Couture.

     —   de Noaillé.

     —   de Notre-Dame de Saintes.

     —   d'Orbestier.

     —   de Commequiers.

     —   de Sallertaine.

     —   de Talmond.

     —   ſ de Turpenay.

Chaperon (H.). — *Généalogie de la famille Chaperon.*

Courcelles. — *Pairs de France.*

Duchesne (A.). — *Maison des Chasteigners.*

     —   *Maison des Chastillon.*

Dupaz. — *Généalogies de Bretagne.*

Filleau. — *Nobiliaire du Poitou.*

Gallia christiana, II.

Généalogie des Chabot de 1834.

Granier de Cassagnac. — *Histoire des Girondins.*

Hénault (près.). — *Abrégé chronologique.*

Histoire du 10 août. Paris, 1829.

Gazette de France.

Labbé. — *Bibliotheca nova. Concil.* IX.

Ledain (Bél.) — *Histoire de Bressuire.*

Le Laboureur, *apud Mémoires de Castelnau.*

Lobineau (D.). — *Histoire de Bretagne.*

Mannier (L.) — *Commanderies de Malte.*

Marchegay. — *Cartulaires du Bas-Poitou.*

Monti. — *Montres du Poitou.*

Morice (D.). — *Histoire de Bretagne.*

Raoul de Dicé, *apud* Historiens de France.

Registres du Parlement. — Olim.

Revue nobiliaire.

Rymer. *Fœdera.*

Sainte-Foix. — *Histoire de l'Ordre du Saint-Esprit.*

Saint-Simon. — *Mémoires.*

Souvenirs du château d'Angouléme.

Thou (de). — *Histoire universelle.*

Vertot (de). — *Histoire de Malte.*

HISTOIRE GÉNÉALOGIQUE

DE LA MAISON DE CHABOT

HISTOIRE GÉNÉALOGIQUE

DE LA

MAISON DE CHABOT

N a vu dans l'Introduction ce qui nous a paru être la vérité touchant l'origine de la maison de Chabot et le lieu de son berceau. En commençant l'histoire généalogique suivie de ses membres, depuis le XI⁰ siècle jusqu'à nos jours, nous avons dû nous préoccuper de rechercher l'auteur de sa longue descendance.

Nous avons la preuve certaine de l'existence, au milieu du XI⁰ siècle, de Guillaume Chabot en 1040, et de Pierre Chabot vers 1060, auteurs respectifs de deux branches ; mais s'il nous est permis de supposer qu'ils descendent d'un auteur commun, nous devons avouer que, malgré nos recherches, nous n'avons pu en obtenir la preuve positive. Nous sommes réduits à proposer de leur donner pour père Pierre Chabot, que l'auteur de la *Généalogie* imprimée en 1834 sur des documents que nous n'avons pu contrôler, présente comme formant le premier degré de la descendance. Il est vrai que le même généalogiste ne lui donne pour fils que Guillaume, et fait de Pierre, qui vivait vers 1060, son petit-fils. Nous avons dit que cet auteur, ainsi que ses devanciers, est peu exact dans la description des degrés des anciennes branches, faute d'avoir pu profiter de documents qui lui sont restés inconnus. Nous avons pu établir sur des preuves, citées en leur lieu, la descendance de ce Guillaume dans laquelle Pierre ne figure pas. D'un autre côté, ces deux personnages portant le nom de Chabot, et occupant, à la même date, une situation importante dans la même province, nous paraissent pouvoir descendre d'une souche commune, et, à défaut d'autre attribution prouvée, nous proposons de faire de Guillaume et de Pierre Chabot deux frères et de leur donner pour père ce premier Pierre Chabot, cité d'après l'auteur de la *Généalogie de 1834,* dans des titres de 1008, 1018, 1020, et vivant encore en 1030, lequel aurait épousé Béatrix de Pierre-Buffière.

Enfants présumés de Pierre et de Béatrix.

1º *Guillaume* Chabot, auteur de la branche éteinte, dite du Bas-Poitou.

2º *Pierre* Chabot, auteur de la branche des seigneurs de Vouvent et de la Roche-Cervière.

Nous devons mentionner ici, mais sans prétendre les compter

au nombre des fils de Pierre Chabot, deux autres personnages du nom de Chabot, que nous trouvons cités à la même époque:

Lezin Chabot, seigneur de la cour de Philippe Ier, lequel souscrivit une charte pour S.-Martin-des-Champs, en 1070 [1];

Itier Chabot, élu évêque de Limoges vers 1050, qui occupa ce siège jusqu'à sa mort arrivée en 1073. « Il était, disent les auteurs de la *Gallia christiana*, d'une origine très noble, appartenant à la famille des Chabot [2]. »

La descendance de Pierre Chabot n'étant que présumée, nous ne le compterons pas dans la série des degrés de notre histoire généalogique.

1. Besly, *Histoire des comtes de Poitou.*
2. *Gallia christ.* II, p. 515. — Voir le récit de son élection dans Labbé, *Concil.* T. IX, p. 1060.

LIVRE PREMIER

CHAPITRE I.

BRANCHE DES CHABOT DU BAS-POITOU.

Nous donnons le nom de *Branche du Bas-Poitou* à celle dont Guillaume I Chabot est l'auteur au XIe siècle, parce que c'est surtout dans les Cartulaires des Monastères du Bas-Poitou que se trouvent les documents qui la concernent. On peut donc supposer avec vraisemblance que ses membres avaient leurs possessions principales dans cette partie de la province.

I

GUILLAUME I Chabot, présumé fils aîné de Pierre Chabot et de Béatrix de Pierre-Buffière, eut pour femme Aenor [1].

1. D. Fonteneau, XXV, f. 13.

C'est, sans aucun doute, ce Guillaume qui signa, comme témoin, avec Henri I, roi de France, Guillaume VI, duc d'Aquitaine, Guillaume II, seigneur de Parthenay, et d'autres principaux seigneurs du Poitou et de l'Anjou, la charte de dotation de l'abbaye de la Sainte-Trinité de Vendôme, faite par Geoffroy II, dit Martel, comte d'Anjou, et par Agnès de Bourgogne, sa femme, veuve de Guillaume IV, duc d'Aquitaine, en 1040 [1].

Vers 1055, Guillaume Chabot fit, avec sa femme Aenor et son frère Geoffroy, une donation de terres, salines, dîmes et rentes à l'abbaye de Maillezais, pour le salut de leurs âmes et pour obtenir d'être associés aux prières des religieux [2]. Guillaume Chabot figure comme témoin, vers 1060, dans une charte d'Aimery de Rochechouart, par laquelle celui-ci restitue à l'abbaye d'Uzerches des terres qui lui avaient été données par son père [3]. Nous trouvons encore, en 1075, un Guillaume Chabot, témoin d'un acte de Guillaume duc d'Aquitaine, confirmant les donations faites par sa mère à l'abbaye de Vendôme [4]. Mais il se peut que ce Guillaume Chabot soit Guillaume II, fils puîné de Guillaume I.

Celui-ci en mourant ne laissa que deux fils.

Enfants de Guillaume I et d'Aenor.

1° *Gautier*, qui suivra.

2° *Guillaume* II Chabot. Ce Guillaume, fils puîné de Guillaume I, nous est mieux connu que son père. Sa femme se nommait *Pétro-*

---

1. A. du Chesne, *Hist. de Châtillon*, p. 482.
2. D. Fonteneau, XXV, f. 13.
3. Mss. de la bibl. nation., *fonds lat.* ; 17117, f. 71.
4. *Arm. de Baluze*, XLVII, f. 280.

nille. Elle était sœur de Geoffroy Gilbert et de Guillaume, archidiacre et depuis évêque de Poitiers [1], de 1117 à 1123.

Nous voyons Guillaume II Chabot donner, avec son frère Gautier, à l'abbaye de Sainte-Croix de Talmond, vers 1080, « pour le salut de leurs âmes et des âmes de leurs parents, » une dîme sur des terres sises à Saint-Martin en l'Ile (de Rhé) et à Saint-Vincent du Beuil [2] ; vers 1085, le quart de la dîme des vignes qui leur appartenaient dans une terre nommée *Ulmosa* à cause des ormes (*ulmi*) qui la couvraient [3].

Guillaume II figure seul, en 1087, dans la donation de l'église et de la terre de Saint-Sulpice, diocèse d'Angoulême, faite à l'abbaye de Charroux [4]. Mais la même année 1087, nous voyons les deux frères réunis donner à l'abbaye de Talmond un demi-quartier d'une terre sise aux Sables et dépendant de leur fief, que Raoul, moine de cette abbaye, avait plantée de vignes [5].

En 1091, Guillaume II souscrit une charte de Hugues l'Archevêque, seigneur de Parthenay, par laquelle celui-ci donnait Château-bourdin à l'abbaye de Saint-Julien de Tours [6].

Du temps d'Alexandre, abbé de Sainte-Croix de Talmond, qui siégeait en 1092, Guillaume II Chabot, Pétronille sa femme, et ses fils Brient, Guillaume et Gilbert, donnent à ce monastère tout ce qu'ils possèdent à Lamairé, et confirment cette donation à deux reprises [7]. A la même époque, « Guillaume Chabot concéda à la même abbaye,

---

1. *Cartul. de Talmond,* n° 293.
2. *Cartul. de Talmond,* n° 37.
3. *Ibid.,* n° 44.
4. D. Fonteneau, IV.
5. *Cartul. de Talmond,* n° 305. — D. Fonteneau, XXVI, f. 15.
6. D. Villevieille. *Trésor généalogique,* verbo *Chabot.*
7. *Cartul. de Talmond,* n° 107.

sous le village de Lamairé, tout ce que ses prédécesseurs avaient donné à Saint-Léger; savoir : la dîme de toute la terre de la paroisse de Saint-Léger, lorsqu'elle aura été plantée en vignes... Plus tard ledit Guillaume, étant dans sa maison à Parthenay, fit ratifier cette concession à Chabot le jeune et à Brient, ses fils, et à Pétronille sa femme . » L'absence du nom de Gilbert dans ce dernier acte permet de croire qu'il était mort; il n'est d'ailleurs mentionné en aucun autre acte.

Guillaume II Chabot vivait encore en l'an 1105, auquel il autorisa la donation faite à Sainte-Croix de Talmond par Dalmace et Garin frères, de la dîme d'une vigne sise à Saint-Vincent, laquelle dépendait de son fief [2]. On ignore la date de sa mort. Il avait eu pour fils :

1° *Brient* Chabot. Après ce qui a été dit de lui dans l'article de Guillaume II son père, nous ajouterons ce qui suit : Son oncle maternel Geoffroy Gilbert étant mort, « très nobles hommes, ses neveux, savoir Brient Chabot et les autres ses héritiers, furent bannis de la Gastine par la méchanceté et la persécution de Guillaume dit lA'rchevêque [3]. » Ce fait eut lieu vers 1150, d'après l'éditeur du *Cartulaire de Talmond*.

Le 27 mai 1152, Brient Chabot est témoin, avec Sebrand Chabot, son cousin, de la donation de la forêt de Vasles faite à l'abbaye de Saint-Maixent, par Eléonore, duchesse d'Aquitaine [4].

Nous ignorons si Brient Chabot laissa des enfants de *Sybille* sa femme [5].

1. *Cartul. de Talmond*, n° 107.
2. *Ibid.*, n° 212.
3. *Ibid.*, n° 307.
4. D. Fonteneau, XVI, f. 19.
5. *Invent. de l'Absie*, ap. Du Puy, t. DCCCXXVIII, f. 113.

2º *Guillaume* III Chabot. Il est cité dans les actes mentionnés à l'article de Guillaume II son père. Il fut, vers 1150, victime, comme ses autres frères, de la persécution de Guillaume l'Archevêque[1]. En 1152, nous trouvons une charte de Guillaume Chabot en faveur des chanoines de la Trinité de Mauléon[2]. Guillaume prit part, en 1164, à un accord entre Hugues Chabot, que nous croyons avoir été son frère, et l'abbaye de Noaillé[3]. Le même Guillaume était présent, en 1176, à l'acte de donation d'une île de la Loire, faite à l'abbaye de Turpenay, diocèse de Tours, par Guillaume de Montsoreau[4]. C'est aussi Guillaume III, probablement, qui signa comme témoin l'acte de fondation de l'abbaye des Fontenelles au diocèse de Luçon, par Guillaume de Mauléon, seigneur de Talmond, et Béatrix de Machecoul, sa femme, vers 1180.

D'après l'accord avec l'abbaye de Noaillé que nous venons de mentionner, Guillaume III Chabot avait épousé une femme du nom de Béatrix.

Là se borne tout ce que nous savons de Guillaume III, dont nous ignorons la descendance.

3º *Gilbert* Chabot. Tout ce que nous connaissons de lui est rapporté dans l'article de Guillaume II son père.

4º *Hugues* Chabot nous paraît devoir être donné pour quatrième fils à Guillaume II. Nous trouvons en effet, en 1164, un accord, cité plus haut, entre Hugues Chabot et l'abbé de Noaillé, touchant la dîme de Sainte-Gaudence, dans le Niortais. Cet accord est consenti par Hugues, sa femme Maximille, Hugues et Pierre ses fils,

---

1. *Cartul. de Talmond*, nº 309.
2. D. Fonteneau, XVII.
3. *Cartul. de Noaillé.* — D. Fonteneau, XX, f. 601.
4. *Cartul. de Turpenay*, nº 28.

Philippe et Villane ses filles, Guillaume son frère et Béatrix femme de Guillaume, qui tous cèdent à cette abbaye ce qui était tenu d'eux féodalement dans ladite dîme ι. La date, la communauté des droits, le nom du frère nous paraissent justifier l'opinion qui ferait de ce Hugues un fils de Guillaume II. Il est vrai que son nom ne figure pas dans l'énumération des fils de Guillaume II, cités dans l'acte de donation au monastère de Sainte-Croix de Talmond; mais on pourrait répondre que Hugues était alors trop jeune pour figurer dans un acte de cette importance.

Hugues Chabot, nous venons de le voir, avait épousé une femme du nom de Maximille, dont il avait eu deux fils, Hugues et Pierre, et deux filles, Philippe et Villane, sur lesquels nous ne possédons aucun renseignement. Peut-être faut-il regarder Hugues, fils aîné de Hugues Chabot, comme le père d'un *Briand* Chabot, qui, dans une charte de 1209, rendit à Aenor, veuve de P. Topinel, la baillie de Pasnai et autres fiefs, que son père Hugues Chabot avait cédés de son vivant à ce P. Topinel². Celui-ci, en 1221, du consentement d'Aeline de Madré sa femme, fille de Hugues de la Lande, donna à l'abbaye de Moutierneuf, à charge de messes et d'anniversaires, le quart d'une dîme sise à Lyssec³, et enfin, en 1241, donna à l'abbaye de l'Absie, la terre de Jarrocère⁴, etc. Toutefois, nous ne pouvons rien affirmer touchant l'origine de ce Briand Chabot, et, faute de documents, nous arrêterons ici la descendance de Guillaume II Chabot, fils puîné de Guillaume I.

---

1. *Cartul. de Noaillé.* — *Fonds latin*, 5450, f. 104. — D. Fonteneau, XX, f. 661.
2. D. Fonteneau, XVI, f. 125.
3. *Ibid.*, XIX, f. 369.
4. D. Villevieille. *Trésor généalogique.*— *Cartul. de l'Absie*, ap. arm. de Baluze, LI.

II

GAUTIER I Chabot, fils de Guillaume I et d'Aenor sa femme, dut être le frère aîné de Guillaume II, car il est toujours nommé le premier dans les actes. Il épousa *Valence*, dont on ignore le surnom.

Vers 1078, Gautier Chabot confirma, avec d'autres seigneurs, un jugement arbitral rendu, dans une contestation, au sujet de la propriété de plusieurs vignes, entre Rainulfe Gastule et Euvrard, abbé de Sainte-Croix de Talmond [1].

Quelques années plus tard, vers 1080, il donna avec son frère Guillaume « à Euvrard, abbé, et à l'église de Sainte-Croix, pour le salut de leurs âmes et des âmes de leurs parents, une dîme sise à Saint-Martin en l'Isle (de Rhé) et à Saint-Vincent du Beuil [2]. » La même année, ils sont tous deux témoins d'une donation faite à cette abbaye [3].

Vers 1085, Gautier et Guillaume Chabot frères « donnent aux religieux de Sainte-Croix la quatrième partie de la dîme des vignes sises en leur terre appelée *Ulmosa*, à cause des ormes (*ulmi*) qui la couvrent [4]. » En 1087, les deux frères font ensemble de nouvelles donations à la même abbaye [5].

De 1093 à 1100, nous voyons figurer le nom de Gautier Chabot au nombre des témoins de divers actes concernant Sainte-Croix de Talmond. Dans une circonstance, il y joua un rôle plus important.

1. *Cartul. de Talmond*, nº 51.
2. *Ibid.*, nº 37.
3. *Ibid.*, nº 41.
4 *Ibid.*, nº 44.
5. D. Fonteneau, XXVI.

« Du temps de l'abbé Alexandre (1095), Barbotin, fils de Goscelin de les Castaneis, fit une chicane audit abbé, au sujet d'une terre donnée par son père à Sainte-Croix, prétendant qu'il avait agi par contrainte. Les barons opinèrent que l'abbé devait produire un témoin qui pût attester que la donation avait été libre, et qui en voulût faire le serment. Alors Gautier Chabot s'avança et dit que pour l'amour de Sainte-Croix il s'engageait à faire ce serment. Le jour fut fixé pour le recevoir. L'époque étant arrivée, Gautier se présenta pour prononcer son serment; mais Barbotin, le voyant prêt, renonça au serment et rendit la terre [1]. »

Vers 1100, Gautier Chabot et Valence sa femme « donnent, pour leurs âmes et celles de leurs parents, au monastère de Bois-Grolland, la dîme des salines sises *apud Dorsum-Asini,* en Bas-Poitou. »

Gautier I dut mourir peu après cette donation, en laissant plusieurs enfants; mais il est assez difficile d'établir exactement sa descendance. Deux fils, Payen et Gaudin, peuvent lui être attribués, sinon avec certitude, du moins avec une grande probabilité. Payen, frère de Gaudin, d'après un acte que nous citerons plus loin, eut pour fils Gautier, lequel, d'après le même acte, avait un autre Gautier pour aïeul. Cet aïeul, à notre avis, ne peut être que celui qui est l'objet de cet article. Cette filiation se trouvera éclaircie quand nous parlerons de Gautier II, fils aîné de Payen.

Faut-il donner pour troisième fils à Gautier I, *Hervé* ou *Arvé* Chabot, seigneur de Mareuil, dont le fils Thibaud et la fille Beline approuvèrent la charte de fondation de l'abbaye de Trizay, au diocèse de Luçon, vers 1124 [2] ? Nous ne pouvons répondre à cette question, nous contentant de citer les noms de cet Hervé Chabot et

---

1. *Cartul. de Talmond,* n° 60.
2. *Gallia christ.* II. Instrum. Col. 422.

de ses enfants. Nous ne donnons donc à Gautier I et à Valence sa femme, que deux fils.

Enfants de Gautier I et de Valence.

1° *Payen* Chabot qui suivra.

2° *Gaudin* Chabot nous est connu par quelques documents que nous allons indiquer.

En 1090, nous trouvons Gaudin Chabot, chevalier, présent au jugement de la cour de Pierre, seigneur de la Garnache, rendu contre Jean *de Pedetorto,* relativement à des droits du prieuré de Salertaine, dépendant de l'abbaye de Marmoutier [1]. En 1100, il est témoin, avec son frère Payen, d'une donation de terre faite à l'abbaye de Talmond [2]. Vers 1140, il est encore témoin de deux donations au prieuré de Salertaine [3] et d'une charte de Pierre, seigneur de la Garnache, en faveur des Templiers [4].

Un peu plus tard, entre 1140 et 1150, Gaudin, avant de mourir, répara une injustice dont il s'était rendu coupable envers l'abbaye de Sainte-Croix de Talmond. On a vu plus haut que Guillaume II Chabot, son oncle, avait donné à ce monastère la dîme de certaines vignes, sises à Saint-Vincent du Beuil, et lui avait cédé une terre de son fief sise aux Sables et plantée de vignes par un des religieux. Payen, frère aîné de Gaudin, avait, après la mort de leur oncle, respecté ses libéralités, et, non content de laisser le monastère jouir en paix de ces donations, y avait ajouté de nouvelles concessions [5].

---

1. D. Villevieille. *Trésor généalogique.*
2. *Cart. de Talmond,* n° 154.
3. *Cart. de Salertaine,* n⁰ˢ 4 et 7.
4. *Cartul. de Condrie,* ap. *Arch. histor. du Poitou,* t. XI.
5. *Cartul. de Talmond,* n° 305.

Payen étant mort vers 1140, Gaudin succéda aux droits de son frère
d'après la coutume du Poitou, appelée *viage*, laquelle investissait
le frère cadet des fiefs du frère aîné défunt, au détriment des enfants
de celui-ci, qui ne succédaient à l'héritage de leur père qu'après la
mort de son dernier frère. Gaudin ne respecta pas les volontés de
son oncle et de son frère. Il enleva aux religieux de Sainte-Croix les
terres objet des donations, ainsi qu'une vigne donnée au même monastère par Pierre Tetmer, et située à la Planche, et se les appropria. Cette injustice le fit excommunier. « Quelques années après,
il arriva que Gaudin Chabot tomba lui-même malade. Sentant sa
fin approcher et reconnaissant combien il s'était rendu coupable
envers l'abbaye de Sainte-Croix et la mémoire de son frère, il résolut
de réparer sa faute. En plein chapitre, en présence de l'abbé et de
tous les religieux de Talmond, il leur restitua leurs vignes, rendit au
prieuré de Saint-Vincent le demi-quartier de vignes des Sables, et y
ajouta plusieurs autres terres [1]. »

Gaudin dut mourir peu de temps après cette restitution, c'est-à-
dire vers 1150. Nous ignorons s'il laissa des enfants, si même il
avait été marié. Ses biens revinrent à Gautier II Chabot, fils aîné de
son frère Payen.

III

PAYEN Chabot, fils aîné de Gautier I et de Valence, figure comme
témoin dans plusieurs actes. Ainsi, vers 1095, il assiste à la donation
de la dîme de Longeville, faite à l'abbaye de Talmond, par Eude,
fils d'Auger [2]; en 1098, il est présent à la preuve par le duel em-

1. *Cart. de Talmond*, nᵒˢ 330 et 336.
2. *Ibid.*, nᵒˢ 151.

ployée par les moines de Fontaines contre ceux de Talmond, pour établir leur droit sur les marais d'Angles [1] ; de 1099 à 1120, nous trouvons le nom de Payen Chabot au bas de plus de vingt chartes dans le seul cartulaire de Sainte-Croix de Talmond ; enfin, en juillet 1122, il souscrit une charte contenant la ratification d'une donation du prieuré de Saint-Christophe, faite à l'abbaye de Saint-Florent de Saumur par Geoffroy de Sanzay, ratification approuvée par la femme du donateur [2].

Quelques années plus tard, Payen, devenu héritier de son oncle Guillaume II Chabot, probablement pour une partie de ses biens seulement, puisque les enfants de celui-ci vivaient encore, confirma les donations faites par lui à l'abbaye de Talmond et y ajouta de nouvelles terres [3].

Enfin, vers 1140, « Payen Chabot, dit le Cartulaire de Talmond [4], étant gravement malade et sentant sa fin approcher, fit venir l'abbé de Sainte-Croix, lui demanda et reçut l'habit monastique. Il le pria en outre de se charger d'un enfant, auquel, pour l'amour de Dieu, il fournissait le nécessaire, et de le faire moine ; ce qui lui fut accordé. Ce seigneur, sur les biens qui lui appartenaient par droit d'héritage, donna aux serviteurs de l'église de Sainte-Croix sa part de la dîme de la Martelle, et la dîme de ses enclos, sis près du château, sur le chemin qui conduit à Orbestier. » Nous avons dit, à l'article de Gaudin, frère puîné de Payen, ce qu'il arriva de ces donations après la mort de celui-ci.

Payen Chabot eut de sa femme, dont nous ignorons le nom, deux fils et deux filles.

---

1. *Cart. du prieuré de Fontaines*, 15.
2. D. Villevieille. *Trésor généalogique.*
3. *Cart. de Talmond*, nᵒ 305.
4. *Ibid.*, nᵒ 336.

Enfants de Payen et de N...

1º *Gautier* II Chabot qui suit.

2º N... Chabot, cité comme frère de Gautier dans un acte de 1147 [1].

3º *Villane,* mariée à Soldène *(Soldenus).*

4º *Gélose,* femme de Pierre Agne *(Agnus).* Voici tout ce que nous savons de ces deux filles :

Après la mort de Payen leur père, et de Gaudin leur oncle, elles contestèrent, d'accord avec Gautier II, leur frère aîné, aux religieux de Talmond la dîme de la Martelle, que ceux-ci tenaient de leur père. Mais bientôt après, Villane tomba malade, et, craignant de mourir, elle leur abandonna à perpétuité, du consentement de son mari, sa part de cette dîme. Gautier II, comme nous le dirons, en fit autant, et Gélose, leur sœur, ne tarda pas à imiter leur exemple. Tombée malade elle-même, elle fit consentir son mari à céder à perpétuité à l'abbaye sa part de la même dîme [2].

IV

GAUTIER II Chabot, fils aîné de Payen et petit-fils de Gautier I, épousa une femme du nom de *Ponce* (Poncia).

Après la mort de Payen son père, et de Gautier son oncle, Gautier II, investi de leurs héritages, comme nous l'avons dit, contesta aux religieux de Sainte-Croix de Talmond, d'accord avec ses deux sœurs, la dîme de la Martelle. Mais, « revenu à de meilleurs sentiments, et comprenant combien il se rendait coupable envers Dieu

---

1. *Cartul. de Talmond,* nº 348.
2. *Cartul. de Talmond,* nº 339.

et les âmes de ses parents, il ratifia leur donation, du consentement de Ponce sa femme [1]. » Plus tard, il voulut ajouter à leurs libéralités envers la même abbaye, et, « du temps de l'abbé Giraud, dit le Cartulaire de Talmond [2], s'étant présenté dans le chapitre, il nous donna une partie de son verger située derrière la maison de l'Aumône, jusqu'à l'extrémité du château, d'accord avec Ponce son épouse. Pour cette présente donation, il fut associé à nos prières. Il demanda qu'il fût dit un trentain de messes dans notre monastère pour son salut, celui de son frère défunt, de Gautier Chabot son aïeul, de Payen, de Gaudin et de tous ses parents. » C'est cet acte, qui, ainsi que nous l'avons remarqué à l'article de Gautier I, nous paraît établir la descendance de celui-ci, père de Payen et de Gaudin, et aïeul de Gautier II fils de Payen.

Nous ignorons quels furent les enfants de Gautier II Chabot et de Ponce sa femme. Mais il nous paraît très probable que sa fille ou l'une de ses filles épousa Maurice de Beaulieu. Voici sur quelles raisons nous appuyons cette conjecture. Nous lisons dans le *Cartulaire de Talmond* que, en 1223, Maurice de Beaulieu, héritier et seigneur de la terre et du fief de Gautier Chabot, qui dépend du fief du seigneur de Mauléon, fit une donation à Sainte-Croix [3]; que, en 1229, le même Maurice de Beaulieu fit une nouvelle donation au même monastère, « du consentement et de la volonté *de Chaboce*, son épouse [4]. » Le titre d'héritier de Gautier Chabot, le nom de la femme, le rapport des dates nous paraissent devoir justifier notre opinion.

Nous devons arrêter ici la description de la branche que nous

1. *Cartul. de Talmond*, nº 339.
2. *Ibid.*, nº 348.
3. *Ibid.*, nº 487.
4. *Ibid.*, nº 516.

avons intitulée *branche du Bas-Poitou*. On trouvera peut-être qu'il nous a fallu beaucoup de patience et de soin pour reconstituer les détails d'une branche, dont nos devanciers n'avaient pas même soupçonné l'existence. Nous rencontrons encore, dans les nombreux documents que nous avons eus sous les yeux, beaucoup de noms qui, probablement, pourraient y être rattachés. Mais en l'absence de preuves, fidèle à notre méthode d'exactitude scrupuleuse, nous ne devons pas leur donner place dans la généalogie. Nous nous contenterons de citer ici, isolément, ce que nous avons trouvé concernant les divers Chabot qui nous paraissent appartenir à la branche dont nous venons de décrire la descendance.

Noms isolés.

Gauscelin et *Rainauld* Chaboth sont témoins de la cession faite à l'abbaye de Marmoutier, par Herbert, de l'église de Saint-Pierre de Christeuil, vers 1080 [1].

Jean Chabot, beau-père d'Aimeric Auger d'Olonne, est témoin de la donation d'une dîme sise à Olonne, faite par celui-ci à l'abbaye de Sainte-Croix de Talmond, vers 1140 [2].

Guigue et *Eude* Chabot, cousins, sont présents à la vente d'un pré sis à Durbon, faite aux Chartreux de Durbon, 1146 [3].

Guillaume Chabot est témoin de la fondation du prieuré de Saint-Lambert de Mauléon, par Guillaume de Mauléon, 1205 [4].

---

1. *Cartul. du prieuré de Quemiqueris,* n° 1.
2. *Cartul. de Talmond,* n° 354.
3. *Cart. de la Chartreuse de Durbon.*
4. *Cartul. d'Orbestier,* n° 13.

Guillaume Chabot et Hilaire sa femme donnent vingt-cinq sols de monnaie poitevine pour une lampe à l'abbaye des Fontenelles, 1215 [1].

Arnaud Chabot, chevalier, et Cécile sa femme, donnent à Sainte-Croix de Talmond leur part du fief de *Mandriteria*, tant en vignes qu'en terres, dans lequel fief ladite abbaye avait déjà une autre part, 1230 [2].

Hommage de *Guillaume* Chaboz, chevalier, rendu pour son fils *Guillaume* Chaboz, valet, et en cas de mort de celui-ci pour *Aimeri* Chaboz, son frère, à Geoffroy d'Argenton, pour les fiefs qu'il tenait de lui, 1239 [3].

G. Chaboz, chevalier, est témoin du legs de Aimeri de Morie à Bois-Grolland, 1244 [4].

Guillaume Chaboz le Vieil, *Pierre* Chaboz, *Aimery* Chaboz, clerc, sont témoins d'une transaction entre Guy de Lusignan et les religieux du prieuré de Frontenay, touchant la propriété d'une pièce de terre, 1301 [5], etc.

1. *Notes de Besly*, ap. Mss. Dupuy, t. DCCCXXVIII, f. 63.
2. *Cartul. de Talmond*, n° 529.
3. D. Fonteneau, VIII, f. 29.
4. D. Fonteneau, I, f. 523.
5. *Cart. de Noaillé*. — Fonds lat. 5450, f. 74.

CHAPITRE II

BRANCHE DES SEIGNEURS DE VOUVENT ET DE LA ROCHE CERVIÈRE.

I

PIERRE I Chabot, présumé frère de Guillaume I, auteur de la branche du Bas-Poitou, est cité dans le *Cartulaire de l'Hôtel-Dieu de Montmorillon* avec sa femme et leurs enfants. Sa femme se nommait *Pétronille* ou *Peronnelle* (Petronilla) ; ils avaient quatre fils : Thibaud, Pierre, Airaud et Ranulphe ou mieux Radulphe (Raoul).

Pierre donna aux pauvres de cette maison, du consentement de tous les siens, pour le salut de l'âme de son père et de sa mère et de tous ses parents, le bois et la terre de Faugerolles, qu'il avait auparavant cédés en aleu à son fils Pierre Chabot, moyennant la somme de 5o sols [1]. Cette donation, importante pour nous, puisqu'elle fixe l'auteur de la branche dont nous commençons l'histoire, n'a d'autre indication de date que « Philippe étant roi et Ysimbert évêque » ; ce qui nous permet de la placer entre 1060 et 1085, Phi-

---

1. *Cartul. de Montmorillon,* ap. *Arm. de Baluze,* XLI.

lippe I étant monté sur le trône en 1060 et Ysimbert II ayant occupé
le siège épiscopal de Poitiers, de 1046 à 1085.

C'est à cette donation que se borne tout ce que nous savons de
Pierre I Chabot. Nous allons reprendre successivement ses quatre
fils nommés plus haut.

Enfants de Pierre I et de Pétronille ou Peronnelle.

1o *Thibaud* Chabot, qui continue la descendance.

2o *Pierre* Chabot, dit Pierre de la Tour, « à cause peut-être, dit
André du Chesne [1], qu'il fut seigneur de la Tour Chabot [2], » prit
part avec son père, sa mère et ses frères à la donation, faite en
faveur de l'Hôtel-Dieu de Montmorillon, du bois de Faugerolles,
qui auparavant lui avait été donné en aleu par son père, moyennant 50 sols.

Quelques années plus tard, le père étant probablement mort,
Thibaud et Pierre, frères, donnèrent au même Hôtel-Dieu toute
la dîme qu'ils possédaient à Monterbe, *leurs fils Garnier et Eude*
approuvant cette donation [3]. Il nous paraît résulter de ces mots que
Garnier était fils de Thibaud, et Eude fils de Pierre. Deux autres
chartes nous confirment dans cette opinion : la première est un acte
de donation faite au même hôpital de Montmorillon, non plus seulement de la dîme, mais de la terre même de Monterbe, par Pierre
Chabot et tous ses frères, par Garnier Chabot et tous ses frères, et

---

1. A. du Chesne. *Maison de Chastillon.*

2. Cette tour était située à Saint-Maixent (Deux-Sèvres). Elle vient d'être détruite
pour faire place aux constructions de l'école des officiers.

3. *Cartul. de Montmorillon*, ap. *Arm. de Baluze*, XLI.

par Eude Chabot ; la seconde est une confirmation de la même donation faite par Pierre de la Tour et tous ses frères, et par Eude
Chabot et sa femme Sybille [1]. Tous ces actes ne peuvent être
datés qu'approximativement ; mais ils appartiennent incontes-
tablement à la période écoulée entre 1060 et 1090. Un titre de l'abbaye de Vendôme, de 1086, porte, au témoignage d'André du
Chesne [2], les noms de Pierre et d'Eude Chabot.

Voilà tout ce que nous savons de Pierre Chabot, dit de la Tour ;
il nous semble pouvoir en déduire qu'il fut père de

Eude Chabot, qui figure dans les actes ci-dessus mentionnés, et
eut une femme du nom de Sybille, sans que nous puissions lui attribuer une descendance.

3° *Airaud* Chabot, troisième fils de Pierre I, ne nous est connu
que par l'acte cité à l'article de son père, dans lequel il se trouve
nommé. Car dans ceux qui sont mentionnés à l'article de Pierre de
la Tour, il est compris, sans désignation particulière, sous l'expression de *Pierre et ses frères*. Est-ce à lui, ou à un fils du même nom
que se rapporte un document cité par A. du Chesne [3] ? « Lettres de
N. Chaboz, frère de *Airaud* de Nieul, par lesquelles, pour le salut
de son âme, il concède aux religieux de l'Absie la terre que son frère
Airaud leur avait donnée. » Le monastère de l'Absie, qui a été souvent l'objet des libéralités des Chabot de cette branche, fut fondé
vers 1120. On voit que les dates ne s'éloignent pas trop.

4° *Radulphe* ou *Raoul* Chabot était le quatrième fils de Pierre I.
Outre ce qui le concerne dans les actes qui viennent d'être cités,
nous croyons pouvoir le regarder comme le Radulphe ou Raoul

1. *Cart. de Montmorillon.*
2. A. du Chesne. *Maison de Chastillon.*
3. A. du Chesne. *Maison des Chasteigners. Preuves*, 179.

Chabot, témoin d'une donation faite en 1095, par Herbert, vicomte de Thouars, au prieuré de Saint-Nicolas de la Chaise-le-Vicomte [1]. Le rapport des dates et des lieux semble nous y autoriser.

II

THIBAUD I Chabot, fils aîné de Pierre I et de Pétronille, seigneur de Vouvent. C'est la première fois que nous pouvons, avec les généalogistes, distinguer un Chabot par l'indication de sa seigneurie. Cette terre de Vouvent, située dans le Bas-Poitou, lui venait de son mariage avec l'héritière de Gérard, sire de Vouvent après Guillaume son père, à qui le comte de Poitou Guillaume VI avait donné Vouvent, confisqué pour cause de rébellion sur Hélie, qui en était seigneur [2]. Thibaud Chabot était déjà seigneur de Vouvent en 1060, lorsqu'il abandonna aux religieux de Bourgueil, en Anjou, les coutumes qu'il possédait dans la paroisse de Saint-Laur, près de Fontenay-le-Comte [3]. Car cette paroisse faisant partie de la seigneurie de Vouvent, Thibaud ne pouvait en disposer sans être possesseur de la seigneurie.

On a vu que Thibaud Chabot prit part à la donation du bois de Faugerolles, faite par son père à l'Hôtel-Dieu de Montmorillon, de 1060 à 1085.

Quelques terres avaient été données par Guillaume V, duc d'Aquitaine, à l'abbaye de Maillezais. Elles lui furent enlevées par Guillaume VI et mises entre les mains de Thibaud Chabot, seigneur de

---

1. *Cartul. de la Chaise-le-Vicomte.* B.
2. A. du Chesne. *Maison de Chastillon*, p. 482.
3. Besly, *Hist. des comtes de Poitou*, p. 59.

Vouvent, comme dépendant de cette seigneurie. En 1074, elles furent restituées à l'abbaye par Guy-Geoffroy, frère de Guillaume VI ; mais Thibaud prétendit en conserver et en conserva de fait, sinon de droit, l'avouerie ou la garde. Nous verrons sous Sebrand, son fils, comment cette prétention fut contestée.

En 1076, Thibaud signa la charte de Guillaume VI, duc d'Aquitaine et comte de Poitou, en faveur de l'abbaye de Saint-Vincent de Nieul.

Thibaud I, seigneur de Vouvent, dut mourir vers l'an 1100. De sa femme, appelée *Alix* par quelques-uns, nous ne lui connaissons que deux fils.

Enfants de Thibaud I et d'Alix de Vouvent.

1º *Garnier* Chabot, que nous croyons l'aîné, parce que dans les chartes de l'Hôtel-Dieu de Montmorillon que nous avons citées à l'article de Pierre de la Tour, il est seul nommé : « Garnier et ses frères, » ne nous est connu que par ces documents. Il y prend part aux donations faites par son père et ses oncles. Garnier dut mourir avant d'être marié ; il est à remarquer que dans la troisième de ces chartes, d'une date nécessairement plus récente, son nom n'est plus cité [1].

2º *Sebrand* Chabot, qui suit.

III

Sebrand I Chabot, deuxième fils de Thibaud I, seigneur de Vouvent, et d'Alix de Vouvent, ne se trouve pas désigné nominative-

---

1. *Cart. de Montmorillon*, ap. *Arm. de Baluze*, XLI.

ment dans les chartes avant l'année 1131. A cette date, Claret de Bargeis ayant fait don au monastère de l'Absie en Gâtine du quart de la dîme de la Grangerie de Mascigné, Sebrand Chabot, son seigneur, confirma la donation [1]. Vers la même époque, Sebrand Chabot, seigneur de Vouvent, avec sa femme Hadellie *(Hadellia)*, fille de Hugues du Puy-du-Fou, donna au même monastère de quoi en agrandir les constructions *(cœnobium augmentavit)*. Thibaud leur fils ratifia depuis cette donation [2].

Quelques années après, en 1135, Sebrand, qui paraît à cette date s'être marié en secondes noces, donna au même monastère, conjointement avec sa femme Agnès, et Thibaud son fils, une maison sise à Culdebray [3]. La même année 1135, Sebrand, sa femme Agnès et son fils Thibaud, lors de la fondation de l'abbaye de Bellevaux en Bas-Poitou, lui donnèrent une autre maison sise aussi à Culdebray, et des dîmes sur leurs terres [4]. En 1140, le même Sebrand, à la prière de son fils Thibaud, abandonna à l'Absie tout le droit de dîme qui pouvait lui appartenir sur les terres occupées par les religieux [5].

En 1147, le roi Louis VII ayant, sur les exhortations de Saint-Bernard, entrepris la seconde croisade, fut accompagné, dans son voyage, de la principale noblesse de son royaume. Sebrand Chabot se disposa à partir pour la guerre sainte et renouvela, avant de se mettre en route, dans l'église de Saint-Nicolas d'Ardin, les donations qu'il avait faites au monastère de l'Absie, et en particulier la confirmation du don de la dîme de Mascigné. Son fils Thibaud ap-

---

1. *Cartul. de l'Absie*, f. franc. 17048, f. 24.
2. D. Fonteneau, VIII, f. 72.
3. *Mss. Dupuy*, DCCCXXVIII, p. 107.
4. D. Estiennot. *Antiq. bénéd*. F. lat. 12758, f. 81 et 279.
5. *Mss. Dupuy*, DCCCXXVIII, f. 117.

prouva les libéralités de son père [1]. Ce projet de départ fut-il mis à exécution ? Quoiqu'il n'existe aucun document qui prouve autre chose que l'intention de Sebrand *(volens ire in Jerusalem)*, il est permis de croire qu'il prit part à l'expédition. Son nom, du reste, ainsi que son écusson, a été placé dans la salle des Croisades du Musée de Versailles.

On a vu plus haut (article de Thibaud I) que les Chabot prétendaient être en possession de l'avouerie de l'abbaye de Maillezais. Sebrand fut attaqué, en 1151, dans ce qu'il disait être son droit, par Gaudin, abbé de ce monastère. Le roi Louis VII étant venu à Saint-Jean d'Angély, les deux parties se présentèrent devant son Conseil, composé de plusieurs barons. Le seigneur de Vouvent offrit d'établir le droit d'avouerie sur l'abbaye et ses dépendances, qu'il tenait de son père, par le duel, par la preuve du fer rouge ou de l'eau bouillante, selon la coutume de l'époque. Malgré cette assurance, il perdit sa cause par un jugement du roi rendu en février 1152 [2]. L'affaire ayant été en même temps soumise à un tribunal ecclésiastique, présidé par Geoffroy, archevêque de Bordeaux, Sebrand y fut, le mois suivant, pareillement débouté de ses prétentions [3]. La question ne fut qu'assoupie ; nous la verrons se réveiller sous ses successeurs.

Ce jugement de Louis VII contre Sebrand Chabot fut un des derniers actes de ce prince, comme souverain d'Aquitaine. Ayant répudié sa femme Eléonore, qui lui avait apporté ce vaste domaine, il le perdit, et la noblesse du pays dut quitter le service du roi de France, pour rester fidèle à sa souveraine, la duchesse d'Aquitaine.

---

1. *Cartul. de l'Absie.* F. franç. 17048, f. 33.
2. *Lettre de Louis VII*, ap. Besly, *Hist. des comtes de Poitou.* Preuves.
3. *Jugement de l'archev. de Bordeaux.* Ibid.

Sebrand Chabot, un des principaux seigneurs de la cour d'Eléonore, signa, en mai et juin 1152, comme témoin, une donation de cette princesse en faveur de l'abbaye de Saint-Maixent [1]; une autre donation, en faveur de l'abbaye de Saint-Jean de Moutierneuf, à Poitiers [2], et, probablement vers le même temps, une charte de la même princesse portant cession de la baillie d'Angles et du marais de Bossière, en faveur de Jean de Longeville [3].

Sebrand I Chabot ne vécut pas longtemps après cette date. Il mourut le 17 juillet, nous ignorons de quelle année.

Il avait épousé, en premières noces, *Hadellie* du Puy-du-Fou, mère de son fils aîné Thibaud, et en deuxièmes noces *Agnès,* « qui semble, dit A. du Chesne, avoir été dame de la Rochecervière et de la Grève [4]. » C'est du moins depuis ce mariage que ces seigneuries se trouvent dans la maison de Chabot.

Sebrand I laissa deux fils. Nous n'avons pu découvrir si, outre Thibaud l'aîné, son second fils appartenait à sa première femme.

Enfants de Sebrand I.

1° *Thibaud* II Chabot qui suivra.

2° *Sebrand* Chabot, deuxième fils de Sebrand I, était entré dans l'Église. Il fut successivement archidiacre de Thouars, puis doyen de l'Église de Poitiers. Il était revêtu de cette dignité, quand, au mois de février 1178, le clergé de Limoges l'élut pour remplacer sur le siège épiscopal de cette ville l'évêque Gérard. Cette élection dé-

---

1. D. Fonteneau, XVI, f. 19.
2. F. lat. 17147, f. 47 verso. — D. Estiennot, *Antiq. benédict.* f. lat. 12755, f. 639.
3. *Cartul. du prieuré de Fontaines*, n° 24.
4. A. du Chesne, *Maison de Chastillon*, p. 483.

plut à Henri II, roi d'Angleterre, devenu souverain de ces provinces par son mariage avec Eléonore d'Aquitaine. « Il haioit la noble et ancienne lignée des Chabots, dit Jean Bouchet [1], par ce qu'ils étoient des principaux barons et plus hardis du pays de Poictou, et étoient toujours bons François. » Cette dernière raison, admise par A. du Chesne, nous semble exprimée d'une manière trop absolue. Les Chabot, comme les autres seigneurs de la province, étaient sujets de la duchesse d'Aquitaine, devenue reine d'Angleterre, après avoir été reine de France. Leur fidélité à leur souveraine les soumettait au mari qu'elle avait épousé. Mais s'il est vrai de dire qu'ils ne conservaient pas pour le roi de France et son royaume cette affection et ce dévouement qui en eussent fait de *bons François*, il est certain aussi qu'ils n'aimaient pas le monarque anglais, et que la comparaison qu'ils pouvaient faire de la domination des deux couronnes ne tournait pas à l'avantage de ce dernier. Henri II ne l'ignorait pas probablement, et, d'ailleurs, son caractère jaloux et soupçonneux lui faisant redouter tout ce qui pouvait donner de l'influence aux grandes maisons de ses domaines, il ne voulut pas admettre l'élection de Sebrand Chabot au siège de Limoges, et signifia aux chanoines d'avoir à faire un autre choix. Ceux-ci refusèrent, mais n'osant pas proclamer le nouvel évêque dans la ville, qui était le siège du vicomte ou gouverneur pour le roi, ils le firent à Saint-Yrieix, monastère du diocèse de Limoges.

La vengeance de l'Anglais ne se fit pas attendre. Les chanoines furent chassés de leurs demeures, leurs biens furent confisqués, la cathédrale de Saint-Etienne de Limoges fut privée, pendant un an et neuf mois, de son évêque et même de l'exercice public du culte. Des plaintes furent portées au pape Alexandre III, qui délégua Gua-

1. *Annales d'Aquitaine*, III⁰ partie, chap. 5.

SEBRAND CHABOT,
ÉVÊQUE DE LIMOGES,
1191.

rin, archevêque de Bourges, métropolitain de Limoges, pour instruire l'affaire et décider selon la justice. Les chanoines de Limoges,
porteurs de la bulle pontificale, se rendirent à Bourges ; mais en y
arrivant, ils apprirent que l'archevêque venait de mourir. « Alors,
dit la chronique, l'archiprêtre de Brives mit dans la main du défunt
les lettres du pape encore closes, en disant : Ce qu'il n'a pu faire
pendant sa vie, qu'il le fasse après sa mort. Alors, par les mérites et
l'intercession de l'archevêque, la paix fut rétablie entre le roi et
l'évêque de Limoges [1]. » Jean Bouchet ajoute que Sebrand fut réin-
tégré sur son siège, à la requête du roi de France (ce qui eut lieu
vers la fin de 1179), et « qu'il fut homme de vertus et haut de cœur. »

Quelques années après, la ville de Limoges fut troublée par les
incursions des Brabançons, aventuriers en grande partie origi-
naires du Brabant, que Henri II passe pour avoir employés à son
service [2]. Une troupe de 6,000 de ces routiers, ravageant la contrée,
pillant les églises, s'avança jusque près de Limoges. Le jour même
de Pâques 1186, l'évêque venait de célébrer les saints mystères,
quand l'alarme fut donnée. Sebrand rassembla les habitants pour
invoquer le secours du ciel ; puis lui-même et le vicomte de Limoges,
marchant à la tête des chevaliers et du peuple en armes, tombèrent
sur les Brabançons, les mirent en déroute, les poursuivirent jusque
dans le pays de Combrailles et les détruisirent presque tous [3].

L'évêque Sebrand gouverna ensuite paisiblement son diocèse.
En 1187, il obtint d'Adhémar, vicomte de Limoges, une charte qui
portait qu'aucune fortification ne serait construite dans un rayon de
deux lieues de distance autour de l'abbaye d'Uzerches. Il signa cette

---

1. Raoul de Dicé, ann. 1179. ap. *Historiens de France*, XIII, 204.
2. *Art. de vérifier les dates*. T. I. Angleterre, art. de Henri II.
3. *Speculum Sanctorale Lemov. XIV* sec., ap. Labbe, *Bibl. nov.* II, p. 299. — J. Bouchet, *loc. cit.*

charte comme témoin [1]. Nous avons encore de lui deux lettres : la première, datée de la semaine sainte de 1192, constate un accord entre les chanoines de Saint-Junien et Agnès, veuve de Gérauld Vigier ; l'autre, non datée, est relative à Aimery de Rochechouart, mort excommunié et privé de la sépulture ecclésiastique à cause de ses exactions. Son fils portant le même nom, pour obtenir l'absolution du défunt, se soumet aux conditions imposées par l'évêque touchant la réparation des dommages causés, et offre la garantie de plusieurs seigneurs [2].

Sebrand Chabot, évêque de Limoges, mourut en 1197 et fut enterré dans l'abbaye de Saint-Augustin de Limoges. Il avait donné à son église cathédrale sa plus grosse cloche, qui portait son nom, comme l'indique ce vers gravé sur le bronze :

Me dedit antistes Sebrandus, et hoc mihi nomen.

Quelques auteurs donnent à Sebrand I, seigneur de Vouvent, une fille du nom d'*Ameline,* ou *Adeline.* Elle aurait été mariée avec Pierre Lunel, puis, du consentement de son mari, elle se serait faite religieuse à Fontevrauld, en 1150. Il est exact qu'une Adeline, femme de Pierre Lunel, mourut religieuse à Fontevrauld ; mais, d'après le cartulaire de cette abbaye, elle était non la fille de Sebrand Chabot, mais la sœur de sa seconde femme Agnès [3].

IV

THIBAUD II Chabot, fils aîné de Sebrand I et de Hadellie du Puy-du-Fou, seigneur de Vouvent, de la Roche-Cervière et de la Grève, était

1. *Mss.* A. du Chesne, T. XXII, f. 23o.
2. Bibl. nat. *Pièces originales,* T. 643, f. 200 et 202.
3. Mss. A. du Chesne, T. XXII, f. 4o2 verso.

déjà majeur en 1135, lorsqu'il concourut aux donations faites par son père à l'abbaye de l'Absie et à celle de Bellevaux [1].

Ce fut à sa prière que Sebrand I, en 1140, céda à l'Absie tout le droit de dîme qu'il avait sur les terres occupées par les religieux [2].

Nous trouvons Thibaud II, vers 1150, présent à la donation faite par Pierre Barun aux chevaliers du Temple de Coudrie, et apposant son sceau à l'acte de cette donation [3]. Il renouvela, vers 1173, s'il faut en croire A. du Chesne, les prétentions de son père à l'avouerie de Maillezais, mais sans plus de succès [4].

La même année 1173, dans l'acte des conventions du mariage entre Jean, fils puîné de Henri II, roi d'Angleterre, connu depuis dans l'histoire sous le nom de Jean-sans-Terre, et Alix, fille du comte de Mortain, nous trouvons un témoignage du rang distingué qu'occupait la maison de Chabot dans la noblesse du Poitou. Parmi les grands seigneurs de Normandie et des autres provinces qui étaient présents et qui jurèrent pour le roi d'Angleterre l'observation des conditions, figure le nom de Thibaud Chabot [5]. Il se trouve encore au nombre des témoins d'une charte donnée par le même Henri II, en 1174, à l'église de Notre-Dame de Saintes, pour lui accorder la franchise des charges de guerre [6].

Vers 1185, « Thibaud Chabot, sentant sa fin approcher, légua, pour assurer le service divin dans la chapelle de Saint-Thomas qui allait être construite à l'Absie, le quart des biens que les seigneurs de Chantemerle lui avaient donnés dans le Candais. Thibaud son fils

1. V. l'art. de *Sebrand I*.
2. *Ibid.*
3. *Cartul. de Coudrie.*
4. A. du Chesne. *Maison de Chastillon*, p. 484.
5. Rymer, T. I, p. 34.
6. *Cartul. de N.-D. de Saintes,* nº 83.

et Marguerite sa femme consentirent à cette donation. » C'est ainsi que s'exprime *l'Inventaire des donations de l'abbaye de l'Absie*[1]. Il nous semble pouvoir en conclure que cette *Marguerite,* femme de Thibaud II, était de l'ancienne maison de Chantemerle, et que ces seigneurs de Chantemerle, Pierre, Guy et Aimery, qui avaient doté leur sœur étaient les trois frères de celle-ci. En outre, le titre de seigneur de Chantemerle commence dans la personne de Thibaud III, fils de Thibaud II, à être réuni aux autres titres des Chabot. Plus tard, en 1245, dans une donation de la châtellenie de Chantemerle, faite à Sebrand III Chabot, arrière-petit-fils de Thibaud II et de Marguerite, par Aélis de Mauléon, dame de Pousauges[2], celle-ci est dite cousine de Sebrand III. Or Aélis ne pouvait posséder la châtellenie de Chantemerle, sans descendre d'un seigneur de cette terre; et ce seigneur devait être frère ou oncle de Marguerite, femme de Thibaud II et bisaïeule de Sebrand III, puisque Aélis est dite cousine de ce dernier. Nous croyons que toutes ces raisons confirment notre opinion qui rattache Marguerite femme de Thibaud II à la maison de Chantemerle.

Thibaud II Chabot dut mourir peu de temps après 1185, laissant deux enfants.

Enfants de Thibaud II et de Marguerite de Chantemerle.

1º *Thibaud* III Chabot qui suivra.

2º *Eustache* ou *Eustachie* Chabot, épousa Geoffroi I de Lusignan, frère de Hugues, comte de la Marche, et de Guy et Emery de Lusignan, successivement rois de Jérusalem et de Chypre. Geoffroi I était lui-même comte de Jaffa et de Césarée en Palestine[3].

---

1. Mss. Dupuy, T. DCCCXXVIII, f. 107.
2. Mss. A. du Chesne, L. f. 417. — D. Villevieille. *Trésor généalogique.*
3. Besly, *Généal. de Lusignan,* ap. A. du Chesne, *Maison de Chastillon,* p. 484.

Eustachie lui porta en mariage la seigneurie de Vouvent et les prétentions des Chabot à l'avouerie de l'abbaye de Maillezais, que leur fils Geoffroy II voulut soutenir les armes à la main. Mais excommunié pour cette violence, il n'obtint d'être absous, en 1233, que moyennant une renonciation formelle à ses prétentions.

Ce Geoffroy II de Lusignan, appelé Geoffroy à la Grand-Dent, est donné pour fils à la fée Mélusine dans les légendes. Mais comme dans une charte de donation en faveur de l'aumônerie de Saint-Thomas de Fontenay, il nomme lui-même *Eustachie, sa bonne mère,* alors défunte [1], il faut en conclure que cette légende de la fée Mélusine est une fable contredite par les documents historiques.

V

Thibaud III Chabot, fils unique de Thibaud II et de Marguerite de Chantemerle, chevalier, seigneur de la Roche-Cervière et de Chantemerle.

La première mention que nous trouvions de Thibaud III est relative à un fait de guerre analogue au glorieux exploit de son oncle Sebrand, évêque de Limoges. Voici en quels termes Raoul de Dicé le raconte, à l'année 1175 : « Wulgrin comte d'Angoulême, accompagné d'une troupe de scélérats Brabançons, eut l'audace d'envahir à main armée le Poitou. Mais Jean, évêque de Poitiers, ayant appelé de tous côtés à son aide et réuni un grand nombre de soldats mercenaires, fort surtout de l'appui de Thibaud Chabot, alors chef *(princeps)* des hommes d'armes de Richard duc d'Aquitaine, lequel

---

1. P. Marchegay. *Cartulaires du Bas-Poitou,* p. 304.

résidait en Angleterre à la cour du roi son père, résolut d'arracher aux mains des ennemis le peuple dont il était le pasteur. On marcha en quatre corps de troupes contre les routiers, démolisseurs des châteaux, ravageurs des campagnes, incendiaires des églises, violateurs des religieuses. La rencontre eut lieu près de Barbezieux, et les Brabançons furent taillés en pièces, les défenseurs du Poitou n'ayant perdu que quatre des leurs [1]. »

Thibaud III épousa à Fontenay Mirable ou Mirabelle *(Mirabilis)*, fille d'Engelelme de la Roche. Cette alliance est constatée, 1° par une charte de Thibaud, dans laquelle, « prenant pour femme, à Fontenay, Mirable, » il fait plusieurs donations à l'Absie [2]; 2° par une autre charte, dans laquelle « Mirable, fille d'Engelelme de la Roche, et femme de Thibaud Chabot, de son consentement, donne au couvent de femmes de Montazai, ordre de Fontevraud, un moulin à draps, situé sous la tour de Civray [3]. »

3° Enfin par une charte de Thibaud Chabot, lequel, « du consentement de son épouse Mirable, pour l'amour de Dieu, donne aux religieux de l'Absie les tailles et autres redevances, payées par les séculiers sur leurs terres [4]. »

Ces trois chartes ne sont pas datées, mais elles paraissent aux savants, qui nous les ont conservées, se rapporter à la période écoulée entre 1170 et 1180.

En 1184, Thibaud III témoigna sa charité envers un autre monastère, celui d'Orbestier, près des Sables-d'Olonne, par un acte de donation où nous trouvons des détails intéressants. « Pour le salut

---

1. Raoul de Dicé, ann. 1175, ap. *Historiens de France,* XIII, 199.
2. *Invent. des Chirographes de l'Absie,* ap. Dupuy, DCCCXXVIII, f. 117.
3. D. Fonteneau, XVIII, f. 407.
4. *Cartul. de l'Absie,* ap. *Arm. de Baluze,* LI.

de son âme, de l'âme de son fils Sebrand, de sa femme, mère de celui-ci, il donne à Dieu et à l'abbaye de Saint-Jean d'Orbestier le lieu appelé la Sebrandière [1], près de Fontenay-le-Comte. » Son oncle Sebrand, évêque de Limoges, atteste dans l'acte que ce même lieu dépend légitimement de son propre patrimoine et de celui de Thibaud. Faut-il voir dans ce nom de *Sebrandière* la désignation de la terre échue en héritage à l'évêque Sebrand, et devant revenir à Thibaud son neveu et son héritier légitime? Nous inclinons à le croire. Dans la même charte, Thibaud donne aux moines d'Orbestier la permission d'avoir des chiens pour la garde de leurs habitations, de leurs bestiaux et de leurs troupeaux. En échange de ces libéralités, les religieux associent Thibaud et son fils à leurs prières, promettent d'insérer dans leur calendrier les noms du père, de la mère et du fils, après leur mort, et d'ériger dans leur église une chapelle en l'honneur de la bienheureuse Marie toujours vierge, où deux religieux célébreront les saints Mystères.

L'année suivante est signalée par une nouvelle charte en faveur de l'abbaye de l'Absie. Thibaud, fils de Thibaud Chabot, y confirme, en présence de l'abbé Rainier [2], toutes les donations de terres sises à Massigné et dans toute la plaine voisine, faites précédemment par son père Thibaud et son aïeul Sebrand. Cette charte est de 1185, « Guillaume, évêque de Poitiers, souffrant alors glorieusement la persécution pour les droits de son église [3]. » Dans une autre charte, « Thibaud, fils de Thibaud Chabot, fait remise aux religieux de l'Absie de la taille appelée *commandice,* qu'il percevait sur deux de leurs maisons, et leur fait donation de sa haie (ou enclos) sise

1. *Cartul. d'Orbestier,* n° 6.
2. Rainier, troisième abbé de l'Absie, était un Chabot, d'après l'abbé Drochon (*Cartulaire de l'Absie.*) Voir les Pièces justificatives, à la fin de la *Généalogie.*
3. Labbe, *Bibliot. nova,* II, p. 729.

près de la maison de *Ulmellis,* du consentement de Sebrand son fils et d'Olive sa femme [1]. Cet acte fut dressé dans sa maison de la Chabocière en 1192.

Une donation d'un autre genre fut faite par Thibaud III, dans le château de la Roche-Cervière, en 1197, à l'abbaye de la Madeleine de Geneston, diocèse de Nantes : celle d'un serf nommé Giraud Ploin, « devant être à perpétuité, avec la métairie qu'il occupe *(cum borre-fia sua),* possédé par les religieux [2]. »

L'année 1206 vit Thibaud Chabot participer à un fait historique important. Philippe-Auguste venait d'enlever à Jean-Sans-Terre, roi d'Angleterre, toute la partie située au nord de la Loire des provinces occupées par le monarque anglais. Celui-ci, pour préserver la partie située au sud de la Loire, demanda une trêve. Elle fut signée à Thouars, en octobre 1206 [3]. L'élite de la noblesse des deux royaumes assista à cet acte solennel et garantit les engagements pris par son souverain respectif. Du côté du roi d'Angleterre, nous lisons dans le traité, à la suite des noms du vicomte de Thouars, de Savary de Mauléon, de Hugues l'Archevêque, seigneur de Parthenay, etc., celui de Thibaud Chabot [4]. C'est un témoignage remarquable de la haute situation occupée par les Chabot dans la noblesse du Poitou.

---

1. *Cartul. de l'Absie,* ap. *Arm. de Baluze,* LI.

2. F. lat. 17,092, f. 45. — *Gallia christ.,* XIV. 856.

3. Rymer, I, p. 141.

4. La généalogie des Chabot publiée par M. Bauchet-Filleau, fournit ici une preuve du peu de soin que l'auteur a apporté à la lecture des textes. Il dit à l'occasion de cette trêve, que « le preux chevalier (Thibaud) resta toujours fidèle au roi de France ; car on le voit figurer parmi les grands seigneurs de la suite de Philippe-Auguste, jurant avec eux, au nom de ce prince, la trêve conclue avec Jean-Sans-Terre. »

C'est le contrepied de la vérité. Thibaud Chabot était de la suite de Jean-Sans-Terre et jura du côté du monarque anglais, comme on peut le voir dans le traité.

La même année 1206, Thibaud III donna à l'abbaye de l'Absie tout ce qu'il possédait par acquets et succession à Benest [1].

Le dernier acte, que nous connaissions, de Thibaud III, est une charte qui ressemble fort à une donation testamentaire, par laquelle « il donna à Dieu et à Notre-Dame de la Villeneuve (diocèse de Nantes), et aux religieux qui y servent Dieu, pour le salut de son âme et des âmes de ses prédécesseurs et successeurs, le droit qu'il avait à la Botelle, près du ruisseau de Touffou, moyennant quoi, l'abbé Bertrand lui accorde la confraternité de l'Ordre, et un anniversaire pour lui et sa femme *Olive,* qui sera célébré chaque année dans l'octave de Saint-Jean-Baptiste. » Cet acte fut passé à la Roche-Cervière, le 23 juin 1207 [2].

Nous avons vu plus haut qu'une charte de Thibaud III, datée de 1192, nommait sa femme *Olive ;* cette dernière charte, donnée en 1207, indique aussi le même nom. Ce double témoignage ne permet pas de douter que Thibaud III ne se soit marié deux fois. Qui était cette Olive? Nous ne l'avons découvert nulle part. Les deux donations, où elle figure à côté de son mari, faites en faveur de monastères du diocèse de Nantes, sembleraient indiquer qu'elle était originaire de cette contrée. Nous ignorons si Thibaud en eut des enfants, ne lui en connaissant pas d'autres que Sebrand, qui avait eu Mirable pour mère.

VI

SEBRAND II Chabot, fils unique de Thibaud III et de Mirable de la Roche, seigneur de la Roche-Cervière, de Chantemerle, de la Grève

---

1. *Invent. de l'Absie,* ap. Dupuy, DCCCXXVIII, f. 116.
2. F. lat. 17,092, f. 206. — *Gallia christ.,* XIV. 865.

et d'Oulmes, a été appelé Thibaud par quelques auteurs [1]. Les actes que nous allons rapporter établissent son véritable nom.

Nous avons sur lui peu de détails, mais ceux que nous avons pu recueillir sont intéressants, surtout pour un degré d'où sortent deux branches importantes de la maison de Chabot.

En 1218, Sebrand II était depuis longtemps marié avec Agnès d'Oulmes, puisque, à cette date, il était père de deux enfants majeurs. Car dans une charte de cette année, qui nous a été conservée intégralement et où il prend le titre de seigneur d'Oulmes, il donne à l'abbaye de l'Absie, du consentement d'Agnès sa femme et de ses fils Thibaud et Girard, tous les droits terriens *(terragia)* qu'il percevait dans son domaine d'Oulmes, à Champdonné, à la Roche-d'Isar, etc. [2].

A la même date, Sebrand « Chaboz », du consentement d'Agnès, sa femme, et de ses fils, Thibaud et Girald *(sic)*, donna à l'abbaye de Fontevraud six setiers de beau froment, à la mesure de Mallec, à prendre sur l'aire de Mascigné, le jour de l'Assomption. En retour, l'abbesse de Fontevraud lui céda les deux tiers de la forêt de Brosses, dont Sebrand possédait déjà l'autre tiers, en se réservant, pour son monastère, un pré situé entre cette forêt et la rivière de Vendée [3].

C'est à la même année 1218 que se rapporte un autre acte, par lequel Sebrand Chabot, ayant pris la croix et voulant aller au secours de la Terre-Sainte, engagea à l'abbaye de Saint-Maixent, du consentement d'Agnès, sa femme, et de Thibaud, son fils aîné et héritier, ses terres et revenus, dont le détail se trouve dans l'acte,

1. *Généal. de 1834.* — Filleau, *Nobil. du Poitou.*

2. *Cartul. de l'Absie,* ap. *Arm. de Baluȝe,* LI.

3. *Arch. de Maine-et-Loire. Fontevraud.*

pour cinq années, moyennant 10,000 sols tournois. L'acte fut passé en présence de Guillaume, archevêque de Bordeaux[1].

Sebrand II dut faire, nous ne savons à quelle date, une donation à l'abbaye des Châtelliers, sur laquelle les détails nous manquent. Mais elle est rappelée dans une charte du mois de mars 1232, où ses trois fils, Thibaud, Girard et Sebrand, confirmèrent les donations faites à ce monastère par leurs aïeux et leur père Sebrand Chabot[2].

La même charte nous prouve qu'il était mort avant cette année 1232. Sebrand II laissa d'Agnès d'Oulmes cinq enfants : trois fils et deux filles :

Enfants de Sebrand II et d'Agnès d'Oulmes.

1º *Thibaud IV* Chabot, qui va suivre.

2º *Girard* Chabot, tige de la branche éteinte des seigneurs de Rays.

3º *Sebrand* Chabot, auteur de la branche des seigneurs de la Grève, tige de celles de Jarnac et du Chaigneau.

4º *Bellassez* Chabot, mariée à Brient Lebœuf, seigneur de Nozay, d'une famille ancienne du Poitou, qui paraît originaire de Charroux. Bellassez fut dotée par son frère Girard Chabot, seigneur de Rays, de domaines sis au Port-Durand, dans les paroisses de Couëron et de Chef-Chef, au diocèse de Nantes; lesquels domaines firent retour plus tard à la fille du donateur, soit que Bellassez fût décédée sans

1. D. Fonteneau, XVI, f. 135.
2. *Ibid.* V. f. 119.

enfants, soit que la donation en sa faveur n'eût été que viagère. Bellassez était morte en 1264[1].

5⁰ *Jeanne* Chabot, femme de Pierre Marbeuf. Tout ce que nous
savons d'elle, se borne à une donation, faite à son mari et à elle par
son frère Thibaud IV, du droit d'usage dans la forêt de la Roche-
Cervière, en 1230[2].

VII

THIBAUD IV Chabot, fils aîné de Sebrand II et d'Agnès d'Oulmes,
seigneur de la Rochecervière, des Essarts, de Chantemerle, d'Oulmes,
etc., etc.

Le premier acte que nous ayons de lui est la donation faite, en
1230, à sa sœur Jeanne, mariée à Pierre Marbeuf, du droit d'usage
dans la forêt de la Roche-Cervière[3]. Deux ans après, en mars 1232,
les trois frères, Thibaud, Girard et Sebrand Chabot, confirmèrent
les dons et privilèges accordés à l'abbaye des Châtelliers, par
Marguerite, femme de Thibaud II, leur bisaïeule, par Thibaud III,
leur aïeul, et par Sebrand II, leur père; ils y ajoutèrent d'autres
droits[4].

L'année 1239 est marquée par plusieurs donations faites par Thibaud IV à divers monastères. Ainsi, il donna à l'abbaye de l'Absie
tout le droit qu'il avait sur une vigne, occupée par Pierre Michel,
dans la paroisse de Logefougereuse[5]; le 18 mai, à l'abbaye de Saint-

---

1. *Cartul. de Rays*, nᵒˢ 38, 47, 77, 100.
2. D. Morice. *Hist. de Bretagne*. Preuves, I, 867.
3. *Ibid.*
4. D. Fonteneau, V. f. 119.
5. *Cartul. de l'Absie*, ap., *Arm. de Baluze*, LI.

Maixent, cent sols de rente sur les tailles du Bourg-Chabot, etc.,
pour fonder un anniversaire dans l'église de ce monastère [1]; le 6 juin,
à l'abbaye de Maillezais, pour son salut et celui des siens, dix-sept
deniers de rente, et au même monastère, pour le prieuré de Fontaines,
douze deniers [2].

A la date d'avril 1244, nous trouvons dans le cartulaire de Rays [3]
une longue charte de Thibaud IV, assez intéressante pour que nous en
fassions ici une analyse détaillée. Thibaud Chabot, chevalier, seigneur d'Oulmes et de la Rochecervière, y donne à son frère Girard
les terres de Saint-Hilaire-des-Bois et de la Chapelle-Themer, plus le
fief de Pierre Vivier, dans la châtellenie de Mareuil, en pleine propriété;
à son autre frère Sebrand, du consentement dudit Girard, tout ce qu'il
avait à Saint-Maixent, moyennant quoi ceux-ci consentent : 1º Que
Aénor, femme de Thibaud, ait, à titre de douaire, les terres de l'Ile
Saint-Simon de Logefougereuse, le moulin de la Chabocière, des rentes
assignées sur diverses terres; 2º Que chacune des trois filles de Thibaud, Agnès, Olive et Marguerite, ait en mariage 200 livres de
rente; 3º Que son fils Thibaudin, en payant 50 livres de rente à celui
de ses oncles auquel la succession de Thibaud pourra être dévolue
par droit de viage, ait les terres du fief de Gastine et celles qui sont
situées entre Parthenay et la Sèvre, jusqu'à la Molière, etc.; 4º Qu'à
défaut dudit Thibaudin, Guillaume de Chantemerle, son frère, suc-
cède aux mêmes droits.

En mai 1244, Thibaud IV confirma les donations faites, en 1185,
par Thibaud III Chabot, son aïeul, à l'abbaye de l'Absie, et, en août
1246, celles que Geoffroy de la Mothe avait faites à la même abbaye [4].

1. D. Fonteneau, XVI, f. 167.
2. *Ibid.*, XXV, f. 207.
3. *Cart. de Rays*, nº 19.
4. D. Villevieille, *Trésor généalogique.*

Le cartulaire de cette abbaye nous fournit, en 1245, des lettres de Thibaud Chabot, seigneur de la Rochecervière et de Chantemerle, par lesquelles, en qualité de seigneur suzerain, il pacifia un différend entre Guillaume de Saint-Aubin, chevalier, et Pierre de Saint-Aubin, valet, son cousin, d'une part, et Jernigant, valet, d'autre part, au sujet de certains héritages tenus de Thibaud, dans la terre de Chantemerle [1].

L'année suivante, 1246, Thibaud IV eut à remplir une fonction du même genre. Chargé par Alphonse, comte de Poitiers, de décider comme arbitre d'un différend survenu entre Pierre de Volvire et Regnault de Précigné, au sujet des seigneuries de Mansé et de Marans, il réussit à accorder les deux contendants, et il rendit compte à Alphonse du résultat de sa mission [2].

La même année, Thibaud Chabot assista, comme témoin, à une donation faite par Thibaud Chasteigner à Pierre et à André Josseaume de Pousauges, son gendre et son petit-fils [3]; il engagea sa caution, envers le comte de Poitiers, pour deux cents livres tournois, dues par Maurice de Belleville, pour droits de rachat et pour amendes; il figure lui-même, dans ce dernier document, comme homme-lige du comte de Poitiers [4].

En 1250, Thibaud Chabot fut chargé, avec Aimery, vicomte de Thouars, et plusieurs autres seigneurs du Poitou, de défendre, garder et aider de leurs conseils Abbe de la Roë, chevalier [5].

Les actes de Thibaud IV, qui suivent, offrent le caractère d'actes

1. *Cart. de l'Absie*, ap., *Arm. de Baluʒe*, LI.
2. *Trésor des chartes. Layettes.* J. 190 A. Ce carton, dont le détail figure dans l'inventaire de Dupuy, est aujourd'hui en déficit aux Archives nationales.
3. A. du Chesne, *Maison de Chasteigner*. Preuves, nos 5 et 25.
4. *Comptes du comte de Poitiers*, ap. *Arch. histor. du Poitou.* T. IV, p. 19.
5. Cartul. du Bas-Poitou, f. 307.

de dernière volonté. Ainsi, en juin 1250, il régla définitivement le douaire de sa femme Aénor, du consentement de Girard et Sebrand Chabot, chevaliers, ses frères [1]; il donna, pour son anniversaire et celui de ses père et mère, à l'abbaye de l'Absie, toutes les haies (enclos) qu'il possédait près de la Grolière [2].

Le jour de l'Ascension de l'année suivante, 1251, Thibaud IV fit son testament, par lequel il assigne plusieurs legs à diverses églises, entre autres, cinquante sols de rente à l'Absie [3], sur les terres de la Rochecervière, les Essarts, Chantemerle, Logefougereuse, la Largère, Hérisson, etc. Il déclare que Thibaud (alias Thibaudin), son fils, et Guillaume de Beaumont, son gendre, ont engagé leurs biens jusqu'à entier acquittement de ses dettes; il nomme pour ses exécuteurs testamentaires « Messires Girard et Sebrand Chabot, ses frères, l'abbé de l'Absie et l'abbé de la Roë; » il prie le vicomte de Thouars, son seigneur et cousin, de faire observer son testament, et reçoit le serment de Girard, son frère, de Sebrand et de Thibaud, ses fils, qui s'engagent à accomplir ses dernières volontés [4].

Thibaud IV avait épousé Aénor des Brosses, dame des Essarts, fille de Bernard des Brosses, qui descendait des vicomtes de Limoges. Il en eut trois fils et trois filles, nommés tous, moins Sebrand, l'aîné, dans la charte d'avril 1244, analysée plus haut. Mais la disposition qui s'y trouve, relativement au droit de viage, ne permet pas de mettre en doute l'existence d'un fils aîné, autre que Thibaudin et Guillaume, qui sont désignés par leur nom.

1. *Arm. de Baluze*, LIV, f. 242.
2. *Cart. de l'Absie*, ap. *Arm. de Baluze*, LI. — D. Villevieille, *Trésor généal.*
3. *Invent. des titres de l'Absie*, ap. Dupuy, DCCCXXVIII, f. 113.
4. *Cartul. de l'Absie*, ap. *Arm. de Baluze*, LI. — D. Villevieille, *Trésor généal.*

Enfants de Thibaud IV et d'Aénor des Brosses.

1° *Sebrand* III Chabot, qui suivra.

2° *Thibaudin* ou *Thibaud* Chabot. Nous avons vu dans l'analyse de la charte donnée par son père en avril 1244, comment il fut partagé. Nous savons d'ailleurs, par le testament de Thibaud IV, qu'il était marié en 1251 ; car il y est dit « avoir engagé tous ses biens, moins ceux de sa femme, » pour acquitter les dettes de son père. Il donna, pour son anniversaire, à l'abbaye de Saint-Maixent, cent sols de rente sur le Bourg-Chabot qui lui appartenait. Nous connaissons ce dernier fait par un traité passé, en 1269, entre Étienne, abbé de Saint-Maixent, et Sebrand III, frère aîné de Thibaud, par lequel le monastère fait remise de cette rente[1]. Cet acte nous apprend en même temps que, à cette date, Thibaud était mort. Là, se borne tout ce que nous savons de lui.

3° *Guillaume* Chabot, seigneur de Chantemerle ; nous le trouvons ainsi désigné dans la charte de 1244. Il est nommé dans une enquête faite en 1258, touchant l'assiette de la taille de la vicomté de Thouars[2].

En dehors de ces documents, nous connaissons une transaction, du mois d'août 1292, entre Simon Gormont, valet, et Catherine Choenelle, veuve de feu *Guillaume Chabot,* au sujet d'une donation faite par celui-ci à sa femme[3]. Est-ce de Guillaume Chabot, seigneur de Chantemerle, qu'il s'agit ? Nous ne saurions l'affirmer, surtout devant l'omission du nom de son fief.

---

1. D. Fonteneau, XVI, f. 207.
2. *Trésor des chartes. Layettes.* Poitou, I.
3. D. Fonteneau, XXIV, f. 297.

. 4° *Agnès* Chabot. Nous ne connaissons d'elle que son nom, qui figure dans la charte de 1244.

5° *Olive* Chabot, dame de la Rochecervière, épousa Hervé de Volvire, dont elle eut vingt-deux enfants, ainsi que le constate un document de 1340 environ[1].

6° *Marguerite* Chabot épousa, en juin 1243, Guillaume de Beaumont, qui, d'après le testament de Thibaud IV, engagea ses biens pour l'acquit des dettes de son beau-père. Ce Guillaume de Beaumont paraît être le même que celui qui mourut maréchal de France, en 1250, lequel appartenait certainement à la maison de Beaumont-Bressuire.

VIII

SEBRAND III Chabot, fils aîné de Thibaud IV et d'Aénor des Brosses, seigneur de la Rochecervière, de Chantemerle, des Essarts, etc., avait reçu, en 1245, avant la mort de son père, de sa cousine Aélis de Mauléon, dame de Pousauges, la châtellenie de Chantemerle, ainsi qu'on l'a dit plus haut[2].

En 1251, Sebrand Chabot et Amicie, sa femme, qui avaient fait précédemment au prieuré de Méron, en Anjou, un don de trente livres de rente, que Sebrand avait reçues d'Aimery, vicomte de Thouars, furent obligés de garantir leur donation contre la veuve d'Aimery, qui prétendait la retenir. Ils le firent résolument, et, en attendant l'issue du débat, ils payèrent pour cette année, au prieur de Méron, la somme de trente livres, équivalente à la rente objet du litige[3].

Quelques années après, de 1258 à 1267, le comte de Poitiers,

1. D. Fonteneau, XVII, f. 122.
2. *Mss. A. du Chesne*, L, f. 427. — D. Villevieille, *Trésor généal.*
3. *Arch. de Saint-Aubin d'Angers.*

Alphonse, frère de saint Louis, dont les vassaux ne s'empressaient pas de s'acquitter de leurs redevances, voulut composer avec eux. Il nomma une commission formée des principaux seigneurs du Poitou, qu'il chargea de régler les droits respectifs du suzerain et des vassaux. Sebrand Chabot fut un des commissaires auxquels fut confiée cette mission délicate [1].

En 1267, Sebrand III rendit à l'abbé de Saint-Maixent, en plein chapitre du monastère, l'hommage-lige auquel il était tenu [2]. Quelle était l'origine de cet hommage-lige? S'il faut en croire l'auteur de la généalogie imprimée en 1834, suivi par Filleau, il remonterait à Guillaume Chabot, qui, au XIe siècle, se serait engagé envers l'abbaye de Saint-Maixent à un hommage de deux cierges de treize livres chacun, en reconnaissance d'une victoire qu'il devait à l'intercession du saint. Nous ne voulons pas contester cette opinion. Il nous suffit de remarquer que c'est en 1267 seulement que nous trouvons la première mention d'un hommage de ce genre, rendu à la fois par Sebrand III et par un Geoffroi Chabot, chevalier, l'un des membres de la famille, dont nous ignorons la filiation.

Deux ans après, en mai et juin 1269, Sebrand passa un traité avec l'abbé Étienne et les religieux de la même abbaye de Saint-Maixent, par lequel il fut affranchi de l'obligation de payer cent sols de rente donnés, pour anniversaire, par Thibaud Chabot, son frère puîné, et assis sur le Bourg-Chabot, situé à Saint-Maixent [3].

Ce fut aussi en mai 1269, que Sebrand Chabot prit part à un acte important dans l'histoire de la féodalité en Poitou, l'abolition des rachats de fiefs à merci.

1. *Trésor des chartes*. *Layettes*. Poitou.
2. D. Fonteneau, XVI, f. 192.
3. D. Fonteneau, XVI, f. 207.

On sait que dans le régime féodal, la possession d'un fief obligeait, à chaque mutation de propriétaire, à payer un droit au suzerain de qui le fief était tenu. Ce droit se nommait relief ou rachat. Depuis la domination anglaise en Poitou, cette obligation était devenue très onéreuse. Les rois d'Angleterre, au lieu du revenu d'une année qui était l'usage commun, exigeaient le revenu de plusieurs années, et en étaient venus à fixer le taux du rachat selon leur bon plaisir ; ce qui introduisit l'usage et le nom de *rachats à merci*. Les grands barons de la province avaient suivi l'exemple du souverain, et levaient ce droit d'une manière arbitraire sur leurs vassaux. En 1256, le vicomte de Thouars donna l'exemple d'un retour aux anciens usages : il fixa dans ses terres le droit de rachat au revenu d'une année. Le comte de Poitiers, pressé par les principaux feudataires de la province, se décida à imiter cet exemple, et dans une déclaration rendue en mai 1269, signée et approuvée des hauts barons du Poitou, parmi lesquels figure Sebrand Chabot, il fixa le droit de rachat à une année du revenu, évalué amiablement par quatre prud'hommes en cas de contestation. Le comte, toutefois, ne se montra pas gratuitement généreux. Il exigea des seigneurs, pour accorder ce règlement, une somme de 16,500 livres, à laquelle chacun devait contribuer, selon l'importance de ses biens [1].

Sebrand III jouissait, comme son père, de la confiance du comte de Poitiers et d'une grande considération parmi ses pairs. Nous en trouvons plusieurs nouvelles preuves en cette même année 1269. Ainsi, Alphonse lui écrit pour le charger du jugement d'un procès intenté par Guillaume de Piquegny, chevalier, au sujet du fils et héritier de feu Guy de Chausseraie, chevalier, lui donnant plein

---

1. *Trésor des chartes. Layettes.* J. 192, n⁰ 49. — V. Boutarie, *Saint Louis et Alphonse de Poitiers*, p. 490.

pouvoir de faire une enquête et de terminer le débat [1]; Savary, vicomte de Thouars, en prenant l'engagement de payer au comte de Poitiers 7,759 livres poitevines pour le droit de rachat de sa vicomté, présente pour pleige ou caution Sebrand Chabot, chevalier, fils de Thibaud [2]; Guionnet, fils d'Aimery, vicomte de Thouars, dans un engagement du même genre de payer 2,250 livres pour le rachat de Talmond, présente aussi comme sa caution Sebrand Chabot [3]; enfin, Maurice de Belleville faisant des difficultés pour la portion qu'il devait payer dans la somme exigée par le comte de Poitiers, pour accorder l'abolition des rachats de fiefs à merci, une commission de quatre chevaliers, dont Sebrand Chabot fait partie, est chargée de régler sa contribution [4].

Le dernier document que nous connaissions de Sebrand III, est une charte du 18 mars 1292, par laquelle « Sebrand Chabot, chevalier, seigneur de la Rochecervière et des Essarts, » confirme l'acquisition faite par les religieux de Maillezais, de Jean de Vaux, chevalier, de diverses terres et rentes dépendant de ses fiefs et arrière-fiefs [5].

Nous ignorons la date de la mort de Sebrand III. Il avait épousé une femme dont le nom seul d'Amicie nous a été conservé. Il n'eut, d'après A. du Chesne [6], que deux filles.

Enfants de Sebrand III et d'Amicie.

1° N... Chabot, qui porta en mariage la terre de la Rochecervière dans la maison de Ruffec.

1. *Arm. de Baluze*, LIV, f. 108.
2. *Trésor des Chartes. Layettes*. J. 192, n° 51.
3. *Ibid.*
4. A. Du Chesne, *Maison de Chasteigner.* Preuves, n° 31.
5. D. Fonteneau, XXIV, f. 239.
6. A. Du Chesne, *Maison de Chastillon*, p. 485.

2° *Mahaud* Chabot, dame d'Oulmes et des Essarts, mariée à Savary de Vivonne, chevalier, seigneurs de Thors.

Ainsi finit la branche des Chabot, seigneurs de Vouvent et de la Rochecervière, de laquelle étaient sorties les branches des seigneurs de Rays et des seigneurs de la Grève, qui vont suivre.

LIVRE DEUXIÈME

CHAPITRE I

VII

Girard I Chabot, seigneur de Rays, était le deuxième fils de Sebrand II Chabot, seigneur d'Oulmes et de la Rochecervière, et d'Agnès, dame d'Oulmes.

Girard avait épousé en premières noces Théophanie, fille d'Eudes de Montfort, morte de bonne heure sans enfants. Nous trouvons la preuve de ce premier mariage dans des lettres de cet Eudes de Montfort, datées d'août 1267, quelque temps après la mort de Girard, ratifiant des donations faites à l'abbaye de Buzay, « pour

---

1. Nous rappelons ici ce que nous avons indiqué dans notre Introduction, que c'est surtout dans le Cartulaire de Rays, qui appartient à M. le duc de la Trémoïlle, que nous avons puisé les détails de l'histoire de cette branche. Nous le citons avec les numéros donnés par le savant M. Marchegay, dans l'Inventaire qu'il a publié de ce Cartulaire.

le salut de l'âme de Théophanie, sa fille, jadis femme de feu Girard Chabot[1]. »

Ce fut son second mariage, contracté, vers 1244, avec Eustache ou Eustachie, fille de Raoul, seigneur de Rays et de Machecou, et de Salvagie de la Mothe-Achard, qui lui apporta en dot la baronnie de Rays.

Dès l'année 1218, Girard Chabot devait être sorti de l'adolescence, puisqu'il donna son consentement, avec son frère aîné Thibaud, à la donation que leur père Sebrand Chabot, seigneur d'Oulmes, fit à l'abbaye de l'Absie[2].

En mars 1232, Girard, avec ses deux frères Thibaud et Sebrand, confirma les donations faites par leurs pères à l'abbaye des Chastelliers en Poitou[3].

En 1238, il se trouva avec Sebrand son frère au tournoi de Compiègne[4]. Ce tournoi fut une des grandes solennités du moyen âge. Saint Louis y vit réunis autour de lui l'empereur, le roi d'Angleterre, le roi de Castille, etc., et les principaux seigneurs des diverses provinces de son royaume. Les deux frères, Girard et Sebrand Chabot, y prirent part, avec l'élite de la noblesse du Poitou.

En 1244, au mois d'avril, Thibaud IV, frère aîné de Girard, fit un partage de ses biens entre sa femme et ses enfants, et céda en même temps à ses deux frères, Girard et Sebrand, plusieurs seigneuries. La part de Girard consista dans les terres de Saint-Hilaire-du-Bois et de la Chapelle-Themer, et dans un fief dépendant de la châtellenie de Mareuil, en pleine propriété et seigneurie[5].

---

1. F. lat. 17092, f. 68.
2 *Cart. de l'Absie*, ap. *Arm. de Baluze*, LI.
3. D. Fonteneau, V., f. 119.
4. *Revue nobil.* T. V., p. 409 et 410.
5. *Cartul. de Rays*, n° 19.

En 1246, une transaction fut passée entre Girard I Chabot et sa femme Eustachie, d'une part, et Geoffroi de Lusignan, seigneur de Sainte-Hermine, et sa femme Almodis, d'autre part. Girard et sa femme renoncèrent à leurs prétentions sur la terre des Pineaux, en Poitou, et reçurent en échange la moitié de la terre de Thiré et quelques autres droits [1].

En 1249, un legs d'Aliénor, épouse de Geoffroy de Fayes, en faveur du monastère de l'Absie, de tout ce qu'elle possédait dans le fief de « noble Girard Chabot, seigneur de la Maurière et de la Mothe-Achard, » nous fait connaître qu'il était investi, à cette date, de ces seigneuries [2].

En 1250, Girard donna son consentement à la constitution définitive du douaire que Thibaud, son frère, assigna à Aénor des Brosses, sa femme [3]. L'année suivante, Girard fut choisi par le même Thibaud, avec leur frère Sebrand, pour exécuteur de son testament, fait le jour de l'Ascension 1251 [4].

Après la mort du seigneur et de la dame de Rays, père et mère d'Eustachie, vers 1252, un différend s'éleva entre Girard Chabot, son mari, et les Templiers du Plessis-Raffray en Bretagne; voici à quelle occasion : Raoul de Rays et Salvagie, sa femme, avaient donné aux Templiers le Plessis-Raffray. — Girard, non content de se refuser à la délivrance du legs, enleva aux sujets des Templiers, à Bourgneuf, divers objets estimés valoir plus de quarante livres. L'abbé de Notre-Dame-la-Grande de Poitiers ayant été choisi pour arbitre, en 1254, se prononça contre Girard Chabot et sa femme, qui furent condamnés à payer le dommage causé par eux et à dé-

1. *Cartul. de Rays*, no 20.
2. *Invent. de l'Absie*, ap. Dupuy. DCCCXXVIII, f. 64 verso.
3. *Arm. de Baluʒe*, LIV, f. 242. — D. Villevieille. *Trésor général*.
4. *Cart. de l'Absie*, ap. *Arm. de Baluʒe*, LI.

livrer aux Templiers le Plessis-Raffray, ou cent livres en échange [1].

Un débat, terminé en avril 1253, par une transaction, nous fait connaître un droit singulier que s'attribuaient les seigneurs de Rays.

Le Bourg-des-Moutiers, village du diocèse de Nantes, et siège d'un prieuré dépendant de l'abbaye de Sainte-Marie d'Angers (le Ronceray), avait chaque semaine un marché. Girard Chabot et Eustachie, sa femme, prétendaient exercer le droit, attribué, disaient-ils, de toute antiquité aux seigneurs de Rays, de prendre à crédit les marchandises exposées en vente au marché, en donnant telle garantie qu'ils jugeraient convenable. Alice de la Roche, abbesse de Sainte-Marie d'Angers, pensant avec raison que l'exercice illimité d'un pareil droit faisait tort au marché et par là aux revenus que le prieuré en retirait, réclama contre ce qu'elle croyait un abus. Un accord intervint entre les parties. Le droit d'achat à crédit, prétendu par le seigneur de Rays, fut limité à la valeur de cinq livres, lesquelles devront être remboursées avant que de nouvelles marchandises puissent être prises à crédit. Les marchands, en aucun cas, ne devront surfaire le prix des objets achetés à crédit par le seigneur [2].

En janvier 1254, Girard et Eustachie firent une donation en faveur de l'abbaye de la Villeneuve près de Nantes [3]. Mais parmi les monastères qui furent l'objet des libéralités des Chabot, seigneurs de Rays, l'abbaye de Buzay, diocèse de Nantes, fut favorisée de plus de témoignages d'affection. On a vu plus haut que des donations avaient été faites à cette abbaye pour le salut de l'âme de Théophanie de Montfort, première femme de Girard I. En 1257, Girard et Eustachie, sa seconde femme, donnèrent au même monastère

---

1. *Cartul. de Rays*, nos 22 et 25.
2. *Ibid.*, no 24.
3. F. lat. 17092, f. 216 verso.

une rente de 5o sols, et l'autorisation de construire un moulin à vent dans l'île de Bouin [1]. Il est vrai que, en échange, l'abbé et les religieux renoncèrent aux prétentions que l'abbaye pouvait avoir sur les moulins à eau de cette même île. Plus tard, Eustachie, femme de Girard, choisit l'église de Buzay pour le lieu de sa sépulture et lui assigna dix livres de rente sur les revenus du *rivagium,* ou droit payé par les navires qui abordaient à l'île de Bouin [2]. Nous verrons les descendants de Girard I continuer ces libéralités en faveur de l'abbaye de Buzay.

Eustachie avait une sœur nommée Jeanne, qui avait épousé Maurice de Belleville. Des débats survinrent entre les deux beaux-frères au sujet de leurs parts respectives dans l'héritage des seigneur et dame de Rays. Une charte de Jean, duc de Bretagne, du 10 mars 1258 [3], adjugeait à Jeanne le château de Machecou ; Girard le revendiquait. On commença par une guerre de procès devant la cour du duc de Bretagne. Le seigneur de Rays avait réussi à s'y ménager de puissants protecteurs. Pierre, fils du duc, s'engagea par lettres d'octobre 1258, en récompense des services que lui a rendus Girard Chabot, sire de Rays, à l'assister et à l'aider contre Maurice de Belleville dans toutes les causes qu'il aura devant la cour du duc de Bretagne, au sujet du château de Machecou, « soit en enlevant audit Maurice ses avocats, conseillers et appuis, soit en intercédant auprès de son père [4]. »

En septembre 1260, Geoffroy, sire de Châteaubriant, sorti d'une des plus puissantes maisons de Bretagne, fit alliance avec Girard

1. *Cartul. de Rays*, n° 26.
2. F. lat. 17092, f. 68.
3. *Cartul. de Rays*, n° 27.
4. *Ibid.*, n° 28.

Chabot contre le même Maurice de Belleville, auquel il réclamait de son côté la terre de Montaigu. Le sire de Châteaubriant jura « de prendre parti pour le seigneur de Rays dans tous les débats existants jusqu'à ce jour entre lui et Maurice, d'y mettre corps, terre, chastel et avis, et de ne faire paix ni accord avec le seigneur de Belleville, sans son assentiment et sa participation, à peine d'être tenu pour parjure et pour traître [1]. » Quelques années plus tard, vers 1262, le même Geoffroy de Châteaubriant nommait Girard Chabot son exécuteur testamentaire [2].

On peut supposer, d'après les termes du traité d'alliance entre Girard et Geoffroy, que la querelle avec Maurice de Belleville était entrée dans une période plus aiguë que celle des procès, ou qu'elle allait y entrer, lorsque, à la fin de septembre de la même année 1260, Jean, duc de Bretagne, prononça entre les parties : Girard et Eustachie auront le château de Machecou avec les hommages ; Maurice obtient quelques compensations [3].

Le litige, malgré cette sentence, ne paraît pas avoir été apaisé, car, le 27 août 1262, un accord passé entre le duc de Bretagne et Girard Chabot constate que le Parlement sera appelé à décider si la terre de Machecou doit être adjugée à Girard Chabot ou à Maurice de Belleville [4]. L'affaire ne fut terminée qu'en 1269, après la mort de Girard I, par un traité entre Girard II son fils et Maurice [5].

Vers la même époque, entre 1257 et 1259, le seigneur de Rays avait à soutenir un autre procès contre les religieux de Saint-Serge d'Angers, au sujet des droits et privilèges du prieuré de Chemeré,

---

1. *Cartul. de Rays*, n° 31.
2. D. Morice, *Hist. de Bret. Preuves* , I, 986.
3. *Cartul. de Rays*, n° 32.
4. *Ibid.*, n° 36.
5. *Ibid.*, n° 57.

qui dépendait de leur monastère. Girard refusait aux moines du prieuré l'usage dans la forêt de Chemeré, tant pour leur chauffage, l'entretien de leurs édifices et la confection de leurs tonneaux, que pour le pacage de leurs bestiaux. Il ne s'était pas contenté de cette interdiction, il avait envahi à main armée et ravagé la terre du prieuré, arraché le bois de la Haye-du-Breuil, saisi et tué les porcs que les moines faisaient paître dans la forêt de Chemeré. Quoique l'affaire pût être portée devant les juridictions souveraines, surtout à cause de ces actes de violence, l'abbé de Saint-Serge consentit à l'arbitrage de Galeran, évêque de Nantes. Ce prélat, par une charte du mois d'octobre 1259, décida que le prieur de Chemeré serait maintenu dans son droit d'usage dans la forêt, à la charge de prévenir le seigneur de Rays ou ses forestiers de l'endroit où il doit l'exercer, et de faire serment d'en user de la façon la moins dommageable ; le bois pris dans la forêt de Chemeré ne pourra être vendu, et les tonneaux construits avec ce bois ne pourront être aliénés que remplis de vin ; le pacage ne sera permis que pour les bestiaux destinés à la consommation des religieux, les moutons et les chèvres exceptés. Quant aux violences et aux exactions imputées au seigneur de Rays, elles donneront lieu à des dommages et amendes que l'évêque se réserve de fixer [1].

Girard I Chabot dut mourir en 1264, après le mariage de son fils aîné Girard II avec Emme de Châteaugontier. Nous trouvons en effet, le 19 juillet de cette année, une quittance de vingt sols de rente donnée au noble baron Girard Chabot, chevalier, sire de Rays, par un bourgeois de Nantes [2], et, au mois de septembre suivant, un acte de partage de biens entre Girard Chabot, écuyer, et Haüis,

1. *Cartul. de Rays,* nos 29 et 30.
2. *Ibid.*, no 38.

8

dame de Châteaugontier, sa belle-mère, dans lequel Girard I, son père, n'est pas mentionné [1]. Il dut mourir dans cet intervalle. Nous ignorons la date précise de la mort d'Eustachie, femme de Girard I. Une charte de Girard II, leur fils, de l'année 1266, nous fait connaître qu'elle et son mari étaient alors décédés, et qu'Eustachie était enterrée dans l'église de Buzay [2]. Ils laissaient quatre enfants.

Enfants de Girard I et d'Eustachie de Rays.

1° *Girard* II Chabot, qui suivra.

2° *Guillaume* Chabot, seigneur de la Mothe-Achard. Le premier document où il est mentionné, est une charte de Girard II, son frère aîné, du 9 mai 1279, dont nous donnerons une analyse. Par cette charte, Girard bailla et octroya en viager seulement à ses chers frères Guillaume et Raoul Chabot, conformément à la demande qu'ils lui en ont faite, les objets suivants, provenant de la succession de leurs père et mère, et sis en Poitou et en Bretagne :

1° A Guillaume Chabot, les terres de la Mothe-Achard, du Fief-Magneau et de la Maurière, situées en Poitou, avec tous leurs fruits, revenus, fois et hommages ;

2° A Raoul Chabot, la terre de Saint-Hilaire-le-Vouhis, en Poitou, relevant de Mareuil, avec ses fruits, revenus, fois et hommages ; la portion de la terre de la Maurière, qui avait été donnée en mariage à leur sœur Eustachie défunte ; trente livres de rente sur la *cohue* [3] de la Mothe ; soixante livres sur les *corvaiges* [4] de Pornic, en Bretagne.

1. *Cartul. de Rays*, n° 39.
2. F. lat. 17092, f. 68.
3. Ce mot peut s'entendre ou de la halle qui servait à exposer en vente les denrées, ou de la salle destinée à rendre la justice.
4. Droits de corvée.

Les deux frères pourront disposer par testament des revenus sus-dits, seulement pour les quatre premières années qui suivront leur décès, et aliéner, chacun sur sa part, cent livres de rente en fondations pieuses. Après la mort de l'un des deux, tout ce que le décédé aura reçu de Girard son frère, sauf les cent livres dont il aurait disposé, reviendra au donateur, sans que le survivant y puisse rien prétendre. Mais Girard étant mort, ses frères ou leurs héritiers pourront réclamer de son successeur leur eschoite, ou part de collatéraux, dans la succession dudit Girard et de ses père et mère, en rapportant ce qu'ils auront reçu [1].

Le cartulaire d'Orbestier nous a conservé un acte de donation de Guillaume de la Mothe-Achard, qui doit être de 1281 [2]. Dans cet acte, « Guillaume Chaboz, chevalier, seigneur de la Mothe-Achard et de la Maurière, » confirme à l'abbé et au couvent de Saint-Jean-d'Orbestier la moitié de la Gandetère, jadis donnée par ses ancêtres et leur donne l'autre moitié, moyennant six deniers de rente perpétuelle, payable à la Saint-Jean-Baptiste, au château de la Mothe-Achard.

Le 23 mars 1285, jour du vendredi saint, Guillaume de la Mothe-Achard reçut la croix des mains de l'évêque de Nantes, pour le voyage d'Aragon, en compagnie de son frère Girard et de plusieurs autres seigneurs [3]. On lira, à l'article de Girard II, quelques détails sur cette expédition.

Guillaume Chabot, seigneur de la Mothe-Achard, dut mourir peu de temps après, ainsi que l'établit une charte du bailli de Touraine,

1. *Cartul. de Rays*, n⁰ 81.
2. *Cartul. d'Orbestier*. Cet acte, par une erreur évidente, y est daté de 1318. Les termes ne permettent pas de l'attribuer à un autre, et, en 1318, Guillaume de la Mothe-Achard était mort depuis longtemps.
3. *Cartul. de Rays*, n⁰ 101.

du mois de juillet 1287, contenant une transaction dont voici l'objet [1]. On vient de voir que Girard II avait accordé à ses deux frères le droit de disposer par testament, pour quatre années, à compter du jour de leur décès, des revenus dont il leur avait cédé la jouissance. Or Guillaume étant décédé, Girard refusait la délivrance de ces annuités (léguées probablement à son autre frère Raoul), et s'était même emparé de quelques objets mobiliers dépendant de la succession. Raoul de Château..., Hugues d'Aubigny, chevaliers et Geoffroi Adam, valet, exécuteurs du testament de Guillaume de la Mothe-Achard, chevalier, réclamèrent l'accomplissement des conditions de la donation du 9 mai 1279.

Une transaction intervint, par laquelle il fut convenu que Girard donnera pour les quatre annuités 650 livres tournois, et pour les objets qu'il a saisis, 50 livres pour 41 setiers d'avoine, 97 livres pour deux chevaux, une livre pour une charretée de foin, trois livres pour un tonneau de vin, et 36 livres pour divers autres objets, en tout, 837 livres tournois, payables moitié à la Toussaint prochaine et moitié un an après, sous peine de cent livres d'amende par chaque terme en cas de retard.

Guillaume de la Mothe-Achard avait épousé Marguerite de Bourgneuf, fille de Jean de Bourgneuf. Après la mort de son mari, elle devint la femme de Guiart de Surgères. Un acte du 14 octobre 1321, passé entre Girard III Chabot et ledit Jean de Bourgneuf, régla les droits de Marguerite [2]. Les frais de sépulture et les legs de son premier mari seront acquittés par le seigneur de Rays, auquel reviendront tous les objets mobiliers servant à l'exploitation des terres occupées par Guillaume. Sa veuve aura son douaire assigné sur les im-

---

1. *Cartul. de Rays,* nᵒ 104.
2. *Ibid.,* nᵒ 131.

meubles, et prendra dans le mobilier les joyaux, les robes, trois des meilleurs lits garnis, etc. Les terres formant le douaire de Margue-rite furent plus tard (février 1363) assignées pour le douaire de Phi-lippe Bertrand, veuve de Girard IV, petit-neveu de Guillaume [1].

Guillaume Chabot, seigneur de la Mothe-Achard, ne laissa pas d'enfants. Un certain Simon Chabot, qui se disait son fils, et qui, en cette qualité, réclamait ses droits sur la succession de son prétendu père, soutint un long procès contre les seigneurs de Rays et Mar-guerite de Bourgneuf, veuve de Guillaume. Il finit par abandonner sa poursuite moyennant une somme de 340 deniers d'or à l'écu [2]. Du reste, ce Simon mourut sans enfants. Un Simon Chabot, quelle que soit son origine, est qualifié chevalier dans une quittance qu'il donna, le 12 janvier 1351, au trésorier des guerres, de la somme de quinze livres tournois pour services rendus au roi pendant les guerres en Poitou, Saintonge, etc. [3].

3° *Raoul* Chabot eut sa part, comme on l'a vu à l'article précédent, dans les donations faites par Girard II à ses deux puînés, le 9 mai 1279. A cette date, Raoul n'était pas encore chevalier, car il est dit dans l'acte « qu'il aura 60 livres de rente sur les corvaiges de Pornic, lorsqu'il aura été reçu chevalier. » Il était mort en 1288, ainsi que le constate une charte du 22 juillet de cette année, par laquelle Jean du Breuil, clerc, donne quittance aux héritiers et aux exécuteurs testamentaires de défunt Raoul Chabot, chevalier, de tout ce qui lui était dû pour ses services, déboursés et autres frais [4].

4° *Eustachie* Chabot est la seule fille de Girard I. Elle épousa Béraud de Maillé, dont elle était veuve en 1277, et peut-être elle était

1. *Cartul. de Rays*, no 168.
2. *Ibid.*, no 153.
3. D. Morice, *Hist. de Bretagne*. Preuves, I, 1475.
4. *Cartul. de Rays*, n° 136.

elle-même décédée à cette date. Nous avons, en effet, une charte de frère Foucher, prieur de l'ordre de Grandmont, contenant quittance envers Girard, seigneur de Rays, de 5o sols de rente qu'Eustachie avait donnés au correcteur du prieuré de Bandouille-sur-Dive, en Poitou, pour la célébration de son anniversaire. Girard II fournit, pour le rachat de cette rente, la somme de vingt livres et accorda l'amortissement d'une rente de cinq muids de vin que ledit correcteur avait acquise à Coulonges et à Tesson [1]. Si Eustachie Chabot vivait encore en 1277, elle était décédée avant le 9 mai 1279, lorsque Girard II, dans l'acte de donation cité plus haut, attribua à son frère Raoul la portion de la terre de la Maurière qui avait été donnée en mariage à leur sœur Eustachie défunte [2].

VIII

GIRARD II Chabot, seigneur de Rays et de Châteaugontier, fils aîné de Girard I et d'Eustachie de Rays, fut marié trois fois. Il épousa : 1° entre 1260 et 1264, Emme de Châteaugontier, fille de feu James, seigneur dudit lieu et de Nogent-le-Rotrou, et de Haüis, dame de Châteaugontier, laquelle Emme était veuve en premières noces de Geoffroi de Pouancé ; 2° vers 1274, Jeanne de Craon, fille de Maurice V, sire de Craon, et d'Isabeau de Lusignan, fille du seigneur de la Marche, dame de Chantocé ; 3° avant 1289, Marguerite des Barres, fille de Jean des Barres, seigneur d'Oissery, dans le diocèse de Senlis [3].

1. *Cart. de Rays.*, n° 75.
2. *Ibid.*, n° 81.
3. E. Mannier, *Commanderies de Malte.*

GIRARD II CHABOT,
BARON DE RAYS,
1276.

Peu de temps après son premier mariage, en septembre 1264, Girard II et Haüis de Châteaugontier, sa belle-mère, consentirent à un accord passé devant la cour d'Angers, relativement à leurs droits respectifs sur les biens du seigneur de Châteaugontier. Le douaire de Haüis y est réglé, ainsi que la part d'héritage qui revient à Élyote et Philippe, sœurs mineures d'Emme, femme de Girard, et à leur frère Estièvre ou Estèvenot. Emme et son mari Girard Chabot auront, sur le douaire assigné à Haüis dans le Perche, le coin de la monnaie de Nogent-le-Rotrou, telle que celle-ci devait en jouir .

Le 13 juin 1265, Pierre, fils de Jean, duc de Bretagne, fit un échange avec Girard II et sa femme Emme. Il leur céda : 1° la seigneurie de Vue, diocèse de Nantes, telle qu'elle venait de lui être donnée par son père ; 2° la terre de Maumusson, au même diocèse ; 3° le droit maritime de *Gaif* (droit d'épaves) sur les côtes de la baronnie de Rays. Il reçut en échange les château, terre et seigneurie de Nogent-le-Rotrou, avec le droit d'y battre monnaie [2].

Girard II, le mois suivant, vendit à l'évêque de Nantes, Jacques de Guérande, sa part de la dîme de toutes les récoltes dans les paroisses de Vue et de Couëron, moyennant 150 livres tournois, sauf à rentrer en possession desdites dîmes par le remboursement de cette somme [3]. C'est ce qu'il fit, en février 1276, ainsi que le constate une déclaration de Guillaume de Vern, alors évêque de Nantes [4].

En janvier 1266, Emme fit donation à Girard II, son mari, de la seigneurie de Vue et de ses dépendances, y compris le droit de

---

1. *Cartul. de Rays*, n⁰ 39.
2. *Ibid.*, n° 43.
3. *Ibid.*, n° 44.
4. *Ibid.*, n⁰ 69.

Gaif, sous la condition de retour à la donatrice, si Girard mourait avant elle sans enfants [1].

Un différend entre le seigneur de Rays et Maurice de Belleville, qui avait pris naissance sous Girard I, et ne devait se terminer que quelques années plus tard, servait de prétexte aux deux adversaires pour se molester l'un l'autre. Ainsi Girard s'empara par force d'un meurtrier dans l'île de Bouin, dont la juridiction était commune entre les deux contendants. Maurice eut recours au comte de Poitou, qui donna tort à Girard, et, dans une charte de janvier 1266, lui intima l'ordre de se dessaisir de son prisonnier et de le remettre entre les mains du juge de l'île de Bouin [2]. Mais Girard conserva toujours ses droits sur cette île ; car nous trouvons, en mars 1266, une donation par Girard Chabot, valet, de dix livres sur les coutumes de Bouin [3].

Nous trouvons encore dans le cartulaire de l'abbaye de la Couture, du Mans, en janvier 1267, un accord entre l'abbé de Belle-branche, et Girard Chabot et Emme, sa femme, seigneur et dame de Châteaugontier, au sujet du moulin de la Roche, à Anvers, dans la Maine [4].

L'alliance de Girard II Chabot avec Emme de Châteaugontier lui attira plusieurs procès. Ce fut, en premier lieu, de la part de Louis de Brienne, fils du roi de Jérusalem et vicomte de Beaumont, qui avait épousé Jeanne 'de Pouancé, née du premier mariage d'Emme avec Geoffroi de Pouancé. Louis prétendait que Girard, ayant le bail ou administration de la terre de Geoffroy, depuis son mariage avec la veuve de celui-ci, était tenu de payer toutes ses dettes, de pourvoir

1. *Cartul. de Rays,* n⁰ 45.
2. *Arm. de Baluze,* LIV, f. 106.
3. *Arch. de la Loire-Inférieure,* E. 29.
4. *Cartul. de la Couture,* p. 294.

à l'entretien de sa fille Jeanne, de rembourser les prix des bois vendus sur la terre de Pouancé, etc. Girard ne se contentait pas de résister à ces prétentions, il réclamait de son côté : 1° la moitié d'une rente acquise par Geoffroi, durant son mariage, sur la prévôté de la Guerche ; 2° l'exécution du testament du seigneur de Pouancé, afin de faire annuler les legs qui ne paraîtront pas raisonnables. Deux commissaires furent nommés par le roi saint Louis pour amener les parties à un accord. On convint de choisir deux arbitres, et l'évêque de Nantes fut chargé de prononcer en cas de partage (18 novembre 1266) [1]. Ce ne fut que plus de quinze mois après que le différend fut apaisé par une transaction, dont voici les principaux articles :

Emme aura, à titre de douaire, le tiers des biens de Geoffroi de Pouancé, son premier mari, les deux autres tiers étant adjugés à Jeanne leur fille, mariée au vicomte de Beaumont ; les dettes de Geoffroi seront payées avec le produit des coupes de bois ; chacune des deux dames contribuera dans la proportion de leurs parts respectives à l'entretien des édifices, ponts, chemins, etc. ; Girard, seigneur de Rays, conservera le bail des terres jusqu'à la majorité de Jeanne ; quand, à cette époque, Louis de Beaumont en aura pris le bail, il devra verser à Girard cent marcs d'argent ; celui-ci rendra compte de ce qu'il a précédemment reçu du revenu, qui est spécialement affecté au paiement des dettes du défunt, etc. Cette transaction passée, sous le sceau de la cour du roi, à Angers, mit fin au procès [2].

Un second procès avait été intenté à Girard Chabot et à Emme, sa femme, par Haüis, mère de celle-ci. L'accord du mois de sep-

1. *Cart. de Rays*, n° 46.
2. *Ibid.*, n° 50.

tembre 1264 n'avait pas vidé toutes les difficultés existant alors, et d'autres avaient surgi depuis, qui demandaient une solution. Haüis réclamait d'être complètement déchargée des dettes de James, son mari défunt, et d'Estévenot son fils, aussi défunt; elle exigeait le remboursement de diverses rentes faisant partie de son douaire et reçues par Girard, et d'une somme de 1.300 livres qu'elle avait fournie pour payer les dettes de son mari. Girard et Emme, de leur côté, demandaient que les 3.500 livres, que Haüis avait reçues sur le produit des ventes de bois, fussent attribuées au paiement des dettes, et que plusieurs objets précieux, d'une valeur de 200 marcs d'argent, donnés en gage aux Lombards [1] de Nogent-le-Rotrou, et que Haüis s'était fait remettre, leur fussent restitués. L'accord se fit moyennant la transaction suivante, passée en la cour d'Angers, le 13 mars 1267[2] :

Les dettes de James et d'Estévenot, faites dans le pays Chartrain, le Dunois, le Blaisois, le Perche, etc., au delà du Mans, seront acquittées par Haüis, sauf ce qui est dû aux Lombards de Nogent-le-Rotrou; Emme et Girard acquitteront les dettes faites au Mans et dans les pays situés en deçà, Touraine, Anjou, Bretagne, Poitou. En outre, les droits des autres filles de Haüis sont réglés, ainsi que le douaire de celle-ci fixé d'une manière plus précise par l'énumération des terres et droits dont elle aura la jouissance.

Un troisième différend fut également vidé par une transaction du 1er juillet 1268, entre Gilbert de Prulay et Guérin Chevreul, maris d'Alix et d'Elyote, filles de James de Châteaugontier, d'une part, et Girard Chabot, au nom d'Emme sa femme leur sœur aînée, d'autre part. Gilbert et Guérin réclamaient la portion héréditaire de leurs

---

1. Prêteurs sur gages ou banquiers.
2. *Cartul. de Rays*, n° 48.

femmes dans la baronnie de Châteaugontier et dans la terre de Saint-Jean-sur-Couesnon. Après de longs débats, ils abandonnèrent à Emme la pleine propriété de ces terres, moyennant une rente de 25 livres, payables à chacune des deux sœurs sur le péage de Châteaugontier [1].

Ainsi Girard II Chabot s'était débarrassé, avec quelque avantage, des difficultés qui lui avaient été suscitées du chef de sa femme. Il ne fut pas moins heureux dans la conclusion du long différend, qui avait commencé sous son père, Girard I, avec Maurice de Belleville, touchant Machecou, ainsi qu'on l'a vu plus haut. En octobre 1268, Girard, craignant de succomber, avait conclu avec Olivier II de Machecou, son neveu, une sorte d'alliance, et obtenu de lui qu'il demanderait et même enjoindrait à Maurice de livrer le château de Machecou au seigneur de Rays, et que, en cas de refus de la part du seigneur de Belleville, il prêterait assistance à Girard en la cour du duc [2]. Maurice ne paraissant pas disposé à céder, Girard le traita en ennemi, et se mit, de concert avec Geoffroi de Châteaubriant, à ravager ses terres situées en Poitou ; démarche téméraire pour laquelle ils furent condamnés à une forte amende par Alphonse comte de Poitiers, au commencement de 1269 [3].

Quelques semaines après, le 27 mars, par le conseil de prud'hommes, les deux adversaires se réconcilièrent, et un arrangement fut conclu entre eux. Maurice de Belleville conservera, sa vie durant, Machecou et ses dépendances. A sa mort, le château et les terres seront remis à Girard. Maurice cependant n'en pourra rien

1. *Cartul. de Rays*, no 51.
2. *Ibid.*, no 53.
3. *Ibid.*, no 56.

aliéner [1]. Cette transaction, suivie de quelques actes qui la complé-
taient, termina de longs débats.

En août 1268, Guillaume de Vern allait prendre possession du
siège épiscopal de Nantes, lorsque Girard II, seigneur de Rays, lui
signifia le résultat d'une enquête faite par ses soins, au sujet d'une
coutume qui, selon lui, créait un droit en faveur des seigneurs de
Rays. Cet usage, observé de temps immémorial, leur permettait de
prendre et d'emporter les nappes du festin servi à l'évêque de
Nantes le jour de son entrée solennelle dans sa ville épiscospale.
En outre, Girard le sommait, en cas qu'il voulût contester ses allé-
gations, de produire de bons et fidèles témoins contre ceux qu'il
avait fait entendre [2]. Le résultat de cette démarche nous est resté
inconnu ; mais le fait était assez curieux pour être signalé.

La même année, en décembre, Emme de Châteaugontier fit donation à son mari Girard Chabot, valet, seigneur de Rays, et à ses
hoirs, du tiers de tous ses biens, en pleine propriété, si leur fils
Thibaud mourait sans enfants légitimes, et en usufruit seulement
si Thibaud laissait des enfants [3].

L'année suivante, 1269, en juin, nous trouvons Girard II, avec
son cousin Sebrand III Chabot, pleige ou caution de Savary, vicomte de Thouars, dans l'engagement qu'il prit de payer à Alphonse
comte de Poitiers 750 livres pour le rachat, ou droit de succession,
de la vicomté de Thouars [4].

Le roi saint Louis avait appelé à sa dernière et malheurense croisade, en 1269, les grands barons de son royaume. Girard Chabot,

---

1. *Cartul. de Rays*, nos 57, 59, 60, 61.

2. *Ibid.*, no 52.

3. *Ibid.*, no 55.

4. *Trésor des Chartes. Layettes*. Poitou. J. 192.

seigneur de Rays, se dispensa d'y prendre part en s'engageant à payer à Pierre, fils de Jean, duc de Bretagne, une somme d'argent pour aider à l'entreprise. Après le funeste résultat de l'expédition, il refusa de s'acquitter. L'affaire fut portée devant le Parlement de Paris, lequel, au commencement de 1271, rendit un arrêt déclarant que Girard Chabot s'étant engagé envers Pierre de Bretagne, le roi ni sa cour n'avaient pas à se mêler de la réclamation de celui-ci [1]. Nous ignorons quelle fut l'issue de ce débat, qui paraît peu honorable pour Girard II.

De nouveaux liens vinrent resserrer l'alliance qui avait été conclue, comme on l'a vu ci-dessus, entre les seigneurs de Rays et de Machecou. Un mariage fut décidé entre Jean de Coché, fils d'Olivier II de Machecou, et Eustachie, fille de Girard II. Celle-ci, quoique trop jeune pour se marier, fut cependant remise au seigneur de Machecou, qui s'engagea à la rendre à son père libre de tout bien, si Jean de Coché mourait avant la célébration du mariage. Une charte passée à Nantes, le 28 octobre 1271, sous le serment des parties, confirma cet engagement [2]. Une autre, du 27 décembre suivant, autorisa Girard Chabot à prendre possession et à conserver la jouissance de la terre d'Olivier, dans le cas qu'il n'accomplirait pas sa promesse [3].

Quelques années plus tard (janvier 1276), Emme de Châteaugontier étant morte, Girard II ayant épousé en secondes noces Jeanne de Craon, et Eustachie sa fille étant près d'atteindre l'âge nubile, le seigneur de Rays s'occupa de lui constituer une dot. Il lui donna, par un acte passé devant le sénéchal de Nantes, en pleine

1. *Reg. du Parlement.* Olim, Saint-Martin d'hiver 1270.
2. *Cartul. de Rays*, n° 62.
3. *Ibid.*, n° 63.

propriété, à l'occasion de son mariage avec Jean de Coché, tout ce
que Bellassez Chabot, sœur de Girard I, avait reçu en dot lors de
son mariage avec Brient le Bœuf, plus une rente foncière de
200 livres sur les revenus de la terre de Chateaugontier, sinon, sur
les fiefs, terres et sujets de Rays [1]. Cette rente de 200 livres était
donnée en compensation de la part d'Eustachie dans la succession
d'Emme de Châteaugontier sa mère [2]. Les arrangements relatifs à
cette succession entre Jeanne de Pouancé, dame de Beaumont, fille
du premier mariage d'Emme, et Girard Chabot étant en voie de se
terminer, celui-ci, en octobre 1278, régla ainsi la dot d'Eustachie :
il lui assigna 100 livres de rente sur la cohue de Châteaugontier, ou,
ce revenu étant insuffisant, sur les autres revenus que Girard possédait dans la même ville, et 100 livres sur la terre de Saint-Jean
de-Couesnon. Elle conservait ce qui avait constitué la dot de Bellassez, sa grand'tante; Girard y ajouta, sur le droit de sceau nommé
les briefs de Pornic, un revenu égal à celui de la terre de Vue. Si Eustachie meurt sans enfants, tout ce qui précède reviendra à Girard, en
vertu de la donation que sa femme lui a faite du tiers de ses biens ;
mais Eustachie pourra, outre ses aumônes, disposer en faveur de
Jean de Coché, son mari, du tiers de la susdite rente de 200 livres [3].

Il existait alors en Bretagne une pratique introduite sous la domination anglaise à la fin du XIIe siècle, c'était le droit de bail ou tutelle des enfants mineurs, vassaux d'un seigneur. A la mort de
leur père, le seigneur, sous prétexte qu'il était de droit leur tuteur,
s'emparait de l'administration de leurs biens, en usait et souvent
en abusait, de sorte que, à leur majorité, les malheureux pupilles

1. Cartul. de Rays, nos 67 et 68.
2. Ibid., no 77.
3. Ibid., nos 77 et 78.

ne recouvraient qu'une fortune amoindrie ou chargée de dettes. Jean, duc de Bretagne, par une charte de juin 1276, abolit dans ses domaines cette pratique injuste et la remplaça pour un simple droit de rachat on de mutation. Quoique le duc n'eût pas obligé les seigneurs bretons à abolir le droit de bail dans leurs terres, plusieurs d'entre eux, et les principaux, imitèrent son exemple. Parmi ceux-ci, nous sommes heureux de rencontrer Girard Chabot, sire de Rays, lequel adhéra en ces termes à la mesure prise par le duc Jean : « Et nos Girars Chabot, sire de Rays, chevalier, avons gréé et otroié, pour nous et nos hoirs, gréons et otroyons toutes les choses devant dites et nous y consentons [1]. »

L'abbaye de Fontevrauld possédait, dans le diocèse de Nantes, à la Bademorière (aujourd'hui Val-de-Morière), un prieuré de religieuses. Un certain Jean Thibaud, chevalier, et Jean Rondeau, sergent, sujets du seigneur de Rays, s'étaient rendus coupables « d'injures et vilainies envers les nonnains » et même de meurtre sur un de leurs sujets, nommé Etienne Racinous. L'abbesse de Fontevrauld cita en justice les deux coupables, ainsi que Girard Chabot, comme responsable de leurs méfaits. L'affaire fut soumise à l'arbitrage de Hugues de Châtillon, chevalier, lequel déclara que Girard n'avait eu aucune part, ni par acte, ni par conseil, dans les excès commis par Thibaud et Rondeau, et condamna ceux-ci en 160 livres de dommages envers les religieuses de la Bademorière. Cette sentence fut prononcée le 30 octobre 1278, et, en juillet 1281, Marguerite, abbesse de Fontevrauld, donna quittance à Girard Chabot de « la somme de CLX livres pour amende de dommages commis dans ledit prieuré [2]. »

---

1. D. Morice. *Hist. deBret.*, I. 206.
2. *Cartul. de Rays*, nos 76, 79 et 86.

Nous avons analysé plus haut (article de Guillaume, seigneur de la Mothe-Achard) l'acte de la donation faite, le 9 mai 1279, par Girard II à ses frères puînés. Nous l'avons fait connaître avec assez de détails pour être dispensé de le reproduire ici.

La même année 1279, en avril, Girard II confirma les donations de serfs et de terres faites à l'abbaye de Buzay, dans l'île de Bouin, par Harcoet, sire de Rays, bisaïeul d'Eustachie de Rays, femme de Girard I [1].

Deux lettres de décembre 1280 et de mai 1282 sont relatives à l'hommage dû à Girard Chabot pour sa seigneurie de Brion, en Anjou, qui lui était advenue par son mariage avec Jeanne de Craon sa deuxième femme. C'est à cause de cette seigneurie que Charles, roi de Jérusalem et de Sicile et comte d'Anjou, lui reconnut, par une charte du 10 mars 1284, le droit de chasser, avec chiens et lévriers, à toutes bêtes, dans sa forêt et ses buissons de Brion [2].

De Jeanne de Craon, Girard avait, outre un fils du même nom que lui, une fille nommée Isabeau. Elle fut fiancée le 7 juin 1284, à Olivier III de Machecou, fils de feu Olivier II et frère de Jean de Coché, dont la mère était Eustachie de Vitré, dame des Huguetières. Girard II donna à sa fille, en raison de ce mariage, 220 livres de rente qui reviendront à la famille paternelle, si elle ou ses descendants mouraient sans héritiers directs. La mère d'Olivier III s'obligea à faire entrer son autre fille Thomasse dans un cloître, afin de laisser à la future tout son héritage. Suivant un usage dont nous avons vu plus haut un exemple, Isabeau sera remise, en attendant

1. *Arch. de la Loire-Inférieure*. B. Liasse 8.
2. *Cartul. de Rays*, nos 85 et 87.
3. *Ibid.*, no 89. — Archives de M. le duc de la Trémoïlle, original sur parchemin.

le mariage, à la dame des Huguetières, qui devra la rendre, si son fiancé meurt avant la célébration du mariage [1].

Nous venons de mentionner la prétention du seigneur de Rays au droit de s'emparer des nappes de la table de l'évêque de Nantes, le jour de son entrée solennelle dans sa ville épiscopale. Il voulut exercer un autre droit du même genre, mais sa tentative ne tourna pas à son honneur. Le prieuré de Machecou dépendait de l'abbaye de Marmoutiers; Robert, abbé de ce monastère, vint le visiter en 1284, la première fois depuis son élévation à la dignité d'abbé, Girard envoya ses écuyers, avec ordre de réclamer le cheval de l'abbé, qui, disait-il, appartenait au seigneur, lors de la première visite du prieuré. Sur le refus de Robert, les gens de Girard enlevèrent de force le cheval. Cette violence attira sur ses auteurs l'excommunication. Le seigneur de Rays n'obtint d'être absous que moyennant la réparation du dommage causé et l'obligation imposée aux écuyers ravisseurs de faire publiquement amende honorable. Ils durent accomplir cette condition en suivant, vêtus d'une simple tunique et sans coiffe, deux processions, l'une au prieuré de Machecou, l'autre à Marmoutiers [2].

Le 22 septembre 1284, Jeanne de Craon, seconde femme de Girard II, lui fit donation : 1º en pleine propriété, de sa part dans les acquêts faits durant leur mariage ; 2º en usufruit, du tiers de sa terre, du droit de couper et de vendre les bois de la châtellenie de Brion, du droit de chasse qui lui avait été confirmé par le comte d'Anjou. Elle lui légua, en outre, tous ses meubles demeurés libres après l'exécution de son testament [3]. Le 9 décembre suivant, Jeanne

1. *Cartul. de Rays*, nº 90.
2. *Ibid.*, nº 94.
3. *Ibid.*, nº 95.

de Craon, par une seconde charte, confirma les donations qui précèdent, ainsi que les conventions faites par son mari pour le mariage de leur fille Isabeau avec Olivier III de Machecou [1]. Depuis
cette date, il n'est plus parlé de Jeanne de Craon. Elle dut mourir
à la fin de 1284 ou au commencement de 1285.

Le jour du vendredi saint, 23 mars 1285, Durand, évêque de
Nantes, ainsi que nous l'avons dit, à l'article de Guillaume de la
Mothe-Achard, donna la croix à Girard II Chabot, seigneur de
Rays, à son frère Guillaume et à plusieurs gentilshommes et serviteurs du seigneur de Rays, pour entreprendre le voyage d'Aragon [2].
Il s'agissait d'une expédition contre Pierre III, roi d'Aragon, conduite par le roi Philippe-le-Hardi, avec le concours de sa plus belle
noblesse, pour tirer vengeance du massacre des Français de Palerme,
connu sous le nom de *Vêpres siciliennes*. Le pape Martin V avait
excommunié le roi d'Aragon et accordé les privilèges de la croisade
contre les infidèles à ceux qui prendraient part à cette guerre. Elle
fut peu décisive quant aux avantages matériels ; mais elle fut suivie
de la mort des deux rois : celui d'Aragon succomba à ses blessures,
et celui de France, tombé malade à Perpignan, à son retour, y
mourut en octobre 1285.

Le 28 avril 1289, nous trouvons Girard II marié en troisièmes noces
avec Marguerite des Barres, sans que nous sachions la date exacte
de cette alliance. Sa nouvelle épouse fit à son mari le remboursement d'une sommé de 4.000 livres, qu'il a payées pour acquitter
les dettes qu'elle et ses parents avaient contractées avant son mariage [3]. Le même jour, par une autre charte, elle lui donne, en pleine

---

1. *Cartul. de Rays*, n° 97.
2. *Ibid.*, n° 101.
3. *Ibid.*, n° 107.

MARGUERITE DES BARRES,

IIIᵉ ꜰᴇᴍᴍᴇ ᴅᴇ Gɪʀᴀʀᴅ II, ʙᴀʀᴏɴ ᴅᴇ Rᴀʏs,

1288.

propriété, pour lui et les siens, le tiers de ce qu'elle possède en Normandie, en France et ailleurs [1].

Ce fut vers la même année 1289 que Girard Chabot fut absous de l'excommunication portée contre lui par Guillaume de Vern, évêque de Nantes, « qui excommuniait assez légèrement, » dit dom Lobineau [2]. Il avait été, plus de quinze mois auparavant, frappé de cette peine, ainsi que Olivier de Clisson pour quelques différends relatifs à des intérêts temporels avec Guillaume de Rochefort. Girard et Olivier s'engagèrent à payer une amende de 50 marcs d'argent, et Durand, successeur de Guillaume de Vern, les releva de la sentence d'excommunication [3].

Girard II se montra très libéral envers l'Église. Nous trouvons la trace de ses bienfaits envers plusieurs monastères, dans des actes nombreux. L'abbaye des Fontenelles, près de la Roche-sur-Yon, obtint de lui, en 1268, la confirmation d'une donation que Béatrix de Machecou lui avait faite, en 1235, de la cohue de Machecou [4]; en décembre 1280, cette cohue est cédée à Girard par les religieux qui reçoivent en échange l'obligation d'une rente foncière de 30 livres [5]. Trois ans plus tard (octobre 1283), Girard leur donne plusieurs marais salants [6] ; il confirma cette donation en novembre 1284 [7], et les religieux en demandèrent l'homologation au roi le 3 avril 1285 [8]. En faveur du Breuil-Herbaud, abbaye du diocèse de Luçon, Girard confirma, en juin 1275, les dons et concessions faits

1. *Cartul. de Rays.*, no 108.
2. D. Lobineau. *Hist. de Bret.*, I, p. 269.
3. D. Morice, *Hist. de Bret.*, I, p. 1044.
4. *Cartul. de Rays*, no 54.
5. *Ibid.*, no 84.
6. *Ibid.*, no 88.
7. *Ibid.*, no 96.
8. *Ibid.*, no 102.

par les anciens seigneurs de Rays; il y ajouta la donation en pleine
propriété, avec tous les droits de justice, de terres considérables[1] ;
en décembre 1276 et en février 1277, il donna au même monastère
cinq sols de rente sur les cens de Touvois, en échange d'une pareille rente sur le moulin de Perré ou Préau, paroisse de Saint-
Etienne de Mermorte[2]. L'abbaye de Buzay ne fut pas oubliée dans
ses libéralités. Outre la charte de 1266, mentionnée plus haut, laquelle
confirmait la donation d'Eustachie, mère de Girard II, en faveur
de cette église où elle avait choisi sa sépulture, le seigneur de Rays,
en avril 1279, fit de nouvelles donations au même monastère[3]. Il
ne fut pas moins libéral envers l'ordre de Grandmont, dont le
prieur général Pierre, par une charte de novembre 1284, lui accorda,
en reconnaissance des bienfaits « de Girard Chabot, de sa femme et
d'Eustachie sa fille, » la participation aux oraisons et bonnes
œuvres de son ordre, et s'engagea à prier pour eux après leur
mort[4]. En mai 1289, Girard Chabot et Marguerite des Barres, son
épouse, donnèrent plusieurs bois aux Templiers de la commanderie
de Lagny-le-Sec, dans le diocèse de Senlis[5]. Le dernier acte de la
munificence de Girard II envers l'Eglise, qui nous ait été transmis,
est une charte de 1292, par laquelle il confirme à l'abbaye de Cha-
loché, en Anjou, les possessions qu'elle occupe dans ses fiefs et arrière-fiefs sis en la paroisse de Brion[6].

Girard II était mort en 1298, ayant eu de ses deux premières
femmes quatre enfants; Marguerite des Barres, sa troisième femme,
ne lui en donna aucun.

1. *Cart. de Rays*, n° 65.
2. *Ibid.*, n°ˢ 72 et 74.
3. F. lat. 17092, f. 68.
4. *Cartul. de Rays*, n° 97.
5. Arch. nation. S. 5.171, n° 135.
6. Bibl. nation., mss. Pièces originales, t. 643, n° 215.

Enfants de Girard II et d'Emme de Châteaugontier.

1° *Thibaud* Chabot, que nous ne trouvons nommé que dans l'acte par lequel Emme fait don à son mari du tiers de ses biens, dans le cas où *leur fils Thibaud* mourrait sans enfants légitimes [1]. Il dut mourir jeune, puisqu'il n'est plus mentionné dans les documents postérieurs, et que Girard II, son père, devint en effet héritier du tiers des biens de sa première femme.

2° *Eustachie* Chabot, mariée à Jean de Coché, fils d'Olivier II de Machecou. Tout ce que nous savons d'elle se rapporte aux conventions de son mariage qui ont été détaillées plus haut. Rappelons ici toutefois qu'elle fut associée, en 1284, avec son père et la femme de celui-ci, aux prières de l'ordre de Grandmont, en reconnaissance de leurs bienfaits.

Enfants de Girard II et de Jeanne de Craon.

3° *Girard* III Chabot, qui va suivre.

4° *Isabeau* Chabot, femme d'Olivier III de Machecou, fils d'Olivier II et frère de Jean de Coché. On a vu qu'elle fut fiancée en bas âge. Elle était veuve en mars 1310, année où elle était en procès avec son frère Girard III, lequel procès fut terminé par un arbitrage [2], comme nous le dirons à l'article suivant.

IX

Girard III Chabot, seigneur de Rays et de Machecou, fils de Girard II et de Jeanne de Craon, avait perdu son père quand il

---

1. *Cart. de Rays,* n° 55.
2. *Ibid.,* n° 123.

épousa Marie de Parthenay, fille de Guillaume l'Archevêque, chevalier seigneur de Parthenay et de Vouvent, et de défunte Jeanne de Mont-fort. Le contrat de mariage, où Girard Chabot est qualifié *valet*, est du 14 juillet 1299 [1].

La future est dotée de 300 livres de rente sur le port de Saint-Savinien et sur la châtellenie de Taillebourg par moitié ; de mille livres comptant, sans préjudice des droits de Marie dans la succession de sa mère. Girard lui assigne en douaire le tiers de ses biens, et spécialement ceux qu'il possède à Saint-Hilaire de Mermorte, excepté le château de ce lieu et le droit de prendre du bois de construction dans la forêt. Son fils, si elle en a, pourra y chasser le cerf depuis la Madeleine, 22 juillet, jusqu'à la Sainte-Croix, 14 septembre, et depuis la Toussaint jusqu'à Noël.

En octobre 1303, Girard III, *encore valet*, affranchit les habitants de l'*Espay* de Bouin de l'obligation de faire moudre leurs grains à ses moulins bannaux, vu la distance où ils s'en trouvaient, moyennant une somme de dix livres tournois, payée par chacun desdits habitants, qui sont au nombre de 47, dont six femmes [2].

Le 14 mars 1310, intervint une transaction pour mettre fin à un litige entre Girard Chabot, chevalier, et sa sœur Isabeau, veuve d'Olivier de Machecou, suscité par des conflits de juridiction entre les officiers de leurs terres respectives. Ils nommèrent chacun deux arbitres, chargés de faire une enquête et de prononcer définitive-ment. Ils s'engagèrent l'un et l'autre à se soumettre à leur décision, dont les détails nous sont demeurés inconnus [3].

Girard III resta fidèle aux traditions de ses pères vis-à-vis des monastères et des églises. En 1298, le chapitre général de l'Ordre

1. *Cartul. de Rays*, n° 115.
2. *Ibid.*, n° 119.
3. *Ibid.*, n° 123.

GIRARD III CHABOT, BARON DE RAYS,
1292.

de Cîteaux lui avait accordé, sur la demande de l'abbé de Buzay, en reconnaissance de son affection pour cet ordre, la participation aux prières et aux bonnes œuvres du monastère [1]. En 1321, Girard fit donation à l'abbaye de la Chaume, diocèse de Nantes, de la jouissance de sa *garenne à connins,* située près de Machecou, en se réservant toutefois le droit d'y chasser lui-même [2]. En 1328, pour augmenter les revenus d'une prébende de chanoine, récemment fondée dans la cathédrale de Nantes, il céda les dîmes sises dans les paroisses de Bouin et de Prigny, qui lui rapportaient 32 livres par an, moyennant une somme de 200 livres, donnant ainsi, en pur don, au moins la moitié de la valeur de ces revenus [3]. En janvier 1330, il confirma les donations faites à l'abbaye de Buzay par son père [4].

On a vu plus haut (article de Guillaume Chabot, seigneur de la Mothe-Achard) les détails d'une transaction passée entre Girard III et le père de Marguerite de Bourgneuf, veuve de Guillaume. Cet acte est daté du 14 octobre 1321 [5].

Moins de deux ans après (21 juin 1323), Girard III maria sa fille Margot ou Marguerite avec Hervé de Léon, fils aîné de Hervé de Léon, seigneur de Noyon. Il lui donna 1.300 livres de rente, dont 1.000 sur les revenus de l'île de Bouin, l'habitation dans le château de Prigny ou 60 livres de rente. Si Hervé préfère, au lieu des assignations qui précèdent, tout l'héritage de Guillaume de la Mothe-Achard, frère de Girard II et oncle de Girard III, il aura pour choisir un délai de deux années à partir des fiançailles. Dans le cas

1. *Cartul. de Rays*, nᵒ 114.
2. *Ibid.*, nᵒ 129.
3. *Ibid.*, nᵒ 136.
4. F. lat. 17092, f. 85.
5. *Cartul. de Rays*, nᵒ 131.

d'option pour l'héritage de Guillaume de la Mothe-Achard, les assignations de rentes seraient nulles. Le père du futur, de son côté, constitue en douaire à Marguerite Chabot 600 livres de rente en Normandie, ou en toute autre partie de ses terres [1]. Un procès qui survint en 1332, et dont nous parlerons plus loin, prouve que Hervé avait choisi les 1.300 livres de rente.

L'année 1327 nous fournit un renseignement précieux touchant la police de la navigation dans les ports de la seigneurie de Rays. Un nommé Regnault Bérenger, habitant de Saint-Savinien, propriétaire d'un bateau nommé le *Saint-Nicolas,* avait navigué et stationné dans les ports de la seigneurie de Rays pendant huit marées, avec son bateau chargé d'environ 40 tonneaux de vin, sans avoir pris un *brief* ou permis scellé. Pour cette contravention, une saisie fut ordonnée : elle comprenait le bateau, les vins, l'argent et le maître du bateau lui-même, qui ne pouvait racheter que sa personne moyennant rançon. Regnault Bérenger se soumit, et, par un acte passé devant le sénéchal de la Roche-sur-Yon, reconnut la légitimité de la saisie [2].

Un procès entre Girard III et son gendre Hervé de Léon fut apaisé en novembre 1332 par un arrangement intervenu entre eux. Il s'agissait des arrérages de la rente de 1.000 livres, assise sur les revenus de l'île de Bouin, et stipulée dans le contrat de mariage de Marguerite Chabot avec ledit Hervé. Deux annuités de cette rente étaient en souffrance, nous ne savons pour quelle cause. Hervé les réclamait à Girard III, qui d'abord refusa de s'exécuter, mais consentit enfin à lui tenir compte de 2.000 livres, qu'il paiera en plusieurs termes [3].

1. *Cartul. de Rays*, n⁰ 132.
2. *Ibid.,* n⁰ 135.
3. *Ibid.,* n⁰ 140.

Un mois après, un autre procès plus important se terminait, non par une transaction, mais par un arrêt du Parlement de Paris, rendu le 19 décembre 1332. Girard III et sa femme Marie de Parthenay avaient cité devant cette juridiction royale Hugues l'Archevêque, seigneur de Parthenay, frère de celle-ci; le procès était entamé depuis plusieurs années. Hugues retenait depuis quinze ans tout l'héritage de Jeanne de Montfort, sa mère, et mère de Marie, et en avait perçu, durant le même temps, la totalité des revenus, sans en faire part à ses cohéritiers. Marie réclamait pour sa portion dans l'héritage une rente annuelle de 500 livres en terres, à partir du jour de la mort de leur mère. La Cour, reconnaissant que, selon la coutume du pays, l'aîné hérite des deux tiers des biens de ses parents, et les puînés seulement de l'autre tiers, condamna Hugues de Parthenay à restituer à sa sœur Marie, femme de Girard Chabot, seigneur de Rays, la part qui lui revenait dans ce tiers, selon le nombre des puînés ayant droit à l'héritage de leur mère, plus sa part dans les revenus perçus depuis le commencement du procès [1].

Girard III, en 1333, sévit contre une de ses filles, nommée Jeanne, qui avait épousé clandestinement un gentilhomme de petite noblesse, Jean de la Muce-Ponthus. Il la déshérita d'abord, puis exigea d'elle et obtint par contrainte une renonciation à toute succession provenant de ses père et mère et de leur descendance. On lira, à l'article de Jeanne Chabot, les détails de ces faits et de leurs suites.

Nous ne trouvons plus un seul document se rapportant à Girard III, jusqu'à sa mort arrivée entre avril 1336 et janvier 1338. Il avait eu de Marie de Parthenay, qui vivait encore en 1359, ainsi qu'on le verra plus loin, un fils et deux filles.

1. *Cartul. de Rays*, n° 139.

Enfants de Girard III et de Marie de Parthenay.

1° *Girard* Chabot épousa Catherine de Laval, fille de Foulque de Laval. Comme il était mort en 1336, avant son père, nous ne le comptons pas dans la série des seigneurs de Rays. Il ne laissa qu'un fils, nommé aussi Girard, qui continua la descendance.

2° *Marguerite* Chabot, mariée à Hervé de Léon. Nous ne répéterons pas ici ce que nous avons dit des stipulations de son contrat de mariage, et du litige suscité à cause d'un retard dans leur accomplissement. Nous ne savons rien de plus de Marguerite Chabot.

3° *Jeanne* Chabot avait contracté, en 1333, avant d'atteindre l'âge de sa majorité, un mariage clandestin avec Jean de la Muce-Ponthus, qualifié *valet,* d'une petite extraction. Les parents de Jeanne, irrités de cette mésalliance, l'exclurent de la succession de leurs biens présents et à venir. De plus, l'année suivante, profitant du désir manifesté par Jeanne de se réconcilier avec eux, ils l'amenèrent à consentir à un acte passé devant la cour de Nantes, par lequel elle renonçait non seulement à la succession de Girard et de Marie, ses père et mère, mais même à toute autre succession en ligne directe ou collatérale, provenant de leur descendance [1].

Peu d'années après, soit que Jean de la Muce prétendît faire annuler cette renonciation comme obtenue par contrainte, soit que Girard III lui-même eût des scrupules, Olivier de Clisson, chevalier, seigneur de Belleville, fut chargé en qualité d'arbitre, de décider si la renonciation de Jeanne Chabot était légitime. Après avoir mûrement examiné la question et s'être éclairé du *conseil de prudes gens*, il déclara, dans deux actes différents donnés en avril 1336,

1. Dupaz, *Généal. de Bretagne*, p. 209.

pour ne pas cheoir en faulte, et *pour alléger sa conscience,* que la renonciation obtenue de Jeanne, étant encore mineure, était nulle et sans valeur, et condamna son père et sa mère, seigneur et dame de Rays, à lui assigner une rente de 400 livres, et à la rétablir dans ses droits sur les successions provenant de leur lignage [1].

Jeanne, devenue veuve de Jean de la Muce, épousa, en deuxièmes noces, Foulque de Laval, dont elle eut un fils nommé Brumor de Laval. C'est le fils de ce Brumor, du nom de Gui, qui devint plus tard héritier de la seigneurie de Rays, ainsi que nous le dirons en son lieu. Jeanne Chabot mourut vers 1341.

X

GIRARD IV Chabot, fils unique de Girard Chabot et de Catherine de Laval, et petit-fils de Girard III et de Marie de Parthenay, succéda, étant encore mineur, à la seigneurie de Rays, par la mort de son aïeul.

Girard IV n'était pas encore sorti de tutelle, lorsque Marie de Parthenay, veuve de Girard III, son aïeule, fit, par deux actes du 22 janvier et du 14 mars 1338, avec son tuteur, Raoul de Machecou, doyen d'Angers, agissant au nom de son pupille, un échange de 300 livres de rente qu'elle possédait en Saintonge, pour une rente de pareille valeur à prendre sur les revenus de Machecou [2].

Nous savons peu de chose de Girard IV, si ce n'est qu'il épousa Philippe Bertrand, dame de Rouxeville ou Rousseville, fille aînée

---

1. *Cartul. de Rays,* nos 141, 142.
2. *Ibid.,* nos 143, 144.

de Robert Bertrand, seigneur de Bricquebec, maréchal de France en 1344, et de Marie de Sully [1], à laquelle il donna le tiers de tous ses biens.

Girard IV était mort avant le mois d'octobre 1344, laissant une fille, et sa femme étant enceinte.

Enfants de Girard IV et de Philippe Bertrand.

1° *Jeanne* Chabot, qui aura son article après celui de son frère.
2° *Girard* V Chabot, qui suit :

XI

GIRARD V Chabot, seigneur de Rays, fils posthume de Girard IV et de Philippe Bertrand, naquit entre les mois d'octobre 1344 et de mars 1345.

A la première de ces dates, nous trouvons les actes d'hommages rendus à Louis, vicomte de Thouars et seigneur de Talmond, par Raoul de Machecou, doyen d'Angers, « curateur au ventre de Philippe *déguerpie* de Girard, pour Falleron, la Mothe-Achard, la Maurière, la Sauzaie et le Fief-Maqueau [2]. » Les hommages des mêmes terres furent renouvelés en juin 1360 [3].

Le 25 mars 1345, Girard V étant né, Foulque de Laval, chevalier, et Raoul de Machecou, doyen d'Angers, tuteurs des enfants de feu

---

1. A. du Chesne, *Maison de Châtillon*, p. 487.
2. *Cartul. de Rays*, n° 150.
3. *Ibid.*, n° 157.

Girard Chabot, seigneur de Rays, et de Philippe Bertrand, sa veuve, ordonnent qu'il soit payé à cette dernière, à cause de son douaire, le tiers des émoluments des *briefs* ou permis de navigation du pays de Rays, délivrés à la Rochelle [1].

Les actes de Girard V sont plus nombreux que ceux de son père.

Le 8 mai 1351, un accord fut passé entre le jeune seigneur de Rays, représenté par son tuteur, et Simon, se disant Chabot, au sujet des droits que celui-ci prétendait avoir dans la succession de Guillaume Chabot, seigneur de la Mothe-Achard, comme on l'a vu à l'article de ce seigneur. Cet accord fut homologué en la cour du Parlement, le 15 mars 1353 [2]. A cette dernière date, Girard V transigea, par son tuteur Raoul de Machecou, aussi en la cour du Parlement, avec Jean Baritaud, écuyer, touchant divers hommages et terres dans le Talmondais [3]. Le 12 octobre 1359, Girard confirma, par Foulque de Laval, un de ses tuteurs, une transaction passée entre Marie de Parthenay, son aïeule, veuve de Girard III, et Guillaume l'Archevêque, neveu de cette dame, au sujet de la jouissance des rentes qui lui avaient été assignées en dot [4]. Le 24 septembre 1360, Girard, seigneur de Rays, encore mineur, accorda, avec l'assentiment de sa mère, à Etienne Giquellet, son châtelain, et receveur dans l'île de Bouin, l'autorisation d'y construire deux moulins à vent, l'un où il lui plaira, et l'autre au Pas-Marteau, sur l'emplacement de celui qui avait été brûlé par le *vymaire* (vis major) des guerres, moyennant une redevance annuelle de 50 sols par moulin [5]. En 1362, le 12 juillet, Girard, seigneur de Rays, fut donné en

1. *Cart. de Rays*, nº 147.
2. *Ibid.*, nº 153.
3. *Ibid.*, nº 152.
4. *Ibid.*, nº 156.
5. *Ibid.*, nº 158.

otage par Charles de Blois à Jean de Montfort, son compétiteur au duché de Bretagne, à la suite du traité d'Evran [1].

Le 24 février 1363, Girard V fit un arrangement avec sa mère, Philippe Bertrand de Rouxeville, au sujet de son douaire, qui lui fut assigné sur les château et châtellenie de Machecou et de Saint-Hilaire de Vaujoux, et en outre sur les objets qui formaient le douaire de Marguerite de Bourgneuf, veuve de Guillaume, seigneur de la Mothe-Achard, grand-oncle de Girard V [2].

Dans la lutte entre le comte de Montfort et Charles de Blois, le seigneur de Rays resta fidèle à ce dernier, qui était soutenu par le roi de France. A la bataille d'Auray, livrée le 29 septembre 1364, où Duguesclin fut fait prisonnier, Girard, sire de Rays, commandait l'arrière-garde de l'armée française. Il fut pris lui-même et remis entre les mains du vainqueur, Jean de Montfort. Celui-ci ne laissa pas échapper une occasion de rapprocher de lui la portion hostile de la noblesse de Bretagne, en usant de clémence envers un de ses principaux membres. Il laissa Girard, seigneur de Rays, en liberté, sans rançon [3].

Le redoutable chef de l'armée du rival de Jean de Montfort, Bertrand Duguesclin, fut moins heureux. Prisonnier de Jean Chandos, chef du contingent anglais envoyé au secours du prétendant au duché de Bretagne, le vaillant chevalier ne put obtenir sa liberté que moyennant l'énorme rançon de 100.000 francs *de fin or, au poids du coin du roy de France.* Trop pauvre pour la payer de suite, il dut chercher des cautions. Girard V accueillit généreusement la demande de son illustre compagnon d'armes. Nous avons une charte de

---

1. D. Morice, *Hist. de Bretagne*, t. I, p. 300.
2. *Cartul. de Rays*, n° 168.
3. D. Morice, *Hist. de Bretagne*, t. I.

Bertrand Duguesclin, comte de Longueville, par laquelle il recon-
nait que, à sa prière, Girard, sire de Rays, s'est porté garant envers
Jean Chandos, vicomte de Saint-Sauveur et connétable d'Aquitaine,
du paiement de sa rançon. Cette charte est du 21 janvier 1365 [1].

Outre la seigneurie de Rays, Girard V possédait en Anjou la
terre d'Avrillé et d'autres fiefs. Il en rendit hommage à Louis, duc
d'Anjou et du Maine, le 7 octobre 1367 [2]. Le 18 février 1370, il concéda à Pierre d'Avoir, seigneur de Châteaufromont, la jouissance,
sa vie durant, de cette même seigneurie d'Avrillé [3].

Le seigneur de Rays, toujours attaché à la cause du roi de France
dans la guerre entre les prétendants au duché de Bretagne, lui donna
de nouvelles preuves de son dévouement dans les guerres contre les
Anglais des années 1370 et 1371. Il y parut à la tête de ses vassaux, avec la noblesse de Bretagne, du Poitou et de la Normandie.
Il prit part, en 1370, au siège de Bressuire, occupé par les Anglais [4].
D. Morice, dans les Preuves de son *Histoire de Bretagne*, nous a
conservé les Montres des compagnies qu'il commandait [5], ainsi que
des lettres, signées de sa main, par lesquelles il donne quittance des
deniers reçus du roi pour son entretien et celui de ses hommes
d'armes [6]; ces lettres portent la date du 16 avril 1371.

Girard V n'eut pas le bonheur de voir le triomphe définitif de la
cause qu'il soutenait; il mourut dans le cours de cette année 1371,
ainsi que nous l'apprenons d'une charte du roi Charles V, en date

---

1. *Cartul. de Rays*, n° 169. — Publiée dans la *Revue des Provinces de l'Ouest*,
t. IV, p. 629.
2. *Ibid.*, n° 163.
3. *Ibid.*, n° 165.
4. Bél. Ledain. *Histoire de Bressuire*.
5. D. Morice, t. I. *Preuves*, col. 1645, 1647.
6. *Ibid.*, col. 1659.

du 3 novembre, par laquelle, en considération des services qu'il a reçus de défunt Girard Chabot dans les guerres contre Edouard III roi d'Angleterre, et son fils, le prince de Galles, il donne à sa sœur Jeanne, son héritière, 5oo livres de rente dans l'île de Bouin, sur des terres confisquées sur des sujets rebelles qui suivaient en Guienne le parti du roi d'Angleterre, entre autres, sur l'abbé des Fontenelles, 2o livres ; sur le sire du Bignon, 6o livres ; sur Maurice des Boulaires, 8 livres ; sur Colin de la Forest, 2o livres, etc. [1].

Girard V avait épousé, nous ignorons en quelle année, Marguerite de Sancerre [2]. Il n'en eut pas d'enfants. Son héritage passa, après sa mort, à Jeanne, sa sœur aînée, qui devint ainsi dame de Rays.

XII

JEANNE Chabot, dame de Rays, était fille de Girard IV, seigneur de Rays, et de Philippe Bertrand, et sœur aînée et héritière de Girard V, décédé sans enfants.

Ce fut l'année même de cette mort, le 3 novembre 1371, que le roi Charles V donna à Jeanne de Rays, en considération des services de son frère, les 5oo livres de rente dont nous venons de parler.

Un des premiers soins de Jeanne, après la mort de Girard V, fut de régler définitivement les droits de Philippe Bertrand, dame de Rouxeville, leur mère, à laquelle devait revenir le tiers de l'héritage de Girard IV, son mari. Pour cela, on fit un partage en trois lots de tous les biens et revenus qui composaient cet héritage, dont un tiers

---

1. *Cartul. de Rays*, nº 166.
2. *Ibid.*, nº 238.

fut attribué à Philippe [1]. Plus tard, cette dame ayant fait une donation de ce tiers à Guillaume Paisnel, chevalier, seigneur de
Hambye, et à Guy de la Roche-Guyon, chevaliers, ses neveux,
Jeanne Chabot attaqua cet acte qui faisait sortir de sa famille les
biens de son père et de sa mère. Une transaction intervint, le 5 février 1392, entre les parties, par laquelle les deux seigneurs renoncèrent à la donation faite en leur faveur, à condition que Jeanne,
après la mort de sa mère, n'aliènera elle-même aucune portion des
biens de celle-ci, et qu'elle les laissera recueillir par ses héritiers légitimes .

Après s'être occupée de régler les droits de sa mère, Jeanne
Chabot traita avec Béraud, dauphin d'Auvergne, comte de Clermont,
second mari de Marguerite de Sancerre, veuve de son frère Girard V,
au sujet des droits de celle-ci. Outre le douaire de sa femme,
Béraud réclamait la moitié dans la rançon de 10.000 livres, payée
par Jean Le Boursier, Anglais fait prisonnier par le seigneur de
Rays. Jeanne et sa mère refusaient. L'affaire fut portée au Parlement de Paris, et ensuite aux Grands-jours de Poitiers. Le procès
aboutit à une transaction passée en 1376. Il fut alloué à Marguerite
de Sancerre, pour son douaire, le tiers des terres, châteaux, cens,
rentes, bois, etc., provenant de l'héritage du seigneur de Rays, et la
rançon de Jean Le Boursier fut partagée par moitié [3].

Jeanne trouva dans sa brillante position une source d'ennuis de
plus d'une sorte. Mariée à Roger de Beaufort, elle avait perdu
l'espoir de se réunir à son mari, parce que, fait prisonnier de
guerre, il était détenu en Angleterre. Mais ses grands biens ne pouvaient manquer de lui attirer des prétendants. L'un d'eux fut ac-

1. *Cartul. de Rays*, n° 167.
2. *Ibid.*, n° 180.
3. *Ibid.*, n° 170.

cepté : c'était Jean l'Archevêque, fils aîné de Guillaume, seigneur de
Parthenay. Ce Jean de Parthenay était petit-neveu de Marie de
Parthenay, femme de Girard III Chabot, et bisaïeule de Jeanne de
Rays. Il existait donc, de ce chef, entre les deux futurs, un lien de
parenté qui formait un empêchement à leur mariage, outre celui qui
résultait du mariage contracté, quoique non consommé, avec Roger
de Beaufort. Il était nécessaire, avant de conclure l'union projetée,
d'obtenir une dispense du Saint-Siège, formalité longue et coûteuse,
dont le succès était incertain. On aima mieux se risquer à se présenter
devant le pape avec le bénéfice du fait accompli. Les deux futurs
s'unirent par un mariage clandestin. Un contrat, du 8 juin 1379,
avait précédé leur union. Guillaume de Parthenay donnait en dot
à son fils les revenus des châtellenies de Semblançay et de Saint-
Christophe en Touraine ; il s'engageait à payer tous les frais occa-
sionnés par la dispense, en cas qu'elle fût sollicitée, et en outre à
acquitter les droits de rachat dus en Poitou, par suite du mariage [1].

L'union illégale fut à peine connue, qu'une sentence d'excommunication fut lancée contre les époux, avec injonction de se séparer
immédiatement. Ils obéirent, et Jeanne présenta au pape une sup-
plique pour obtenir la validation de son mariage. Le 18 août 1381,
Jean, évêque de Préneste, délégua, au nom du pape, l'abbé de Saint-
Gildas-des-Bois : 1° pour examiner la demande de dispense ; 2° pour
lever l'excommunication, si réellement les époux s'étaient soumis au
Saint-Siège en se séparant. Le second point fut décidé en faveur des
suppliants, qui s'étaient réellement et promptement soumis , et
l'excommunication fut levée. Mais les raisons pour obtenir la dispense du double empêchement n'ayant pas paru valables, le mariage fut déclaré nul [2]. Jean l'Archevêque se consola en épousant

1. *Cartul. de Rays*, n° 171.
2. *Ibid.*, n° 173.

Brunissende de Périgord ; mais Jeanne de Rays, malgré un double hymen, fut condamnée au célibat.

L'opulente fortune de la dame de Rays, privée d'héritiers directs, devait, d'après son intention, revenir à Brumor de Laval, son cousin. On se rappelle qu'une autre Jeanne Chabot, fille de Girard III, étant veuve de Jean de la Muce, avait épousé en secondes noces Foulque de Laval et qu'elle en avait eu un fils nommé Brumor. Ce Brumor était le plus proche parent de Jeanne de Rays. Ses droits d'héritier lui furent contestés par Jean de Craon, seigneur de la Suze, aussi parent de Jeanne, mais à un degré plus éloigné ; car, arrière-petit-fils de Girard II par Catherine, sa mère, laquelle était fille d'Eustachie Chabot, mariée à Jean de Coché, il était avec Jeanne de Rays, selon notre manière de compter les degrés, son cousin au septième degré, quand Brumor l'était au cinquième. On verra plus loin comment se dénoua ce différend.

Ce riche héritage, destiné à des collatéraux, disputé entre eux, et possédé actuellement par une femme dont tous les actes accusent une grande faiblesse de caractère, ne pouvait manquer d'exciter la convoitise d'un voisin puissant et peu scrupuleux. Ce voisin était Jean de Montfort, devenu duc de Bretagne. Il entreprit d'user de tous les moyens pour s'emparer de la baronnie de Rays.

Il commença, sous prétexte de faire contribuer le pays à l'énorme somme de 200.000 francs d'or, qu'il s'était obligé de payer au roi de France, par obtenir de Jeanne, le 14 juillet 1381, l'autorisation de lever, dans la seigneurie de Rays, un aide de 46 sols par feu [1]. La levée de cet impôt amena des résistances que le duc voulut vaincre en exerçant quelques saisies. Brumor de Laval s'en inquiéta et, sur ses réclamations, le duc déclara, en janvier 1382, que les saisies

1. *Cartul. de Rays*, n° 172.

sur la terre de Rays ne préjudiciaient en rien aux droits de Jeanne Chabot et de ses héritiers [1].

Mais le duc ne ralentit pas l'exécution de ses projets. Il réussit à obtenir de Jeanne l'échange de la baronnie de Rays pour les châtellenies de Châteaulin, de Rosporden et de Fouesnant. Cet échange fut ratifié le 5 décembre 1382, et Jeanne reçut les hommages de ses nouveaux vassaux, le 7 janvier suivant. Le duc, arrivé à ses fins, prit possession de la baronnie de Rays le 25 mars 1383 [2]. Mais, aussi peu scrupuleux observateur de sa parole qu'avide du bien d'autrui, il ne remit pas à la dame de Rays la totalité des domaines qui lui avaient été attribués dans l'échange.

Jeanne Chabot ouvrit enfin les yeux, et, pour empêcher la spoliation dont elle allait être victime, elle s'adressa au roi de France, qui saisit le Parlement de Paris de ses réclamations. Le duc, furieux de cette démarche, vint inopinément attaquer Jeanne dans le château de Prinçay, où elle faisait sa demeure, fit enlever tous ses titres de propriété, ainsi que des objets mobiliers pour une valeur de 60.000 florins, et retint prisonnière la dame de Rays [3]. Ces violences cependant ne servirent pas la cause du ravisseur, et le Parlement, par arrêt du 4 mars 1396, considérant l'échange comme annulé, en fait et en droit, condamna le duc de Bretagne : 1° à réintégrer Jeanne de Rays dans tous ses droits, domaines et biens; 2° à ne pouvoir exiger d'elle aucun devoir de vassale pendant deux années; 3° à lui payer une somme de 16.000 livres; 4° à acquitter les frais du procès; 5° à payer une somme de 8.000 livres tournois pour les fruits de ses terres, et 60.000 écus pour ses meubles [4].

1. *Cartul. de Rays*, n° 174.
2. D. Morice, *Hist. de Bretagne*, t. 387.
3. *Cartul. de Rays*, n° 182.
4. *Ibid.*, n° 186.

Devant cette sentence, le duc de Bretagne fit agir diverses in-
fluences pour en faire adoucir la rigueur. Il réussit à en suspendre
l'effet, et à faire nommer un arbitre pour prononcer en dernier ressort
entre lui et la dame de Rays. Cet arbitre fut le duc de Bourgogne,
Philippe-le-Hardi. Le duc de Bretagne n'eut pas à se féliciter du
choix; car l'arbitre prononça, le 24 avril 1399, un jugement définitif
qui portait « que le duc de Bretagne rendra et restituera, à la dame
de Rays, les châteaux, terres et appartenances qu'il tient et a tenus,
appartenant à ladite dame, dedans le jour de la Madeleine prochain
venant, que ses châteaux, terres et sujets demeureront exempts dudit
duc Jean à deux ans prochain venants, et que elle-même sera
exempte ʼdudit duc sa vie durant; en outre, le duc devra payer à
Jeanne 16.000 livres en deux termes[1]. » L'arbitre régla les frais
alloués à la dame de Rays par l'arrêt du Parlement à la somme de
4.000 livres[2].

Dans l'intervalle, le duc Jean de Montfort étant mort (1399), sa
veuve ratifia la sentence de l'arbitre par acte du 5 septembre 1400[3].

Pendant la durée de ces longs débats, nous avons à signaler plusieurs actes de Jeanne de Rays. Elle racheta, le 31 août 1382, au
prix de 1.000 francs, une rente de 100 livres, qu'elle devait à Jean
de Lescrens, écuyer, sur les revenus de la châtellenie de la Maurière[4]. Le 13 novembre 1389, elle vendit à Gui, sire de Laval et de
Vitré, la terre et seigneurie de Brion-en-Vallée, à raison de
2.000 francs d'or[5]. Elle racheta, le 12 décembre 1390, moyennant
1.200 francs, de Tristan, vicomte de Thouars, l'hébergement de

1. D. Lobineau, *Hist. de Bretagne*, I, Preuves, 797.
2. *Cartul. de Rays*, nº 191.
3. D. Lobineau, I, *Preuves*, 797.
4. *Cartul. de Rays*, nº 175.
5. *Ibid.*, nº 177.

la Chaine, situé dans la châtellenie de Talmond, estimé 120 livres de rente [1].

Jeanne Chabot, comme dame de la Mothe-Achard, jouissait dans cette seigneurie du droit exclusif de vendre du vin en détail, de la Saint-Jean à la Saint-Michel, et pour empêcher les contraventions, elle obligeait les taverniers et marchands de vin à lui remettre pendant ce temps leurs *justes* ou mesures. Quelques-uns ayant refusé de se soumettre, l'affaire fut portée devant le roi, qui, par un mandement du 3 septembre 1393, donna gain de cause à la dame de Rays [2].

Dans un acte du 5 novembre 1397, relatif à l'amortissement, moyennant 3.500 livres, d'une rente de 350 livres qu'elle devait à Jean la Personne, Jeanne prend pour la première fois le titre de dame de Rouxeville, ce qui nous permet de croire que sa mère était morte [3].

Jeanne de Rays, comme nous l'avons dit, regardait comme son héritier Brumor de Laval, et celui-ci tenait tête, en cette qualité, aux prétentions de Jean de Craon. Brumor étant décédé vers 1402, la dame de Rays, pour trancher, de son vivant, toute difficulté, prit le parti d'investir de sa baronnie Gui de Laval, seigneur de Blazon, fils de Brumor, en se réservant la jouissance des revenus de ses châtellenies. Gui prit possession de la seigneurie, ainsi que nous le voyons dans plusieurs aveux rendus en décembre 1402 et janvier 1403 [4], où il est qualifié seigneur de Rays. Jean de Craon ne céda pas cependant ; il entama un procès devant le Parlement de Paris pour soutenir ses prétentions. Enfin, un accord se fit entre les deux rivaux,

1. *Cartul. de Rays*, n° 179.
2. *Ibid.*, n° 183.
3. *Ibid.*, n° 189.
4. *Ibid.*, n°s 201-202.

et Gui de Laval resta tranquille possesseur de l'héritage de la dame de Rays. Cet accord fut un mariage, conclu le 5 février 1404, entre Gui de Laval et Marie, fille de Jean de Craon [1]. Ces deux époux donnèrent le jour à ce fameux Gilles de Rays, maréchal de France, exécuté à Nantes, en 1440, comme assassin, empoisonneur et sacri-lège, devenu légendaire sous le nom de *Barbe-Bleue*.

Jeanne Chabot qui, sans doute, avait contribué à cette réconcilia-tion, acheva, le 14 juillet suivant, d'investir le nouveau seigneur de Rays de tous ses droits, en lui abandonnant les profits et revenus des châtellenie, terre et baronnie de Rays en Bretagne, des châtellenies de la Mothe-Achard, des Chênes et de la Maurière en Poitou, moyennant une rente viagère à déterminer par deux arbitres. En attendant, il lui sera payé chaque mois, 60 écus, valant 22 sols 6 de-niers la pièce [2].

De juillet 1404 jusqu'à sa mort, arrivée en 1406, Jeanne de Rays n'est plus mentionnée.

En elle s'éteignit une branche de la maison de Chabot, qui, pen-dant un siècle et demi, par l'importance de ses possessions et la haute situation des cinq Girard successivement seigneurs de Rays, jette un vif éclat dans l'histoire de cette famille, durant le XIIIᵉ et le XIVᵉ siècles.

1. *Cartul. de Rays*, nᵒ 204.
2. *Ibid.*, nᵒ 205.

CHAPITRE II

———

BRANCHE DES PREMIERS SEIGNEURS DE LA GRÈVE.

VII

SEBRAND Chabot Ier, seigneur de la Grève, dit le *Prudhomme*, troisième fils de Sebrand II, seigneur de la Rochecervière, et d'Agnès, dame d'Oulmes, est l'auteur de la branche des premiers seigneurs de la Grève, qui dura plus de deux siècles, et de laquelle sont sorties les branches encore existantes.

Nous avons vu ce Sebrand cité à plusieurs reprises dans des actes qui ont été rapportés aux articles de Thibaud IV et de Girard I, seigneur de Rays, ses frères aînés. Ainsi, en 1232, il confirma les donations faites à l'abbaye des Châtelliers [1] ; en 1238, il se trouva avec Girard, son frère, au tournois de Compiègne. En avril 1244, il fut partagé par son frère aîné Thibaud, duquel il reçut tout ce que

———

1. D. Fonteneau, V, f. 119.

celui-ci possédait à Saint-Maixent [1]; il approuva, en 1250, le douaire assigné par le même Thibaud à sa femme Aénor des Brosses [2]; en 1251, il fut choisi, avec Girard, son frère, pour exécuteur du testament de Thibaud [3].

Nous le retrouvons ensuite, en 1269, faisant hommage à Alphonse, comte de Poitiers, du château d'Oulmes, du petit château de Vouvent, de l'île de Saint-Simon. « Ces dernières seignéuries, dit A. du Chesne, lui furent apportées en mariage par une dame de laquelle je n'ai pas trouvé le nom [4]. » Nous avons été plus heureux que l'illustre auteur, comme on le verra tout à l'heure.

Sebrand prit du service en 1271 dans l'armée du roi Philippe III, lors de son expédition contre Roger-Bernard, comte de Foix. Il marcha avec trois chevaliers et douze écuyers [5].

Là se borne tout ce que nous savons de l'histoire de l'auteur de la branche de la Grève. Il était mort avant 1301, ainsi que le constate un acte de cette date, relatif à sa succession.

Le nom de sa femme, ainsi que sa filiation, a été l'objet de divergences notables entre les auteurs. A. du Chesne, on l'a vu, ignorait le nom de sa femme; le P. Anselme, et, après lui, Moréri l'appellent Airoys de Châteaumur, et l'auteur de la généalogie imprimée en 1834, Jeanne de Montbazon. Quant à sa filiation, A. du Chesne, suivi par cette généalogie et par Filleau, lui donne un fils nommé

---

1. *Cartul. de Rays*, n° 19.

2. *Arm. de Baluze*, LIV, f. 242.

3. *Cartul. de l'Absie*, ap. *Arm. de Baluze*, LI.

4. A. du Chesne, *Maison de Chastillon*, p. 488. — Il y a lieu de s'étonner que du Chesne ait ignoré le nom de cette dame, quand dans la collection de ses manuscrits se trouvent plusieurs sommaires des actes qu'on verra plus loin, dans lesquels figure le nom d'Aroys de Châteaumur. Il est possible, toutefois, qu'il ne les ait connus qu'après la publication de sa *Maison de Chastillon*.

5. A. du Chesne, *Maison de Chastillon*.

Sebrandin et une fille du nom d'Aénor. Ce Sebrandin, selon eux, forme un degré et fut père de plusieurs enfants. Le P. Anselme et Moréri suppriment ce degré de Sebrandin, et donnent pour enfants à Sebrand Chabot Thibaud, Girard, Sebrand, Guillaume et Aénor. Nous avons adopté, tant pour le nom de la femme que pour la filiation de Sebrand I, l'opinion du P. Anselme, parce qu'elle est la seule qui soit conforme aux documents. Ces documents sont deux actes importants, dont le sommaire nous a été conservé, d'après les registres du Parlement, dans les manuscrits de Dupuy [1]. L'un est de 1301 : c'est un jugement arbitral entre Aroys de Châteaumur, dame de Chantemerle, et Thibaud Chabot, valet, son fils, d'une part, et Aénor (*alias* Olive) de Châteaumur et Eble de Rochefort, d'autre part, au sujet de la succession de Sebrand Chabot, chevalier. Eble de Rochefort et sa femme cèdent à Aroys et à Thibaud le château de Chantemerle, la Grève, le petit château de Vouvent, la Chabocière, etc., moyennant 200 livres de rente. Ils conservent eux-mêmes le reste de la terre que tenait Sebrand au moment de sa mort, ainsi que tous les acquets faits par lui à la Rochecervière [2].

L'autre acte, de 1303, est une transaction entre Aroys de Châteaumur, dame de Chantemerle et du petit château de Vouvent, d'une part, et Jean des Olères et Aénor sa femme, d'autre part, touchant la justice de la baillie des Olères, tenue de Chantemerle à hommage lige, laquelle justice Aroys leur cède, en les garantissant contre toutes les actions que pourraient intenter Thibaud, Girard et Sebrand Chabot ses enfants, moyennant une rente de 18 setiers de blé.

De ces deux actes, on doit conclure : 1° que la femme de Sebrand

1. Dupuy, *Mss.* 828, f. 309.
2. *Mss.* du Chesne, LII, f°s. 88 et 164.

se nommait Aroys de Châteaumur ; 2° qu'il avait eu d'elle trois fils, Thibaud, Girard et Sebrand, et une fille, Aénor (*alias* Olive), mariée à Eble de Rochefort.

D'autres actes, que nous verrons en leur lieu, établissent qu'il eut encore un autre fils, nommé Guillaume, trop jeune probablement en 1303, pour être cité avec ses trois aînés. Ainsi le morcellement de la filiation opéré par A. du Chesne et par ceux qui l'ont suivi, doit, selon nous, être rejeté comme contraire aux documents ; ainsi, l'objection tirée du peu de distance entre les degrés, que Filleau présente timidement contre ce système, tout en l'adoptant, cette objection tombe d'elle-même par le retranchement d'un degré imaginaire.

Enfants de Sebrand et d'Aroys de Châteaumur.

1° *Thibaud* I Chabot, qui suivra.

2° *Girard* Chabot, dont nous ne connaissons pas l'histoire.

3° *Sebrand* Chabot. C'est sans doute lui qui épousa Marguerite de Rochefort, que A. du Chesne suppose avoir été sœur d'Eble de Rochefort, mari d'Aénor Chabot. Nous n'avons d'ailleurs sur ce Sebrand aucun détail.

4° *Guillaume* Chabot, seigneur de Chantemerle, de qui sont sortis les seconds seigneurs de la Grève, seigneurs du Chaigneau, dont la branche sera décrite en son lieu. Disons, toutefois, ici, qu'il fut, lors de la mort de Thibaud I, son frère aîné, arrivée avant 1327, nommé tuteur de son fils Thibaud II, dont il est qualifié oncle dans les actes, et que cette tutelle exercée pendant 16 ans lui attira, ainsi qu'à ses héritiers, de longs procès.

5° *Aénor*, ou *Olive* Chabot, mariée à Eble de Rochefort, seigneur de Faye et d'Aubigné, auquel elle porta la terre d'Oulmes. On a vu plus haut l'accord que, de concert avec son mari, elle fit, en 1301, avec sa mère et son frère Thibaud.

VIII

THIBAUD I Chabot, seigneur de la Grève, fils aîné de Sebrand et d'Aroys de Châteaumur, n'était encore que valet ou écuyer, en 1301, lors de l'arrangement arbitral, qui intervint entre sa mère et lui, d'une part, et sa sœur Aénor, femme d'Eble de Rochefort, d'autre part, relativement à la succession de leur père [1].

Nous manquons absolument de détails sur ce Thibaud. Il était mort en 1327, année où sa veuve, Jeanne de Saint-Vincent, obtint l'assignation de son douaire sur les terres de la Grève, de Lairière, de Fontenay, de Voluire [2], etc.

Thibaud laissa trois enfants, un fils et deux filles.

Enfants de Thibaud et de Jeanne de Saint-Vincent.

1° *Thibaud* II Chabot, qui suivra.

2° et 3° *Marguerite* et *Jeanne* Chabot, toutes les deux mortes sans alliance.

IX

THIBAUD II Chabot, seigneur de la Grève, fils de Thibaud et de Jeanne de Saint-Vincent, était en bas âge, lors de la mort de son

---

1. Dupuis, *Ms.* 828, f. 309.
2. A. du Chesne, *Maison de Chastillon*, p. 488.

JEANNE DE SAINT-VINCENT,
FEMME DE THIBAUT V CHABOT,
1327.

1.

père arrivée avant 132;. Il fut placé sous la tutelle de Guillaume,
seigneur de Chantemerle, son oncle paternel. Celui-ci, pendant plus
de 16 ans que dura la minorité de son pupille, perçut et s'appropria
les revenus de ses terres, de sorte que Thibaud II, devenu majeur vers
1344, lui intenta un procès en reddition de comptes et en restitution.
Ce procès fut poursuivi par Thibaud II et par son fils Thibaud III,
tant contre Guillaume que contre sa veuve et ses héritiers, pendant
plus de 30 ans [1]. Il ne prit fin qu'en 1377, par un arrêt définitif du
Parlement de Paris, comme on le verra plus loin.

Les détails nous manquent sur Thibaud II, comme ils nous ont
manqué sur Thibaud, son père. Il avait épousé N. de Machecou,
fille de Girard de Machecou, seigneur de la Benate et de Bourgneuf,
et d'Aliénor de Thouars, dame du Coutumier en Machecou. Il en
eut deux fils.

Enfants de Thibaud II et de N. de Machecou.

1° *Thibaud* III Chabot, qui va suivre.

2° *Guillaume* Chabot, dont nous ne savons rien. Il a été donné
par quelques auteurs, à tort selon nous, comme le chef de la
branche de la Turmelière.

X

THIBAUD III Chabot, seigneur de la Grève, fils aîné de Thibaud II
et de N. de Machecou, épousa Amicie de Maure, fille de Jean IV,
seigneur de Maure et d'Aliette de Rochefort.

Le 17 octobre 1365, Amicie, femme de Thibaud III, fut l'objet
d'une donation de Louis, vicomte de Thouars, et d'Ysabeau d'Avau-

---

1. A. du Chesne, *Maison de Chastillon*, p. 489.

gour sa femme. « Pour les bons et agréables services que leur a faits ladicte Amicie, ils lui baillent, par donation pure et simple, pour en jouir en vraie dame propriétaire, et en faire les fruits siens, sans que Thibaud, son mari, puisse y rien prétendre, les marais Augier, sis en la paroisse de Saint-Sauveur, et un autre marais salant, sis en la paroisse de Rie, appelé le marais Saint-Marc[1].

En août 1370, Thibaud III fit son échange de terres avec Girard V Chabot, seigneur de Rays. Il lui céda la terre du Coutumier, sise en Machecou, qui lui venait de sa mère, et reçut en échange la terre de Saint-Hilaire-le-Vouhis en Poitou. Mais cette dernière terre lui fut disputée, après la mort de Girard V, par Marguerite de Sancerre, sa veuve, comme faisant partie de son douaire. Un arrêt du Parlement, rendu en décembre 1381, donna gain de cause à Marguerite, et Thibaud fut obligé de restituer la terre de Saint-Hilaire-le-Vouhis avec tous les revenus qu'il en avait perçus[2]. Nous trouvons ce fait attesté par A. du Chesne, d'après les registres du Parlement. Il nous paraît toutefois singulier qu'il n'ait pas été mentionné dans le Cartulaire de Rays.

Un autre procès avait eu pour Thibaud III, dans l'intervalle, une issue plus heureuse. Il poursuivait contre ses cousins, Louis, Geheudin et Sebrand, fils de Guillaume Chabot, son grand-oncle, les réclamations exercées par Thibaud II contre ce Guillaume, qui avait été son tuteur, et qui avait dilapidé la fortune de son pupille. La seigneurie de Chantemerle ayant été saisie par Thibaud III sur ses cousins, comme compensation des dommages causés à son père, ceux-ci en demandaient la main-levée. Un arrêt du Parlement, du 10 juillet 1377, vint mettre fin à ce procès qui durait depuis plus de

---

1. *Arm. de Baluze*, LIV, f. 262.
2. A. du Chesne, *Maison de Chastillon*, p. 489.

3o ans, en adjugeant à Thibaud III, pour lui et ses héritiers, la seigneurie de Chantemerle [1], plus une somme de 13.000 francs [2].

Après la mort de son beau-père Jean IV de Maure, Thibaud fit,
le 18 juillet 1385, avec Jean V de Maure, frère de sa femme, un arrangement touchant la part d'héritage de celle-ci. Cette part fut re-
connue se monter à 100 livres de rente, pour laquelle somme Jean V
de Maure céda diverses terres [3].

Thibaud III, qualifié chevalier, seigneur de la Grève et de Chantemerle, passa une transaction, en 1390, avec Renaud de Vivonne,
au sujet de la terre des Essarts, portée dans cette maison, en
1299, par le mariage de Mahaud Chabot, fille de Sebrand III de la
Rochecervière, avec Savary de Vivonne. Nous ignorons les conditions de cette transaction [4].

Les derniers actes de Thibaud III sont : Une transaction avec le
prieur de Pousauges, au sujet du lieu de la Guimbaudière, sis dans la
paroisse de Moutiers-sous-Chantemerle, du 20 mai 1390 [5]; les hommages de la baronnie de la Grève, rendus par Guillaume Crespin,
son procureur, au vicomte de Thouars, de qui elle relevait à hommage lige, le 24 octobre 1396 et le 6 novembre 1399 [6]. La même
année 1399, le 20 juin, Thibaud avait rendu hommage de la baronnie de Logefaugereuse au vicomte de Thouars, de qui elle relevait également à hommage lige [7].

Thibaud III dut mourir peu de temps après, laissant d'Amicie de
Maure un fils et une fille.

---

1. Dupuy, *Mss.* 828, f. 260 verso. — Du Chesne, *Maison de Chastillon*, p. 489.

2. *Reg. du Trés. des Chartes*, JJ, 142, n° 90.

3. *Arm. de Baluze*, LIV, f. 246, verso.

4. Dupuy, 828, f. 319, verso.

5. D. Housseau, XIII, 9.824. — D. Villevieille.

6. Inventaire du Chartrier de Thouars.

7. *Ibid.*

Enfants de Thibaud III et d'Amicie de Maure.

1o *Louis* I Chabot, qui suivra.

2o *Marie* Chabot, qui épousa Guy de Beaumont, seigneur de Bressuire et de Sigournay, en janvier 1403[1]. Elle était morte avant 1438[2].

XI

Louis I Chabot, seigneur de la Grève, fils de Thibaud III et d'Amicie de Maure, épousa Marie de Craon, fille de Guillaume II de Craon et de Jeanne de Montbazon. Elle lui apporta en mariage la propriété, indivise entre elle et sa sœur Louise de Craon, des baronnies, châteaux, châtellenies et terres de Montcontour, Marnes, Montsoreau, Colombiers, Précigné, Verneuil, Ferrières, Savonnières et Jarnac-sur-Charente[3].

Le 14 juillet 1404, Louis Chabot, seigneur de Précigné, de Ferrières et de Verneuil, à cause de Marie de Craon, sa femme, reçut l'aveu de la châtellenie de Ferrières, de Guillaume de Chiron, valet, qui tenait pour *cinq sols de chamberlage, à muance de seigneur,* le fief du Puy, en la paroisse de Ferrières, avec avouerie et justice[4].

En mars 1420, Marie de Craon était morte. A cette date, eut lieu un arrangement entre Louis Chabot, chevalier, seigneur du Petit-Château, en son nom et comme tuteur de Thibaud, Regnaud, Jehannot et Anne Chabot ses enfants, et les frères et sœurs de Marie

---

1. A. du Chesne, *Maison de Chastillon*, p. 489.
2. Bél. Ledain, *Hist. de Bressuire.*
3. *Arm. de Baluẑe*, LIV, f. 245.
4. De Villevieille.

de Craou, relativement au partage de la succession de feu Guillaume de Craon et de Montbazon [1].

La même année 1420, Louis Chabot, chevalier, seigneur du Petit-Château et de Chantemerle, veuf de Marie de Craon, dame de Colombiers, était en procès avec l'abbaye de Marmoutier, relativement à la pêche du Cher sur le territoire de Foucher dépendant de l'abbaye. Ce procès durait encore en 1434 [2], longtemps après la mort de Louis I.

Nous ne savons plus rien de l'histoire de Louis I. Il mourut après le mariage de son fils aîné, qui eut lieu en juin 1422, laissant trois fils et une fille.

Enfants de Louis I et de Marie de Craon.

1° *Thibaud* IV Chabot, qui suivra.

2° *Regnaud* Chabot, auteur de la branche de Jarnac, qui sera l'objet du troisième livre de cette histoire.

3° *Jean* ou *Jehannot* Chabot, mort sans alliance.

4° *Anne* Chabot, morte aussi sans alliance.

XII

THIBAUD IV Chabot, seigneur de la Grève, fils aîné de Louis I et de Marie de Craon, nous est un peu mieux connu que son père.

Il épousa, en juin 1422, Brunissende d'Argenton. Elle était fille et

---

1. *Arm. de Baluze*, LIV, f. 271.
2. D. Villevieille.

fut héritière, après la mort de son frère aîné, de Guillaume d'Argenton, chevalier, depuis gouverneur de Louis, Dauphin, fils aîné de Charles VII, et de Jeanne de Naillac. Il est désigné dans son contrat de mariage, dressé le 21 juin 1422 et ratifié le 23, « Thibaud Chabot, chevalier, seigneur de Précigné et de Montcontour, fils aîné de Louis Chabot, seigneur de la Grève et du Petit-Château, et de feue Marie de Craon. » La future reçut en dot de ses parents 5oo livres de rente sur la terre de Buignon et d'Argenton, plus mille écus d'or pour ses meubles, etc. [1].

L'année suivante 1423 fut signalée par une marque honorable de la munificence royale envers Thibaud IV. Le roi Charles VII, récemment arrivé au trône et réduit, par l'usurpation du roi d'Angleterre, à ce mince territoire qui lui fit donner le surnom de *roi de Bourges*, data de cette ville, le 8 août 1423, des lettres dont voici la substance : « Louise de Craon, sœur de Marie de Craon, et ainsi tante de Thibaud Chabot, ayant épousé un rebelle, Jean de Mailli, seigneur d'Auvillers, et pour cette cause ses biens ayant été confisqués, le roi en fait donation à Thibaud Chabot, écuyer, seigneur de la Grève et de Précigné, pour ses services et ceux de ses parents et amis, et aussi pour les dommages que lui ont causés les guerres. Il est d'ailleurs le neveu de Louise de Craon. Les biens confisqués, donnés à Thibaud, sont les châteaux, châtellenies, seigneuries et terres de Colombiers, Savonnières, Marnes, Montsoreau, Montcontour, Jarnac-sur-Charente, Montbazon, Sainte-Maure, etc. [2]. »

On a vu que la plupart de ces domaines appartenaient par indivis aux deux sœurs Louise et Marie de Craon. Par cette donation royale, ils revenaient intégralement au fils de cette dernière. Mais elle fut

1. *Arm. de Baluze*, LIV, f. 257 et 259.
2. *Arm. de Baluze*, LIV, f. 255 verso.

attaquée par Pierre Odard et Guillemette Odard, sa sœur, épouse de Bertrand de la Jaille. Ils étaient enfants de Guillaume Odard, seigneur de Verrières, et d'Ysabeau de Craon, sœur de Louise et de Marie. Ils réclamaient leurs droits dans les domaines de la famille. Thibaud Chabot s'opposa à leur demande, en son nom et comme tuteur de ses deux frères et de sa sœur. Le différend fut porté devant le Parlement siégeant à Poitiers, lequel, par un arrêt rendu le 2 septembre 1424, ayant égard aux raisons et moyens des deux parties, adjugea, sans vider le procès et jusqu'à plus ample informé, au défendeur Thibaud Chabot les châteaux et terres de Précigné, Verneuil et Ferrières, et aux demandeurs la moitié indivise des autres domaines [1]. Nous n'avons pas retrouvé la trace d'un jugement définitif; mais la possession de Jarnac attribuée à Regnaud, fils puîné de Thibaud IV et auteur de la branche de ce nom, celle de Montcontour, attribuée à Catherine, sa fille aînée, et celle de Montsoreau, à Jeanne, sa seconde fille, etc., nous prouvent que ces terres revinrent dans la suite aux héritiers de Marie de Craon.

Thibaud IV, dont la fidélité au roi avait été récompensée par Charles VII, périt en combattant pour sa cause, dans la funeste rencontre, connue sous le nom de *Journée des harengs*, qui eut lieu le 18 février 1429, à Rouvray en Beauce [2].

Il laissait de Brunissende d'Argenton trois enfants en bas àge, un fils et deux filles.

Enfants de Thibaud IV et de Brunissende d'Argenton.

1₀ *Louis* II Chabot, seigneur de la Grève, qui suivra.

2 *Catherine* Chabot, dame de Montcontour, épousa, en 1446,

1. *Arm. de Baluʒe*, LIV, f. 245.
2. *Arm. de Baluʒe*, LIV, f. 271 verso.

Charles de Chastillon, seigneur de Marigny. Le mariage fut célébré en présence de Brunissende d'Argenton, mère de l'épouse, et de Louis Chabot, son frère [1]. Elle eut pour dot 2.600 écus d'or, dont une partie seulement fut versée comptant, de sorte que pour les 1.100 écus qui restaient dus, son mari, après la mort de Catherine, arrivée en 1466, intenta un procès à Brunissende d'Argenton, sa belle-mère, et à Louis, seigneur de la Grève, son beau-frère. Un arrêt du Parlement, du 15 mai 1467, ordonna que la terre de Montsoreau sera mise en gage entre les mains du demandeur jusqu'à complet paiement de la somme réclamée [2]. Ce fut à cause de cette Catherine Chabot, que les biens de la branche de la Grève revinrent à la maison de Chastillon, après la mort, sans héritiers, de tous les aînés de cette branche.

3° *Jeanne* Chabot, dame de Montsoreau et d'Argenton, épousa Jean de Chambes, chevalier, conseiller et premier maître d'hôtel du roi, en mars 1446. Parmi les témoins du mariage, se trouve le nom de Perceval Chabot, seigneur de Gonnor, cousin de Jeanne. D'après le contrat, daté du 17 mars [3], Jeanne eut pour dot sa part dans la succession de son père, plus les vêtements et joyaux selon son état, fournis par sa mère et son frère Louis. Son douaire fut fixé à 12.000 écus d'or, à convertir en terres et héritages pour elle et les siens.

De ce mariage naquit Hélène de Chambes, mariée, en 1472, à Philippe de Commines, le ministre et l'historien de Louis XI ; celle-ci reçut en dot les château et terre d'Argenton en Poitou [4].

---

1. A. du Chesne, *Maison de Chastillon*, Preuves, p. 281.
2. *Ibid.*
3. *Arm. de Baluze*, LIV, f. 259 verso.
4. *Ibid.*, f. 253 verso.

SCEL DE JEANNE CHABOT,
Dame de Montsoreau,
1493.

Jeanne Chabot, dame de Montsoreau [1], était, en 1473, dame de la reine Charlotte de Savoie, seconde femme de Louis XI. Nous avons d'elle une quittance du 31 août 1479, où elle est qualifiée « dame de Montsoreau et du Petit-Château, dame d'honneur de la reine [2]. »

XIII

Louis II Chabot, seigneur de la Grève, fils aîné de Thibaud IV et de Brunissende d'Argenton, n'avait que six ans lorsque son père mourut, en février 1429.

Il fut placé sous la tutelle de Guillaume d'Argenton, son aïeul maternel. Ce tuteur se montra aussi peu scrupuleux dans l'administration de la fortune de son pupille, qu'un autre Guillaume, tuteur de Thibaud II. Il vendit plusieurs de ses terres et rentes à Pierre Goullart, chevalier. Il aliéna ou engagea à Bertrand de Beauvau, le château de Précigné, « qui est grand et notable édifice et fortification, dit la requête présentée plus tard au Parlement, et vaut 40.000 écus [3]. »

Le 3 septembre 1435, Brunissende d'Argenton fut condamnée, au nom de ses enfants mineurs, à payer une somme due au comte d'Alençon, pour le paiement de laquelle la terre de Montsoreau fut

---

1. Plusieurs Chabot furent inhumés dans l'enfeu seigneurial de Montsoreau ; en 1509, leurs tombes furent transférées dans l'église paroissiale de Sainte-Croix de Montsoreau.

2. *Pièces origin.*, 642, n° 27.

3. *Arm. de Baluze*, LIV, f. 251.

saisie et mise en vente [1]. Cette dernière mesure n'eut pas d'effet immédiat, car nous trouvons, en date du 30 décembre 1440, que la même Brunissende, pour acquitter cette dette et dégager la terre de Montsoreau, mise en adjudication par le comte d'Alençon, vendit à Bertrand de Beauvau, chevalier, les terres de Précigné et de Ferrières en Touraine, mouvantes du roi à cause du château de Chinon, moyennant 7.500 livres tournois, le marc d'argent valant 7 livres 8 sols [2].

En novembre 1438, après avoir pris la précaution de faire émanciper Louis Chabot, alors âgé de 15 ans, Guillaume d'Argenton, son tuteur, lui fit vendre à Jean d'Oiron, écuyer, moyennant 1.115 écus d'or, les château et terre de Verneuil, sis dans la châtellenie de Loches, que ce seigneur d'Oiron tenait en gage pour argent prêté.

Le 26 décembre 1440, un autre remboursement vint alléger la fortune de Louis II. Il fallut payer au chapitre de Nantes 2.000 écus d'or vieux, pesant 31 marcs trois quarts d'once d'or en acquit du capital d'une rente constituée par son père en 1426, au profit dudit chapitre [3].

Louis II, à sa majorité, se trouva, par suite de ces remboursements et aussi de la mauvaise administration de son tuteur, privé de plus de 500 livres de rente, et mis hors du château de Précigné. Il s'abstint toutefois de réclamer de son aïeul aucun compte ni restitution. Ce ne fut qu'après la mort de Guillaume d'Argenton qu'il requit son héritier de l'indemniser des dommages qu'il avait soufferts, comme nous le verrons plus loin.

1. D. Villevieille.
2. *Ibid.*
3. *Ibid.*

Louis Chabot était à peine âgé de 19 ans, quand il reçut de Charles duc d'Orléans, trois mois après son retour de captivité en Angleterre, l'honneur d'être admis dans l'ordre du Camail ou du Porc-Épic, créé en 1394, par Louis d'Orléans, fils du roi Charles V[1]. Les lettres du duc, données à Blois, le 19 mars 1441, relatent les « sens, loyauté, noblesse, vaillance, proudhommie et bonnes mœurs de Louis Chabot, écuyer. » Il était encore bien jeune pour en avoir donné beaucoup de preuves. L'éloge sans doute s'adressait encore plus à son père qu'à lui-même. C'était au reste un grand honneur pour les Chabot que le premier chevalier de cet ordre nommé par le duc d'Orléans après sa rentrée en France, fût un membre de leur maison.

Le mariage de Louis II eut lieu le 3 juin 1444. Il épousa Jeanne de Courcillon, fille de Guillaume de Courcillon, chevalier, capitaine de Chartres, et de Thomine de l'Espine. La dot de la future fut de 6.000 écus d'or, de 70 au marc. Louis donna à son épouse 300 livres de rente assise sur tous ses biens. En cas qu'il meure sans enfants, Jeanne reprendra 3.000 écus de sa dot, sans conserver ladite rente. Il lui assigna en outre, pour douaire, la terre de Chantemerle, ou, si elle l'aime mieux, ce qui lui revient selon la coutume du pays [2]. Plus tard, une donation mutuelle d'une portion de leurs biens eut lieu entre les deux époux. Nous n'en avons trouvé que la mention dans leurs testaments respectifs.

Louis Chabot, chevalier, reçut, le 18 octobre 1448, comme seigneur de Montsoreau, les foi et hommage de Louis de Bournan, chevalier, seigneur du Coudray, pour raison de la seigneurie du Coudray [3]. Le 9 janvier 1453, il fit donation au prieuré de Savon-

1. *Revue nobiliaire*, janvier 1867 et 12 août 1868. — *Arm. de Baluze*, LIV, f. 263.
2. *Arm. de Baluze*, LIV, f. 268.
3. D. Villevieille.

nières, en Anjou, de toutes les dîmes en blé, vin, lin, chanvre, etc.,
qu'il percevait entre le Cher et la Loire. Il ratifia cette donation le
27 février 1457 [1].

Louis II avait à peine 30 ans quand il fit son testament, le 5 mai
1453. Il prit cette précaution, « voulant aller, au commandement et
service du roy, en la conqueste de Guienne, contre ses anciens ennemis les Anglois, et en icelle exploicter son corps,... prest et appareillé de partir, voulant et désirant pourveoir au salut de son âme
et au gouvernement des choses et terres qu'il a pleu à Dieu luy
prester et bailler, en cas que Dieu fasse son commandement de luy
en ladicte conqueste. »

Il y ordonne le paiement de ses dettes sur le revenu de ses terres
de Montsoreau, Tours, Chantemerle, La Grève et Montcontour;
confirme la donation mutuelle faite par lui et Jeanne de Courcillon,
sa femme; recommande celle-ci et Marie, sa fille, à Brunissende
d'Argenton, sa mère, à Regnaud Chabot, seigneur de Jarnac, à
Jean de Chambes et à Jeanne Chabot, femme de ce dernier; nomme
ses exécuteurs testamentaires Regnaud Chabot et Jean de Chambes,
et élit pour le lieu de sa sépulture l'église de Montcontour. Louis
fit ce testament à Charroux, « en allant en l'armée du roy [2]. »

Cette sage précaution fut heureusement inutile. Louis revint de
l'expédition sain et sauf, et nous le voyons, en février 1454, rendre
hommage au comte de Richemont [3], et en août de la même année,
recevoir du chapitre de Saint-Hilaire de Poitiers l'amortissement
ou remboursement d'une rente de douze livres [4].

Le 20 juillet 1458, Louis II fit hommage pour la seigneurie de la

1. D. Villevieille.
2. *Arm. de Baluze*, LIV, f. 261.
3. *Mss.* Dupuy, 828, f. 328.
4. D. Fonteneau, XII, f. 83.

Grève au vicomte de Thouars ; cet hommage fut renouvelé le 2 novembre 1476 [1].

Nous avons vu que Guillaume d'Argenton, aïeul maternel et tuteur de Louis II, avait aliéné une partie des biens de son pupille. Celui-ci, après la mort de Guillaume, arrivée vers 1450, réclama de son fils et héritier, Antoine d'Argenton, une reddition de comptes de tutelle et la restitution de ses terres. Celui-ci refusa. Alors Louis se pourvut devant le roi, en sa cour du Parlement de Paris, laquelle, par arrêt du 18 octobre 1457, ordonna que Antoine d'Argenton viendra présenter ses raisons et moyens [2]. Le procès durait déjà depuis trois ans et menaçait de se prolonger, lorsque, le 27 juillet 1460, un arrangement, homologué par le Parlement, eut lieu entre les parties. Antoine d'Argenton céda à Louis Chabot les châteaux et terres d'Argenton, de la Mothe de Couppoux et de Villautrey, etc., en compensation des terres de Précigné, de Ferrières et de Verneuil qui avaient été induement aliénées [3].

Dans le même mois de la même année 1460, Louis II recueillit sa part d'héritage (un quart) dans la succession de Jean de Craon, son grand-oncle, mort depuis longtemps, puisqu'il avait été tué à Azincourt en 1415 [4].

L'accord avec Antoine d'Argenton, on vient de le voir, attribuait à Louis II les château et terre d'Argenton. Antoine étant mort au commencement de 1461, Louis craignit sans doute d'être inquiété dans la possession de cette seigneurie : car il obtint du roi Louis XI des lettres datées du 19 avril de cette même année, qui le recon-

---

1. *Inventaire du Chartrier de Thouars.*
2. *Arm. de Baluze*, LIV, f. 251.
3. *Ibid.*, f. 252 verso.
4. *Ibid.*, f. 252 verso.

naissaient comme seigneur, « du châtel, ville, châtellenie, terre et seigneurie d'Argenton, » sur titres produits [1]. Cette confirmation des droits de Louis II ne le mit pas à l'abri d'une attaque. Antoinette, sœur d'Antoine d'Argenton, mariée à Jean de Montenay, se portant héritière de son frère, réclama de Louis le tiers des biens qui lui avaient été cédés par la transaction de 1460 [2] ; mais le seigneur de la Grève fut maintenu dans sa possession, et le seigneur et la dame de Montenay furent déboutés de leur demande (1462).

Le roi Louis XI récompensa les services de Louis Chabot, en l'honorant, par lettres du 6 avril 1465, du titre de conseiller-chambellan, qui était alors une distinction peu commune [3]. Dans une montre de 1467, sous Louis XI, à l'article hommes d'armes et brigandiniers, on trouve le seigneur de la Grève, commandant 32 hommes d'armes. En 1468, le même roi convoqua, à Tours, l'assemblée des Etats, où devaient être prises des mesures importantes pour la réforme du royaume. Louis Chabot, seigneur de la Grève, y fut invité et y pris séance parmi les principaux seigneurs du Poitou [4].

Jeanne de Courcillon, femme de Louis II, étant gravement malade, fit son testament le 26 août 1472. Après plusieurs legs pieux et des dons à ses domestiques, elle y confirma la donation mutuelle faite antérieurement entre les deux époux [5]. Elle dut mourir de cette maladie.

Peu de temps après (4 janvier 1473), Louis Chabot fit donation entre vifs à Navarrot d'Anglade, écuyer, marié depuis peu à sa

1. *Arm. de Baluze*, LIV, f. 266.
2. *Mss.* A. du Chesne, L, f. 401.
3. A. du Chesne, *Maison de Chastillon*, p. 500. — *Arm. de Baluze*, LIV, f. 263 verso.
4. A. du Chesne, *Maison de Chastillon*, p. 500.
5. *Arm. de Baluze*, LIV, f. 269.

fille Madeleine, « pour les plaisirs et services qu'il lui a faits par le temps passé, de la tierce partie de tous ses biens [1]. »

Louis ayant vendu à Joachim de la Haye, écuyer, seigneur de Bournay et de la Salle, les deux tiers de Montcontour et de Marnes, Jeanne Chabot, sa sœur, mariée à Jean de Chambes, lui intenta, en 1476, un procès, dont l'issue fut le retrait de ces terres en faveur des deux époux [2].

Ces derniers actes nous semblent établir que, à cette époque, Louis II avait perdu son fils René, dont nous parlerons tout à l'heure, et Marie, sa fille aînée.

Nous ignorons l'année de la mort de Louis II. Il était décédé en 1480, d'après l'acte que nous allons citer. Il paraît, par le même acte, qu'après la mort de Jeanne de Courcillon, il avait épousé, en secondes noces, Hesceline ou Gosceline Chapperon. Nous trouvons en effet mention d'un appointement, de l'année 1480, entre Jeanne de Montsoreau, veuve de Jean de Chambes, d'une part, et Gosceline Chapperon, veuve de Louis Chabot, chevalier, seigneur de la Grève, d'autre part [3]. Nous n'avons pu savoir à quelle famille cette dame appartenait [4].

Le seigneur de la Grève n'eut d'enfants que de sa première femme.

1. *Arm. de Baluze*, LIV, f. 270 verso.
2. *Ibid.*, f. 271. — *Mss.* A. du Chesne, L, f. 456.
3. D. Villevieille.
4. Une généalogie de la famille Chaperon, publiée en 1876, par M. Henri Chaperon, parle du second mariage de Louis II, mais en lui donnant pour femme *Hesseline Chaperon ;* l'auteur dit d'elle qu'elle est *présumée* fille de Rolland Chaperon, seigneur de Savenières, près d'Ancenis, lequel n'est lui-même que fils *présumé* de N. Chaperon, seigneur de la Péronnière, en Anjou. Toutes ces présomptions ne produisent pas une certitude.

Enfants de Louis II et de Jeanne de Courcillon.

1º *René* Chabot n'était pas encore né lors du testament de son père en 1453; car il n'y est pas nommé. Il mourut jeune et sans alliance, peut-être en 1469, et certainement avant 1473. Nous avons trouvé, sous la date de 1469, un René Chabot, chanoine d'Angers [1]. Malgré la conformité de nom et de date, nous hésitons à croire que le seul héritier mâle du seigneur de la Grève ait été d'Eglise.

2º *Marie* Chabot, que nous ne connaissons que par la recommandation que son père fit d'elle dans son testament. Elle dut mourir jeune.

3º *Madeleine* Chabot ne devait pas être encore née en 1453, puisque le testament ne mentionne que sa sœur. Elle épousa, en 1470, Navarrot d'Anglade, écuyer, conseiller et chambellan du roi. Elle eut pour dot tous ses droits sur la succession de ses père et mère. En outre, Louis II stipula que son mari opérerait, moyennant la somme de 10.000 écus d'or, le retrait des seigneuries de Colombiers et de Savonnières, vendues au seigneur de Maillé, et que ces seigneuries resteraient son héritage. Le roi Louis XI donna à Navarrot d'Anglade, à l'occasion de son mariage, 1.200 livres tournois de rente annuelle sur les salines du Poitou, jusqu'à ce qu'il lui eût fourni une rente de 1.000 livres *bien assise*. Il le fit deux ans après, en mars 1472, en lui donnant le gouvernement du château de Mauléon. Madeleine Chabot eut pour douaire le tiers des biens de son mari. Le contrat de son mariage est du 4 février 1470 [2].

Madeleine, seule héritière de Louis II, étant morte sans enfants,

1. *Mss.* A. du Chesne, L, f. 456.
2. *Arm. de Baluze*, LIV, f. 266 et 267.

les terres de la Grève, de Montcontour, de Chantemerle, d'Argenton, etc., revinrent aux enfants de Catherine Chabot, sa tante, femme de Charles de Chastillon. En elle s'éteignit la lignée des aînés de la branche de la Grève.

LIVRE TROISIÈME

CHAPITRE I

Branche des seigneurs de Jarnac.

XII

Regnaud Chabot, chevalier, seigneur de Jarnac, deuxième fils de Louis I, seigneur de la Grève et de Marie de Craon, donna origine à une branche qui, dans ses divers rameaux, acquit une grande illustration, et qui s'est perpétuée jusqu'à nos jours.

La baronnie de Jarnac sur Charente, en Angoumois, dont Regnaud Chabot prit le titre, lui venait de sa mère, ainsi que quelques autres seigneuries importantes.

Dès l'année 1430, Regnaud était majeur et en pleine jouissance de la seigneurie de Jarnac; car nous avons de lui, à cette date, le bail d'un héritage sis à Jarnac, moyennant trois sols de rente [1].

Il avait épousé Françoise de la Rochefoucaud, veuve de Gilles

---

1. D. Fonteneau, XVII, f. 525.

d'Appelvoisin, et fille de Gui de la Rochefoucaud, seigneur de Barbezieux, et de Rosine de Montault, dame de Verteuil. Cette union
ne fut pas de longue durée. Françoise mourut peu d'années après
son mariage, en laissant deux filles.

Regnaud épousa en secondes noces, en 1437, Ysabelle ou Ysabeau
de Rochechouart, dame de Gallardon et de Beauçay, fille unique
et héritière de Jacques de Rochechouart, seigneur d'Aspremont et
de Brion, et de Jeanne de la Tour-Landry, dame de Clervaux.

En 1440, nous trouvons Regnaud Chabot, tuteur de sa fille Marguerite, mineure, née de son premier mariage [1] ; en 1446, le 1er juin,
il reçoit l'aveu de plusieurs héritages, rendu par Jean de l'Oulme [2] ;
en 1453, il est nommé exécuteur du testament de Louis II Chabot,
seigneur de la Grève, son neveu [3].

Dans les longues guerres qui, sous le règne de Charles VII, aboutirent à l'expulsion définitive des Anglais du sol de la France, le
seigneur de Jarnac resta fidèle au roi de France. Lorsque, en 1453,
Charles VII alla en personne délivrer l'Aquitaine du joug de l'étranger
il eut le commandement d'un corps de troupes chargé de repousser
l'ennemi de la Saintonge. On le voit aussi à la cour de Jean le Bon,
comte d'Angoulême, occupant un rang distingué parmi les principaux seigneurs de la contrée, et s'y montrant par privilège spécial
en « beaux accoutrements de velours [4]. »

Regnaud Chabot, quoique baron de Jarnac, ne jouissait pas dans
cette terre de tous les droits seigneuriaux. L'abbaye de Bassac, voisine de Jarnac, prétendait y exercer le droit de haute, moyenne et
basse justice. Regnaud s'y refusait. Les deux parties convinrent,

---

1. A. du Chesne, *Mss.* L, f. 456.
2. D. Fonteneau, XXVII bis, f. 703.
3. *Arm. de Baluze*, LIV, f. 261.
4. *Souvenirs du château d'Angoulême.*

pour décider le litige, de s'en rapporter à l'arbitrage du sénéchal d'Angoulême, Nicolas Acton. Celui-ci, par une sentence du 27 avril 1459, prononça en faveur de l'abbaye, qui fut maintenue dans sa possession [1].

Un autre procès eut des suites plus sérieuses pour Regnaud Chabot. Il s'agissait encore d'un droit de justice, non plus dans la seigneurie de Jarnac, mais dans celle de Clervaux. Cette terre était possédée en partie par Ysabeau, femme de Regnaud, et en partie par le frère de cette dame, Christophe, seigneur de la Tour-Landry, qui prétendait y exercer le droit de justice.

Le seigneur de Jarnac, au nom de sa femme, réclamait le même droit. L'affaire fut portée devant le Parlement de Paris. Mais Regnaud n'attendit pas le jugement ; il employa la violence contre son beau-frère. A la tête d'une troupe armée, composée de serviteurs dévoués, et dont faisait partie Louis, son fils aîné, il vint attaquer le château de Clervaux, défendu par les amis du seigneur de la Tour-Landry. On se battit, et, dans la mêlée, le sieur de Quatrebarbes, parent du seigneur de la Tour, fut tué. A l'action civile, vint donc se joindre une action criminelle contre Regnaud et Louis Chabot, et leurs complices. Heureusement pour eux, elle fut arrêtée par des lettres de rémission accordées par le roi Louis XI en mai 1464 [2]. Mais le procès civil, relativement aux droits respectifs des parties dans la seigneurie, se prolongea longtemps, car en 1483, il durait encore [3].

L'année 1465 vit Regnaud Chabot, chevalier, seigneur de Jarnac, prendre parti pour le roi, lors de la révolte des seigneurs qui avaient formé la *ligue du bien public*. Pour se mettre en campagne avec

1. D. Fonteneau, XXVII bis, f. 37.
2. *Reg. du Trés. des Ch.*, JJ, 199, n° 42.
3. A. du Chesne, *Mss.*, L, f. 461.

Louis, son fils, aussi chevalier, seigneur de Brion, il emprunta 5oo livres tournois à Jean Juvénal des Ursins, archevêque duc de Reims, en lui constituant une rente de 5o livres, avec faculté de rachat dans le délai de trois ans [1]. L'acte de constitution de rente est du 9 février 1465, et le remboursement eut lieu le 14 juin 1469 [2].

La même année 1465, le seigneur de Jarnac eut à soutenir un procès contre le comte d'Angoulême, touchant la seigneurie de Jarnac. Le comte prétendait que quatre parts' sur cinq de cette seigneurie lui appartenaient et qu'elles n'étaient que *commises* à Regnaud Chabot [3]. Les détails et l'issue de cette affaire nous sont restés inconnus ; seulement nous voyons, en 1466, Regnaud Chabot faire hommage « du quint de la ville et châtellenie de Jarnac , » auquel il avait droit par le transport de l'abbé de Saint-Cybar [4].

Une montre du Poitou, de 1467 [5], porte *Regnaud Chabot, seigneur de Jarnac*, commandant 20 hommes d'armes.

En 1468, nous trouvons la mention d'une reprise du procès entre Regnaud Chabot, chevalier, et Ysabeau de Rochechouart, sa femme, contre Christophe de la Tour-Landry, au sujet du partage de la terre de Clervaux [6].

Le seigneur de Jarnac, en 1469, eut encore besoin de contracter un emprunt. Il constitua à Mre Hélie de Cosdun, conseiller au Parlement de Paris, une rente de dix écus d'or (de 22 sols parisis pièce) moyennant la somme de cent écus d'or, ou 91 ducats d'or, 16 sols parisis, par acte du 20 juin 1469 [7].

1. D. Fonteneau, XVII, f. 547.
2. *Ibid.*, f. 548.
3. Dupuy, *Mss.* 828, f. 259 verso.
4. *Ibid.*, f. 315.
5. Monti.
6. Du Chesne. *Mss.* L, f. 461.
7. D. Fonteneau, XVII, f. 555.

Après cette date, Regnaud Chabot n'est plus mentionné, et quoique des auteurs [1] le fassent mourir vers 1476, nous croyons, avec A. du Chesne, qu'il ne vivait plus en 1472. Nous avons en effet une obligation du 30 avril de cette dernière année, souscrite par Renaud Quentin, écuyer, sieur du Mesnil, à Ysabeau de Rochechouart, dame de Jarnac et d'Aspremont, d'une somme de six écus d'or, au poids de Florence (27 sols 6 deniers la pièce), que celle-ci lui prêtait; son mari n'intervient pas et n'est pas même nommé dans l'acte [2]. Ysabeau de Rochechouart ne vivait plus en octobre 1477 [3].

Regnaud Chabot avait eu onze enfants, dont neuf de sa seconde femme.

Enfants de Regnaud Chabot et de Françoise de la Rochefoucaud.

1º *Agnès* Chabot, femme de Guy Chemin, seigneur de l'Ile-Bapaume.

2º *Marguerite* Chabot, encore mineure en 1440, et décédée probablement sans alliance.

Enfants de Regnaud Chabot et d'Ysabeau de Rochechouart.

3º *Louis* Chabot, seigneur de Jarnac, d'Aspremont et de Brion, prit part avec son père à l'attaque du château de Clervaux et fut compris dans la rémission accordée par le roi en 1464. Il épousa, en avril 1466, Jeanne de Montberon, veuve de D. Martin Henriquez de Castille, et fille de François de Montberon, vicomte d'Aul-

---

1. Généal. de 1834. — Beauchet-Filleau.
2. D. Fonteneau, XVII, f. 563.
3. *Ibid.*, f. 573.

nay, et de Jeanne de Vendôme [1]. Il acquit, la même année, de plusieurs particuliers, une maison sise à Jarnac, pour six écus d'or, valant 27 sols, 6 deniers la pièce [2].

Nous le voyons, en 1468, dans l'armée que Louis XI avait envoyée contre le duc de Bretagne, emmener avec lui neuf hommes d'armes et 41 archers [3] ; le 24 mars 1475, avec le titre de conseiller chambellan du roi, donner quittance de 200 livres tournois, à lui ordonnées pour son entretien « de capitaine de partie des nobles du ban et arrière-ban de Poitou, » durant l'année 1474 [4].

Le 3 mars 1476, Louis constitue, en faveur de Hélie de Cousdun ou Cosdun, conseiller au Parlement de Paris, que nous avons déjà vu prêter cent écus d'or à son père, une rente de cinq écus d'or pour un capital qui sera fixé par ses procureurs [5].

La même année, le 11 juillet, il reçoit des habitants de Mastas, dont il était seigneur par sa femme, un acte déclarant que le vicomte d'Aulnay, son beau-père, leur a défendu de payer à d'autres qu'à lui-même les cens et rentes de cette seigneurie [6].

Le 27 octobre suivant, Louis fit une offre d'hommage au seigneur de Doué, pour ses seigneuries de Fourchetée et de Fyé-Limosin ; cet hommage ne fut pas reçu, à cause de l'absence du seigneur de Doué [7]. Le 31 du même mois, Louis rendit hommage à l'église de Poitiers, dans la personne de Jehan Avril, prévôt du chapitre, pour « l'hostel et appartenances des Tousches, sis au pays d'Anjou, et luy venant d'Ysabeau de Rochechouart, sa mère défunte, tenant sur

1. A. du Chesne, *Mss.* L, f. 461 verso. — P. Anselme.
2. D. Fonteneau, XVII, f. 549.
3. D. Lobineau, *Preuves*, II, 1303.
4. Titres scellés.
5. D. Fonteneau, XVII, f. 567.
6. D. Fonteneau, XXVII bis, f. 713.
7. D. Fonteneau, XVII, f. 571.

son poing un esparvier, lequel il a confessé devoir et être tenu bailler avec 5o livres tournois [1]. » Le 1er décembre, il céda à son oncle, Mre Louis de Montberon, chevalier, seigneur de Fontaines, le quart du château, châtellenie, terre et seigneurie de Fontaines, qui lui appartenait à cause de Jeanne de Montberon sa femme, pour en jouir et en recevoir les revenus en son nom, pendant trois années, à charge de lui en rendre compte [2].

Le 4 février 1477, Louis Chabot, seigneur de Jarnac, d'Aspremont et de Mastas, fit avec Jean de Champdeniers, seigneur de Beaulieu, un échange de seigneuries. Jean de Champdeniers lui céda « l'oustel, terre et seigneurie de Beaulieu, sis en la paroisse de Vaignezeaulx, en la chastellenie de Mastas..., naguères acquis de Messire Eustache de Monberon, vicomte d'Aunay; » et en échange, Louis Chabot céda à Jean de Champdeniers « le fief et hommage, appellé le fief de Besse, sis en la chastellenie de Jarnac, lequel il a acquis de feue Héliote Hélies, dame de Besse [3]. » Quelques jours plus tard, le 16 février, le même Jean de Champdeniers reçut de Louis Chabot une somme de 200 livres tournois, pour laquelle il lui constitua une rente de 20 livres, à condition qu'en lui restituant le fief de Besse, objet du précédent échange, il sera libéré de cette rente [4]. Louis put se croire dès lors maître des deux terres, en prit possession et en recueillit les revenus. De là un procès intenté par Jean de Champdeniers, et un arrêt du Conseil du roi, du 21 novembre 1478, qui cassa et annula l'acte d'échange et remit les parties en l'état où elles étaient avant ledit acte [5].

---

1. D. Fonteneau, XVII, f. 573.
2. D. Villevieille. *Trésor généal*.
3. D. Fonteneau, XXVII bis, f. 717.
4. *Ibid.*, f. 725.
5. *Ibid.*, XXVII bis, f. 737.

Le 6 juillet 1479, Louis Chabot reçut, avec deux autres de ses frères, Jacques et Robert, de leur frère Antoine Chabot, chevalier de Saint-Jean, l'abandon de tous ses droits dans la succession de leurs parents, comme on le verra plus au long à l'article d'Antoine.

Louis Chabot dut mourir peu de temps après cette date. En 1481, il était décédé ; car ses frères, qui poursuivaient le procès relatif au partage de la seigneurie de Clervaux, sont dits *héritiers de Louis, seigneur de Jarnac.*

Il ne laissait aucun enfant de Jeanne de Montberon, laquelle mourut en juin 1498 [1].

4° *Antoine* Chabot entra dans l'ordre des chevaliers de Saint-Jean de Jérusalem. Après avoir longtemps séjourné à Rhodes, qui était alors la résidence du Grand Maître, il vint en France où il demeura trois ans, habitant le château de son frère aîné, Louis, seigneur de Jarnac, et entretenu par lui « à grant frais, mises et despens. » Lorsque, en 1479, le Grand Maître, Pierre d'Aubusson, fit un appel pressant à tous les membres de l'Ordre de revenir à Rhodes menacé par les Turcs, Antoine se prépara à partir. Il reçut, pour son voyage et son équipement, de ses frères Louis, Jacques et Robert, la somme de 400 écus d'or, valant 641 livres, 13 sols, 4 deniers tournois, moyennant laquelle il les tint quittes de tout ce qu'il pourrait réclamer dans l'héritage de leurs parents. Cet acte est du 9 juillet 1479 [2].

Après avoir pris part à l'héroïque défense du chef-lieu de l'Ordre, en 1480 [3], Antoine Chabot retourna en France. Nous l'y trouvons, en 1504, succédant à Jacques de Château-Châlon, comme grand

---

1. A. du Chesne, *Mss.* L. 461.
2. D. Fonteneau, XVII, f. 587.
3. Vertot, *Hist. de Malte*, t. VII, p. 436.

prieur de France [1]. Il mourut revêtu de cette haute dignité, le 6 novembre 1507. Il fut enterré dans le chœur de l'église du prieuré du Temple, et son épitaphe constate que, « par ses vertus et mérites, il est parvenu à la dignité de grand prieur de France [2]. »

5° *François* Chabot, troisième fils de Regnaud, entra dans l'état ecclésiastique, où il occupa les dignités de protonotaire de N. S. P. le Pape [3], de prieur de Cognac, de chanoine et chantre de l'église de Saintes. Il eut à soutenir, vers 1481, relativement à cette chanterie, un procès contre l'évêque de Lisieux, Antoine Raguier, qui prétendait avoir droit à ce bénéfice [4]. Il fut encore abbé commendataire des abbayes de Châtres, puis de Baigne en Saintonge [5].

Après la mort de Louis, son frère aîné, François hérita de la baronnie de Jarnac, et c'est en qualité de seigneur de Jarnac qu'il figure dans la plupart des actes que nous allons relater.

En 1481 et 1483, nous le trouvons, avec ses frères Jacques et Robert et sa sœur Jeanne, poursuivant le procès intenté dès 1464, par Christophe de la Tour-Landry, relativement à la seigneurie de Clervaux [6].

Héritier avec ses frères, en 1486, de Catherine de la Haye, veuve de Regnaud de Vivonne et dame de Thors, il eut à soutenir un procès contre Nicole de Bretagne, comtesse de Penthièvre et dame de Thors en partie. Elle prétendait recueillir dans cette terre de Thors certains droits sur les récoltes. Les frères Chabot se servirent contre elle du moyen violent employé par leur père dans une circonstance sem-

1. E. Mannier, *Command. de Malte*, p. 205.
2. Rec. d'épitaphes. — *Mss.*, fonds franç., 8.217, f. 857.
3. D. Fonteneau, XVII, f. 548.
4. *Arch. de la Gironde*, B. 4.
5. *Gallia christ.* II.
6. A. du Chesne, *Mss.* L, 426. — *Arm. de Baluze*, LIV, 275.

blable. Ils envoyèrent une centaine d'hommes armés qui s'emparèrent des fruits des terres réclamés par Nicole. Celle-ci les fit assigner devant le Parlement [1]. Le différend fut apaisé par une sentence arbitrale du 28 mai 1487, qui ordonna que les limites réciproques entre les contendants seront déterminées [2]. Cette sentence fut ratifiée par les parties, le 10 juin 1488 [3].

François Chabot, seigneur de Jarnac, l'année de sa mort, arrivée en 1493, était en procès avec sa sœur utérine, Philippe Chabot, femme d'Antoine Clérembaud, sieur de la Plesse, laquelle, après avoir renoncé à la succession de ses père et mère, frères et sœurs, voulut revenir sur cet acte et entrer en partage. François et Philippe étant morts avant la solution du différend, Antoine Clérembaud poursuivit l'instance, comme tuteur de ses enfants, contre les héritiers de François [4]. Nous en ignorons l'issue.

6· *Jacques* Chabot, qui suivra.

7° *Robert* Chabot, seigneur de Clervaux, de Baussay, etc., épousa Antoinette d'Ylliers, fille de Jean, seigneur d'Ylliers, et de Marguerite de Chourses. Nous avons plusieurs fois cité son nom dans les articles de ses frères aînés, à l'occasion d'actes auxquels il prit part avec eux.

Après la mort de François Chabot, dont il fut héritier avec son frère Jacques, Robert intenta contre celui-ci une action devant le Parlement de Paris touchant le partage de cette succession [5].

Robert Chabot fut lui-même attaqué par plusieurs des époux de ses sœurs : en 1494, par Pierre de Reilhac, au nom de sa sœur

1. D. Fonteneau, XVII, f. 594, 597 ; XXVII ter, f. 745.
2. *Ibid.*, XVII, f. 601.
3. *Ibid.*, f. 604.
4. A. du Chesne, *Mss.* L, 461 verso.
5. *Ibid.*

Marguerite, au sujet de la succession de leur frère François [1] ; en 1499, par Madeleine de Luxembourg, veuve de Jacques son frère, touchant la terre d'Aspremont qu'elle l'accusait d'avoir usurpée au détriment de son fils Charles Chabot, encore mineur [2] ; en 1500, par Antoine Clérembaud, mari de feue Philippe Chabot, lequel après la mort de sa femme, continua le procès intenté, au sujet des droits réclamés par Philippe sa femme dans la succession de ses parents [3]. Nous nous contentons de mentionner ces nombreux procès, sans nous étendre davantage sur leur marche et sur leur issue.

Robert Chabot était mort avant l'année 1518, dans laquelle Antoinette d'Ylliers se remaria avec Hardouin de Maillé. Il avait eu d'elle trois enfants :

1° *Paul* Chabot, seigneur et baron de Clervaux après son père, épousa Jacqueline de Montigny, fille de Jacques, seigneur de Montigny, et de Léonore de Ferrières. Elle lui apporta les seigneuries du Fresne, du Plessis-Godehost, d'Aufaine ou Aulphaine et des Essarts, ainsi que nous le font connaître : une procuration donnée par Paul Chabot dans sa maison seigneuriale du Plessis-Godehost, le 27 janvier 1558 [4] ; un hommage rendu à Paul Chabot, chevalier, par Claude Robertet, baron d'Alluye et de Bury, pour la seigneurie de Chassonville en Beauce, tenue d'Aufaine, le 31 juillet 1558 [5] ; un aveu rendu par Pierre de Sarrazin, écuyer, à Paul Chabot, chevalier de l'Ordre du roi, à cause de la seigneurie des Essarts, le 8 juillet 1565 [6].

Paul Chabot, chevalier de l'Ordre de Saint-Michel, capitaine de 50 hommes des ordonnances du Roi, donna quittance, au trésorier des guerres, de la

1. A. du Chesne. *Mss.*, I., 461.
2. *Ibid.*, 461.
3. *Ibid.*, 461,
4. *Pièces origin.*, t. 643, n° 143.
5. *Ibid.*, n° 144.
6. *Ibid.*, n° 113.

somme de 225 livres tournois, pour un quartier de son office de capitaine, d'octobre à décembre 1567 [1].

Il mourut avant 1573, car Jacqueline sa veuve était remariée à cette date [2]. Il ne laissa point d'enfants.

2° *Anne* Chabot, dame de Maisoncelles et d'Escorpain, épousa Jean de Maillé, sieur de la Tour-Landry. Elle était, en 1572, « l'une des dames de la roine, » et donna quittance de 400 livres tournois pour ses gages de l'année 1572, le 7 février 1573 [3].

3° *Ysabeau* Chabot, épousa : 1° Charles de Vivonne, baron de la Chasteigneraye ; 2° Jacques Turpin, seigneur de Crissé. Elle avait contracté ce second mariage avant la fin de l'année 1551 ; car nous trouvons, en date du 2 novembre de cette année, une quittance de 60 livres, à compte sur 400 livres dues à Charles-Vivonne, son fils aîné, à cause d'une donation de la sénéchale de Poitou, sa grand'mère, sur les revenus de la Chasteigneraye. Cette quittance est donnée au receveur de cette baronnie, par Ysabeau Chabot, dame de Crissé et de Jarnac en partie [4].

8° *Marguerite* Chabot épousa Pierre de Reilhac, vicomte de Mérinville et seigneur de Brigueil. Un de leurs enfants, Jean de Reilhac, était abbé de Saint-Jean-d'Angely en 1530 [5]. Pierre de Reilhac était en procès en 1494, au nom de sa femme Marguerite Chabot, avec Jacques et Robert, frères de celle-ci, au sujet de la succession de François Chabot [6].

9° *Françoise* Chabot épousa, en 1456, le 19 mars, Renaud de Sainte-Maure, sieur de Jonsac.

10° *Jeanne* Chabot, épousa, le 20 janvier 1466, Pierre de Saint-Julien, sieur de Lasseré.

1. *Pièces origin.*, t. 643, n° 142.
2. A. du Chesne, *Mss.*, L, 426.
3. *Pièces orig.*, t. 642, n° 34.
4. D. Fonteneau, XVII, f. 667.
5. *Gall. christ.* II, 1106.
6. A. du Chesne, *Mss.*, L, 461 verso.

11° *Philippe* Chabot fut mariée, le 20 janvier 1469, avec Antoine Clérembaud, sieur de la Plesse. On a mentionné plus haut, à l'article de François Chabot, le procès intenté par elle contre ses frères.

XIII

Jacques Chabot n'était que le quatrième fils de Regnaud, seigneur de Jarnac, et d'Ysabeau de Rochechouart. La mort sans enfants de Louis, le fils aîné ; la profession d'Antoine, qui, en qualité de chevalier de Saint-Jean, ne pouvait posséder aucune seigneurie ; la mort de François, seigneur de Jarnac après Louis, lequel, étant d'Église, n'avait d'autres héritiers que ses frères, apportèrent à Jacques la baronnie de Jarnac. Il était déjà seigneur d'Aspremont et de Brion.

Jacques Chabot épousa, le 15 septembre 1485, Madeleine de Luxembourg, veuve de Charles de Sainte-Maure et fille de Thibaud de Luxembourg, seigneur de Fiennes, et de Philippe de Melun, dame de Sottenghem. Elle fut dotée, par sa tante, Catherine de Luxembourg, femme de Artus II, duc de Bretagne.

Jacques prit part à plusieurs actes que nous avons mentionnés dans les articles de ses frères : tels que la poursuite du procès relatif à la seigneurie de Clervaux, la violence employée contre Nicole de Bretagne dans la terre de Thors, les différends avec Robert Chabot, son frère, Pierre de Reilhac et Antoine Clérembaud, ses beaux-frères, etc. Nous ne savons plus rien de son histoire.

Il était mort au commencement de 1500, lorsque Madeleine de Luxembourg, « damoiselle, veuve de feu Jacques Chabot, seigneur de Jarnac et d'Aspremont, ayant le bail de leurs enfants mineurs, » intenta un procès à Robert Chabot, écuyer, seigneur de Baussay, frère puîné de Jacques, au sujet de la terre et domaine d'Aspremont, dont elle l'accusait d'avoir dépouillé son fils aîné Charles, seigneur de Jarnac [1]. Elle-même était décédée avant le mois de juin 1506, comme on le voit dans le contrat de mariage de ce même Charles. Ils laissèrent trois enfants.

Enfants de Jacques Chabot et de Madeleine de Luxembourg.

1° *Charles* Chabot, baron de Jarnac, qui suit :

2° *Philippe* Chabot, seigneur de Brion, auteur de la branche de ce nom, qui sera rapportée plus loin.

3° *Catherine* Chabot épousa, en juillet 1506, Bertrand d'Estissac, chevalier, seigneur dudit lieu et de Colonges. Son contrat de mariage, qui nous a été conservé [2], fut passé en la cour du scel de Saint-Jean d'Angély, dans l'hôtel de Louise de Savoie, duchesse d'Angoulême, mère de François Ier. En voici la substance :

Catherine Chabot était assistée de son frère aîné Charles, baron de Jarnac, qui délaisse à sa sœur les terres qu'ils ont en Picardie, provenant de feue Madeleine de Luxembourg leur mère ; plus 10.000 livres tournois, payables en huit années, et jusqu'au complet paiement de cette somme, les terres des Tousches, de Vrigny et de la Raye en Anjou, valant 500 livres de revenu, pour tout ce qui doit échoir à Catherine des successions de feus Jacques Chabot et Madeleine de Luxembourg, ses père et mère. Les réclamations relatives à ce partage sont soumises à l'arbitrage de Mme Louise de Savoie, duchesse d'Angoulême, et du cardinal de Luxembourg, oncle de Catherine. Le sieur d'Estissac est obligé de faire emploi de 7.000 livres sur les 10.000 ; les autres 3.000 livres étant consi-

1. A. du Chesne., *Mss.*, L. 461.
2. Dupuy, *Mss.*, t. 425, f. 84.

JACQUES CHABOT, BARON DE JARNAC,
ET MADELEINE DE LUXEMBOURG,

1495.

/

dérées comme meubles ; sinon, il assigne à sa future 400 livres de rente assises sur tous ses biens. Les époux seront communs en biens-meubles et en acquêts. Le futur donne pour douaire à sa femme 800 livres de rente et un logement convenable. Ce contrat est du 5 juillet 1506.

XIV

CHARLES Chabot, baron de Jarnac, fils aîné de Jacques Chabot et de Madeleine de Luxembourg, était encore mineur en juin 1506, lors de son mariage avec Jeanne de Saint-Gelais, fille unique et héritière de Jean, seigneur de Saint-Gelais, de Montlieu et de Sainte-Aulaye, et de Marguerite de Durfort-Duras. Comme le père et la mère de Charles étaient décédés, il fut assisté, dans son contrat, de son oncle maternel Philippe, cardinal de Luxembourg, évêque du Mans et de Térouanne. Voici les principales clauses de ce contrat, passé à Tours, le 17 juin 1506 [1].

Jean de Saint-Gelais donne à sa fille 18.000 livres. dont 2.000 payables comptant pour ses meubles, et 16.000 payables après son décès ; 300 livres de rente payables à la Chandeleur de chaque année ; plus 600 livres de revenu, à prendre sur tous ses biens, jusqu'au paiement desdites 16.000 livres. Le seigneur de Jarnac devra employer ces 16.000 livres en acquêts ; sinon, il assigne à sa future 600 livres de rente. Les époux sont communs en meubles et en acquêts. Si Jean de Saint-Gelais décède sans enfant mâle, Jeanne sa fille héritera de Montlieu et de Sainte-Aulaye, à condition que Charles Chabot et ses hoirs seront tenus de porter le nom et les

1. Dupuy, *Mss.*, t. 425, f. 90.

armes de Saint-Gelais avec ceux de Chabot. Charles en prend l'engagement, et constitue en douaire à son épouse 700 livres de rente
sur la seigneurie de Jarnac, avec « son logis en icelle place. »

Cette clause de l'adjonction du nom et des armes put se vérifier ;
car Jeanne de Saint-Gelais hérita de Montlieu et de Sainte-Aulaye,
et transmit ces seigneuries à ses héritiers. Toutefois, nous ne
voyons le nom de Saint-Gelais joint à celui de Chabot qu'à partir
des actes de Léonor Chabot, petit-fils de Charles.

Charles Chabot, comme l'un des principaux seigneurs de la province, fut admis à complimenter François Ier, lorsqu'il passa par
Angoulême, en 1526, à son retour de captivité, et demeura près du
roi pendant toute la durée du séjour qu'il fit dans cette ville [1]. Le
seigneur de Jarnac fut revêtu de dignités et de charges importantes,
qui prouvent ses services et la faveur royale. Il était, en 1531, conseiller et chambellan du roi, gentilhomme ordinaire de sa chambre,
maire et capitaine de la ville de Bordeaux et du château du Hâ,
vice-amiral de Guienne, gouverneur et capitaine de la ville de la
Rochelle. Nous avons une quittance du 17 janvier 1532, par laquelle
Charles déclare avoir reçu 465 livres du receveur royal de la Rochelle, « pour son état de gouverneur et capitaine de ladite ville,
durant l'année 1531, » dans laquelle sont énumérés tous ces titres [2].
Des quittances semblables, qui nous ont été également conservées, de
1532 à 1551, nous montrent qu'il resta investi de tous ces emplois
jusqu'à la fin de sa vie [3]. La dernière, du 15 février 1551, offre une
particularité qui mérite d'être signalée ; la somme de 691 livres
17 sols 6 deniers, qu'il reçoit pour une demi-année de son état de
maire perpétuel de Bordeaux, était fournie par les deniers provenant

1. *Souvenirs du château d'Angoulême.*
2. *Pièces origin.*, t. 642, n° 38.
3. *Ibid.*, t. 642, n° 29 et suiv.

de la *grande et petite coutume* de cette ville, ce qui correspond aujourd'hui aux droits de douane et aux droits d'octroi [1].

Charles fut créé chevalier de l'Ordre du roi (Ordre de Saint-Michel) en 1533, ainsi que le constatent un état de comptes du mois de février de cette année, et des lettres du roi du 12 mars 1534, par lesquelles il est ordonné de payer « à Pierre Mangot, orfèvre du roi, 664 livres 4 sols, pour un grand collier de l'Ordre, dont S. M. avoit fait don à Charles Chabot, seigneur de Jarnac, auquel il n'en avait point encore esté délivré depuis qu'il avait esté créé chevalier de l'Ordre [2]. »

Nous avons une lettre originale écrite par Charles Chabot, le 3 avril d'une année non indiquée, mais que nous croyons être 1536, lors de la reprise des hostilités entre le roi et l'empereur. Cette lettre, datée de la Rochelle, et signée Jarnac, est adressée à Anne de Montmorency, grand maître de France, depuis connétable. Charles l'avertit des mouvements des Espagnols, et des précautions qu'il prend pour mettre en sûreté la ville de la Rochelle contre une attaque de leur part [3].

Jeanne de Saint-Gelais étant décédée vers 1516, Charles avait épousé en deuxièmes noces, peu de temps après, Madeleine de Puiguyon, fille de Jacques de Puiguyon et de Marguerite Amenard. Le 12 juin 1545, eut lieu le partage de la succession de ceux-ci, entre Madeleine de Puiguyon, dame de Jarnac, femme de Charles Chabot, et René de Puiguyon son neveu [4].

Le seigneur de Jarnac mourut en 1552, d'après l'auteur de l'his-

---

1. *Pièces origin.*, t. 642, n° 51.
2. Chambre des Comptes de Paris.
3. Bibl. nation. *Mss. Fonds franç.* 2.974, f. 98.
4. D. Fonteneau, VIII, f. 285.

toire manuscrite des chevaliers de Saint-Michel [1]. Il avait eu de ses deux mariages quatre enfants.

Enfants de Charles Chabot et de Jeanne de Saint-Gelais.

1° *Louis* Chabot, mort sans alliance, dans la malheureuse expédition de Naples, commandée par Lautrec, en 1528[2].

2° *Guy* Chabot, baron de Jarnac, qui suivra.

Enfants de Charles Chabot et de Madeleine de Puiguyon.

3 *Charles* Chabot, seigneur de Sainte-Foy, suivit, comme son frère Guy et sous ses ordres, la carrière des armes. Il fut, de 1544 à 1552, d'abord guidon, puis lieutenant de la compagnie du seigneur de Jarnac et de Montlieu [3]. Nous trouvons, entre autres, une quittance du 23 août 1548, par laquelle il déclare avoir reçu « la somme de 450 livres tournois (en 200 escus sol à 45 sols pièce), à lui ordonnée pour les frais et despenses qu'il a faictes et pourra faire pour estre venu en diligence et sur chevaulx de poste des pays d'Angoulmois à Thurin, devers le roy nostre seigneur, pour l'advertir d'aucunes choses desdictz pays, où ledict seigneur lui a commandé retourner en semblable diligence. »

Charles de Sainte-Foy mourut en 1573. Il avait épousé Françoise Joubert, fille de François Joubert, seigneur de Lancret ou Lancrot, dont il eut une fille, *Esther* Chabot, dame d'Andilly, du Marais, du Breuil, de Jarnac en partie, mariée à Charles de Fonsèque, baron de Surgères.

---

1. *Cab. des Titres*, 1038 et suiv.
2. P. Anselme.
3. *Pièces orig.*, t. 642, n° 49 et suiv. — *Titres scellés*, *verbo* Chabot.

4° *Jeanne* Chabot épousa, en 1551, François de Pierre-Buffière, vicomte de Châteauneuf-en-Périgord.

XV

Guy I Chabot, baron de Jarnac et de Montlieu, seigneur de Saint-Gelais et de Sainte-Aulaye, deuxième fils de Charles Chabot et de Jeanne de Saint-Gelais, parcourut une brillante carrière sous les règnes de François I, Henri II, François II, Charles IX et Henri III.

Il épousa, le 29 février 1540, Louise de Pisseleu, fille de feu Guillaume de Pisseleu, sieur de Heilly, en Picardie, et de Madeleine de Laval. La sœur de Louise de Pisseleu, Anne, duchesse d'Etampes, et Charles de Pisseleu, évêque de Mende, son frère, lui donnèrent en la mariant 50.000 livres, payables en plusieurs termes, moyennant sa renonciation à la succession de ses père et mère. Guy Chabot devra employer en biens et en terres 40.000 livres, sinon, assigner comme caution la terre de Sainte-Aulaye, et au besoin celle de Montlieu; les autres 10.000 livres sont réputées meubles. Il donne, par son contrat, comme douaire, à son épouse, le tiers de ses biens présents et futurs. En outre de ces stipulations, les époux seront communs en biens et acquêts. Le contrat fut passé au château de Blois, le 29 février 1540 [1]. Cette sœur aînée de Louise était Anne de Pisseleu, créée duchesse d'Etampes par François I dont elle était la maîtresse. Ce prince affectionnait Guy d'une manière particulière et l'appelait familièrement du nom de *Guichot*.

Guy I entra au service comme guidon de la compagnie de l'amiral

1. D. Fonteneau, XXV, f. 705.

Philippe Chabot son oncle ; nous avons une quittance de 200 livres donnée par lui, le 7 janvier 1539, pour deux quartiers de sa solde de guidon [1]. Dès 1543, il était capitaine d'une compagnie de 40 lances fournies, des ordonnances du roi, grade qu'il conserva plus de seize ans, ainsi que le constatent des quittances de 1544 à 1559 [2]. Il prit, à partir de 1560, le titre de capitaine de 50 hommes d'armes et est ainsi désigné jusqu'en 1584 [3].

Après la mort de l'amiral, son oncle, en 1543, Guy lui succéda dans la dignité de maire perpétuel de Bordeaux et de gouverneur du château du Hâ ; quand le connétable de Montmorency fut revêtu de cet emploi, Guy Chabot en conserva toujours l'usufruit [4]. Il existe de nombreuses quittances des sommes qu'il avait reçues de ce chef [5].

En 1545, il était gentilhomme ordinaire de la chambre du roi, et gouverneur de la Rochelle, au pays d'Aunis [6] ; en 1548, sénéchal du Périgord [7] ; en 1560, il fut nommé chevalier de l'Ordre du roi, dans le chapitre tenu à Poissy, le jour de Saint-Michel [8].

Guy I acquit une grande célébrité par son fameux duel avec François de Vivonne, seigneur de la Châteigneraie. Le bruit s'était répandu à la cour que Guy de Jarnac, ou plutôt de Montlieu (car il ne porta ce nom de Jarnac qu'après la mort de son père) s'était vanté d'être dans les bonnes grâces de Madeleine de Puiguyon, seconde femme de son père. La chose étant devenue publique, Mont-

1. *Pièces origin.*, t. 642, n⁰ 64.
2. *Ibid.*, t. 643. — *Titres scellés.*
3. *Ibid.*, t. 642.
4. Lettre de Guy Chabot, du 7 novembre 1560, citée plus loin.
5. *Pièces origin.*, t. 642.
6. *Ibid.*, t. 643, n⁰ 209 bis.
7. *Ibid.*, t. 643, n⁰ 209.
8. *Hist. des chevaliers de Saint-Michel.* — *Revue nobil.*, ann. 1880.

GUY CHABOT,

Seigneur de Jarnac,

1539.

lieu soutint que quiconque répéterait cette infâme calomnie, ne pouvait être qu'un méchant et un misérable. La Châteigneraye, soit par animosité personnelle contre Guy, soit pour plaire au roi Henri II, qui ne voyait pas de bon œil les amis de François I, son père, releva le gant, et demanda à prouver, les armes à la main, que l'accusation était fondée. Guy accepta le duel pour venger son honneur et celui de sa belle-mère. Le roi, par lettres du 11 juin 1547, autorisa le combat et en fixa la date et les conditions. Dans l'intervalle, Madeleine de Puiguyon présenta une requête à Henri II, pour que le duel fût différé, jusqu'à ce que La Châteigneraye eût fait réparation publique de l'injure faite à son honneur. Elle n'obtint rien, et le duel eut lieu le 10 juillet 1547. On sait quelle en fut l'issue; l'histoire en est trop connue pour être reproduite ici. Guy, quoique vainqueur de son adversaire, n'encourut pas la disgrâce du roi. Au contraire, il parut dès lors plus en faveur qu'auparavant.

Guy Chabot est moins connu pour ses services dans les séditions excitées par les protestants en Saintonge et dans les contrées voisines. Plusieurs lettres de lui, qui nous ont été conservées, témoignent de sa vigilance et de son zèle. La première, du 7 novembre 1560 [1], est adressée, comme les deux suivantes, au duc François de Guise, grand maître de France. Après y avoir rendu compte de l'exécution des ordres du roi, et exprimé sa reconnaissance d'avoir été admis dans l'Ordre de Saint-Michel, il se plaint d'être trop oublié pour le paiement de ses pensions. Le 19 et le 26 du même mois [2], il rend compte de la surveillance exercée sur les religionnaires en Gascogne, et demande des troupes pour les contenir, des vivres et des munitions pour la Rochelle. Ces trois lettres sont datées de

1. Bibl. nation. — *Pièces origin.*, t. 641, n° 66.
2. *Bulletin de la Société académ. de la Charente*, 1866, t. IV, p. 359 et 362.

Jarnac, où il s'était rendu auprès de sa femme gravement malade ; elle mourut probablement de cette maladie.

Le 8 juin 1561 [1], Guy écrit à la reine Catherine de Médicis des détails intéressants sur les assemblées des réformés et les mutineries qui en résultent. Il y a l'œil et attend les ordres de la cour pour y remédier, « craignant que soubz le manteau de la religion, il y ait sédition et eslévation populaire, et que la noblesse y soit meslée. » Elle ne s'y mêla que trop, même dans la famille de Guy I ; car son petit-fils Guy II, 60 ans plus tard, en 1620, prit un instant le parti de l'assemblée rebelle des réformés, dans cette même ville de la Rochelle où l'aïeul réprimait leur turbulence.

Devenu veuf, probablement en 1560, de Louise de Pisseleu, Guy Chabot épousa, en secondes noces, Barbe Cauchon de Maupas, veuve de Symphorien de Durfort-Duras, dont il n'eut pas d'enfants.

Le seigneur de Jarnac vivait encore en 1584, année où il donna quittance de sa pension de maire de Bordeaux [2]. Nous ignorons l'année de sa mort. Il avait eu de Louise de Pisseleu deux fils et une fille.

Enfants de Guy I Chabot et de Louise de Pisseleu.

1° *Léonor* Chabot de Saint-Gelais, qui suit.

2° *Charles* Chabot, que nous trouvons nommé dans quelques auteurs, sans aucuns détails sur sa personne et sa descendance, s'il en eut.

3° *Jeanne* Chabot, mariée en premières noces, le 1er juin 1560, à René-Anne d'Anglure, baron de Givry, comte de Tancarville, tué à la bataille de Dreux, en 1562. Elle se remaria, en 1564, avec Claude de la Châtre, baron de la Maisonfort, depuis maréchal de France.

---

1. Bibl. nation. *Mss. F. franç.*, 3186, f. 138.
2. *Pièces origin.*, t. 642.

Nous avons de Jeanne Chabot une curieuse lettre, écrite de Bourges, en juillet 1589, au duc de Nevers, qui renferme des détails sur l'anarchie de cette époque de guerres civiles [1]. Jeanne Chabot figure parmi les témoins du contrat de mariage de Marie Chabot sa nièce, le 27 décembre 1613 [2].

XVI

LÉONOR Chabot, baron de Jarnac, seigneur de Saint-Gelais, de Sainte-Aulaye, de Montlieu et de Cosnac, était fils aîné de Guy I, baron de Jarnac, et de Louise de Pisseleu.

Il épousa, en premières noces, Marguerite de Durfort, fille de Symphorien de Durfort, seigneur de Duras, et de Barbe Cauchon de Maupas, laquelle, étant devenue veuve, épousa Guy I Chabot, père de Léonor; de sorte qu'elle était deux fois la belle-mère de celui-ci, étant à la fois la mère de sa femme et la femme de son père.

Léonor Chabot était, en 1560, 1561 et 1564, lieutenant de la compagnie de Guy, baron de Jarnac, son père, et capitaine de 30 hommes d'armes, aux gages de 650 livres par an, ainsi que l'établissent plusieurs quittances datées de ces mêmes années [3]. Il était aussi, en 1564, gentilhomme servant de la maison du roi [4]. Il est qualifié ensuite du titre de gentilhomme de la chambre [5].

Sa première femme étant morte, après lui avoir donné plusieurs enfants, Léonor épousa en secondes noces, par contrat de mars 1571,

---

1. Bibl. nation. *Mss. F. franç.* 3419, f. 91.
2. D. Fonteneau, XXV, f. 729.
3. *Pièces origin.*, t. 643, nos 103, 218. — *Titres scellés.*
4. *Titres scellés.*
5. P. Anselme.

Marie de Rochechouart, fille et héritière de Charles de Rochechouart, seigneur de Saint-Amand, et de Françoise de Maricourt.

Léonor Chabot se montra, dans les guerres que Henri IV eut à
soutenir lors de son avènement au trône, son serviteur fidèle et
dévoué. Il fut honoré de l'amitié de ce prince, et l'on peut être sur-
pris de ne trouver de lui aucune mention dans la volumineuse cor-
respondance imprimée de Henri IV.

Nous avons de Léonor Chabot, en date d'avril 1604, un acte par
lequel il constitue un procureur pour aller recevoir les revenus de la
terre de Lachinville, qui venait de Marie de Rochechouart, sa seconde femme, et une quittance de 1730 livres, somme reçue du procureur qu'il avait constitué [1].

Nous ignorons l'année de la mort du baron de Jarnac. Il était décédé avant l'année 1609, ainsi que l'indique un arrêt du Parlement
donnant gain de cause à Guy II son fils, nommé curateur de ses
deux sœurs de père, arrêt rendu le 2 juin de cette année [2]. Marie de
Rochechouart, sa seconde femme, mourut avant le 17 mars 1614,
date du partage de sa succession entre ses enfants [3].

Léonor Chabot eut de ses deux femmes, d'après le P. Anselme,
dix enfants, dont voici l'énumération.

Enfants de Léonor Chabot et de Marguerite de Durfort.

1° *Guy* II Chabot, qui suivra.

2° *Jean* Chabot, chevalier, seigneur de Sainte-Aulaye, épousa
Charlotte de Clermont-Gallerande, fille de Georges de Clermont,

---

1. *Pièces origin.*, t. 643, n° 137.
2. *Ibid.*, t. 642, n° 83.
3. D. Fonteneau, XXVI, f. 745.

marquis de Gallerande, et de Marie Clutin. Il mourut sans enfants, avant 1618. Sa veuve, Charlotte de Clermont, intenta un procès, le 10 février 1618, pour ses droits dotaux, contre Guy et Charles Chabot, chevaliers, frères de son mari, Claude et Marie Chabot, ses sœurs, héritiers par bénéfice d'inventaire de Jean Chabot [1].

3º *Charles* Chabot, seigneur de Sainte-Aulaye, après la mort de son frère Jean, fut auteur de la branche de Sainte-Aulaye, devenue branche des ducs de Rohan.

4º *François* Chabot, qualifié chevalier dans le P. Anselme, et depuis religieux, sans autres détails.

5º 6º et 7º *Hélène, Françoise* et *Catherine* Chabot, religieuses.

Enfants de Léonor Chabot et de Marie de Rochechouart.

8º *Eléonore* Chabot, dame de Saint-Gelais et comtesse de Cosnac, épousa : 1º en 1606, Louis de Vivonne, seigneur de la Chasteigneraye, petit-neveu du seigneur de la Chasteigneraye, tué en duel par Guy I, son aïeul ; 2º étant devenue veuve, en 1612, elle se remaria avec Jacques d'Harcourt, chevalier, marquis de Beuvron, dès avant le 27 décembre 1613, date du contrat de mariage de sa sœur puînée Marie, où Jacques d'Harcourt figure comme témoin de sa belle-sœur [2].

Le 17 mars 1614, Marie de Rochechouart, veuve de Léonor Chabot, baron de Jarnac, étant morte, eut lieu le partage de sa succession entre ses trois filles, mariées toutes les trois. Eléonore, l'aînée, eut pour sa part la terre et le comté de Cosnac [3].

---

1. *Pièces origin.*, t. 642, nº 3. — A. du Chesne, *Mss.* 37, f. 54 verso.
2. D. Fonteneau, XXV, f. 730.
3. D Fonteneau, XXVI, f. 745.

9° *Claude* Chabot épousa Alophe ou Adolphe Rouault, chevalier, baron de Thiembaux, seigneur de Sérifontaine. Sa part de succession, dans les biens de sa mère, fut la terre et seigneurie de Burie, tenue du roi, la moitié de celles de Saint-Arnaud, de Lachinville et de Leudeville.

10° *Marie* Chabot, mariée : 1° le 27 décembre 1613, à Urbain Gillier, baron de Marmande, fils aîné de René Gillier, seigneur de Puygarreau, etc., et de Claude de Laval. En faveur de ce mariage, les seigneur et dame de Puygarreau donnent à leur fils la terre et baronnie de Marmande [1] ; 2° à François de Vernou, seigneur de La Rivière-Bonneuil. La part de Marie dans l'héritage de sa mère fut les seigneuries de Sigournay, de Puy-Belliard et de Chantonnay, terres limitrophes, dans la mouvance de la vicomté de Thouars.

XVII

Guy II Chabot de Saint-Gelais, comte de Jarnac, seigneur de Montlieu, Marouette, etc., était fils aîné de Léonor Chabot, baron de Jarnac, et de Marguerite de Durfort, sa première femme.

La baronnie de Jarnac fut érigée pour lui en comté, par lettres-patentes, enregistrées au Parlement de Paris. Il est à remarquer que, le premier de sa branche, il signait Guy Chabot de Saint-Gelais [2].

Guy Chabot, chevalier de l'Ordre du roi, fut nommé, après la mort de Léonor, son père, curateur des personnes et biens de demoiselles Claude et Marie Chabot, ses sœurs de père, et, en cette qualité, il

1. D. Fonteneau, XXV, f. 730.
2. Cab. des Titres. *Dossier Chabot*, f. 136, 137.

obtint, le 2 juin 1609, un arrêt du Parlement contre Jean-Louis de Rochechouart, leur oncle maternel, qui fut condamné à payer une somme de 14,278 livres, à partager entre les deux pupilles [1].

Guy II fut fait conseiller d'État, le 30 juin 1614, capitaine de cent chevau-légers, et nommé lieutenant-général pour le roi, sous le prince de Condé, en Saintonge, vers 1616.

C'est en cette qualité qu'il joua un rôle dans l'Assemblée rebelle des Eglises réformées, réunie à la Rochelle en 1620 [2]. Son attitude, dans cette circonstance, permet de croire, ou qu'il faisait lui-même profession de leur religion, ou du moins qu'il favorisa d'abord leur résistance.

Nous le voyons en effet, le 25 février 1621, écrire à l'Assemblée pour « protester de son affection et de son zèle au bien général des Eglises, » de son désir « de demeurer inséparablement dans leur union et de se soumettre aux résolutions de l'assemblée. » Le 8 avril suivant, il lui fait proposer de se charger du gouvernement de la ville de Pons, si elle voulait payer 16.000 livres dépensées pour les fortifications de cette place ; l'assemblée, « eu égard à la personne du sieur de Jarnac, » accorde cette somme. Le 29 mai, on propose à Guy d'échanger son titre de lieutenant-général de la Saintonge, conféré par le roi, pour celui de sous-général de cette province, sous les ordres de Henri, duc de la Trémoille ; il refuse. A partir de ce moment, soit conscience de son devoir, soit crainte des armes du roi, qui assiégeait en personne la ville voisine de Saint-Jean-d'Angély, un des boulevards de la rébellion, il se détache de l'assemblée.

Le 16 juin, il se présente lui-même dans son sein, et déclare que,

1. *Pièces origin.*, t. 642, n° 83.
2. *Actes de l'Assemblée de la Rochelle*, ap. *Archives histor. du Poitou*, t. V. — Anquez, *Hist. des Assemblées politiques des réformés.*

rempli d'affection pour le bien des églises, il vient lui faire part des intentions du roi qui lui ont été communiquées par le duc de la Trémoille. S. M. désire un accommodement ; elle se montrera facile sur les conditions. La réponse est peu conciliante : l'assemblée est disposée à envoyer vers le roi, pour traiter de la paix, pourvu qu'il cesse le siège de Saint-Jean-d'Angély. Le 1er juillet suivant, Guy de Jarnac revient presser l'Assemblée de conclure un arrangement. La délibération fut longue ; ce ne fut que le 9, que les députés déclarèrent qu'ils ne se sépareront pas, avant que le roi n'ait fait droit à leurs plaintes. Guy et son chef Henri de la Trémoille, devant cette opiniâtreté de l'Assemblée protestante, rompirent avec elle et l'abandonnèrent à son sort.

Guy II dut mourir vers 1640, année dans laquelle il fit son testament.

Il avait épousé : 1º le 12 février 1609, Claude de Marouette, dame de Montagrier, fille d'Antoine, seigneur de Montagrier, et d'Ysabeau d'Abzac de la Douze ; 2º le 21 mai 1620, Marie de la Rochefoucaud, fille d'Ysaac de la Rochefoucaud, baron de Montendre, et d'Hélène de Fonsèque. Cette Hélène de Fonsèque était fille d'Esther Chabot de Sainte-Foy, cousine germaine du père de Guy II. Il eut de ces deux femmes sept enfants.

Fils de Guy II Chabot et de Claude de Montagrier.

1º *Jacques* Chabot, seigneur de Montlieu, mort sans alliance.

Enfants de Guy II Chabot et de Marie de la Rochefoucaud.

2º *Louis* Chabot, comte de Jarnac, qui suit.

3º *Guy-Charles* Chabot, dit l'abbé de Jarnac, fut d'Église. D'abord prieur de Jarnac et de Monjours, il devint doyen du chapitre de

Saintes, en 1665. Il mourut après avoir fait son testament en décembre 1679.

4° *François*, aliàs *Isaac* Chabot, dit le chevalier de Jarnac, entra dans l'ordre de Malte, où il fut reçu le 5 février 1644 [1]. Il fut institué légataire universel de Catherine Chabot sa nièce, lors de son entrée au couvent de Puyberland, le 23 janvier 1683 ; lui-même fit son testament le 4 avril 1685, par lequel il légua ses biens à Louis, dit le comte de Chabot, son petit-neveu ; ce qui permet de croire qu'il n'appartenait plus à l'ordre de Malte, dont les membres ne pouvaient disposer de leurs biens.

5° *Claire* Chabot, religieuse carmélite à Paris.

6° et 7° *Charlotte* et *Marie* Chabot, religieuses dans l'abbaye de N.-D. de Saintes. Elles léguèrent, le 4 janvier 1647, avant de faire profession, leur part d'héritage à leur frère aîné Louis, comte de Jarnac.

XVIII

Louis Chabot de Saint-Gelais, comte de Jarnac, baron de Montlieu, etc., était fils de Guy II, comte de Jarnac, et de Marie de la Rochefoucaud.

Il fut mestre de camp d'un régiment de cavalerie, puis maréchal de camp des armées du roi. Il reçut, en 1651, une commission du roi, pour assembler la noblesse de Saintonge à Cognac, alors attaqué par le prince de Condé, pendant la Fronde.

Louis Chabot fut donataire, en 1647, de ses deux sœurs Charlotte et Marie, lorsqu'elles se firent religieuses à Saintes. Il épousa, le 27 janvier 1648, Catherine de la Rochebeaucourt, marquise de Soubran, fille et héritière de Jean de la Rochebeaucourt, marquis de

---

1. Abbé de Vertot, *Hist. de l'Ordre de Malte*, t. VII, p. 358.

Soubran, lieutenant de roi à Angoulême, et de Jeanne de Galard de Béarn, dame de Cliom-Somsac, dont il laissa en mourant, vers 1666, quatre fils et trois filles.

Enfants de Louis Chabot et de Catherine de la Rochebeaucourt.

1° *Guy-Henry* Chabot, qui suit.

2° *Henry* Chabot, mort jeune.

3° *Guy-Charles* Chabot, abbé de Jarnac, doyen du chapitre de Saintes après son oncle.

4° *Joseph-Louis-Augustin* Chabot, désigné par le P. Anselme comme chevalier de Malte, en 1675.

5° *Julie* aliàs *Hélène* Chabot, fille d'honneur de Mme la Dauphine, morte à Versailles, en 1687.

6° *Françoise* Chabot, mariée à Charles de la Rochefoucaud, marquis de Surgères.

7° *Catherine* Chabot, dite Mlle de Jarnac, religieuse à Puyberland, diocèse de Poitiers. Elle fit, avant sa profession, le 23 janvier 1683, son testament en faveur de François Chabot, son oncle.

XIX

Guy-Henry Chabot, comte de Jarnac, marquis de Soubran, seigneur de Cliom-Somsac, Marouette, Grésignac, etc., fils aîné de Louis, comte de Jarnac, et de Catherine de la Rochebeaucourt, naquit le 27 novembre 1648.

Il fut conseiller du roi en ses conseils, capitaine d'une compagnie au régiment de cavalerie du Dauphin, ainsi que le fait connaître une quittance de 2.000 livres pour sa compagnie datée du 8 juin 1673 [1], lieutenant-général pour le roi en Saintonge et en Angoumois, en vertu des lettres de provision données à Saint-Germain-en-Laye, le 31 janvier 1678, enregistrées le 1er juillet suivant [2].

Il épousa, en premières noces, le 21 août 1669, Marie-Claire de Créquy, dame d'honneur de la duchesse d'Orléans, fille unique d'Adrien de Créquy, vicomte de Houlles, seigneur de la Cressonnière, et de Jeanne de Launay. Elle mourut le 29 mars 1684, âgée de 31 ans, après lui avoir donné deux fils et une fille, qui tous moururent jeunes. Guy-Henry se remaria, le 17 mai 1688, à Charlotte-Armande de Rohan-Montbazon, fille aînée de Charles II, duc de Montbazon, et de Jeanne-Armande de Schomberg.

Après la mort de tous les enfants de sa première femme et la naissance de deux enfants de la seconde, Guy-Henry Chabot, conjointement avec Charlotte-Armande de Rohan, fit son testament le 23 janvier 1691, au château de Jarnac. Les époux élisent pour le lieu de leur sépulture l'église de Jarnac, où sont les tombeaux de leur famille, s'ils y meurent ; et s'ils meurent à Paris, l'église des Célestins, chapelle d'Orléans, laissant le soin de leurs obsèques à Guy-Charles, abbé de Jarnac, avec défense d'y faire aucune pompe et d'y prononcer aucune oraison funèbre. Ils instituent leur légataire universel Guy-Armand Chabot, leur fils aîné, avec substitution en faveur de Henriette-Charlotte, leur fille ; et pour épargner à Charlotte-Armande de Rohan, femme de Guy-Henry, les embarras de l'administration de leurs biens, celui-ci, en cas qu'il meure le premier, désigne pour tuteur de ses enfants Guy-Charles, son frère, abbé de Jarnac [3].

1. *Pièces origin.*, t. 642, n° 84.
2. *Ibid.*, t. 643.
3. Carrés de d'Hozier, t. 160, f. 247.

Guy-Henry mourut dans le cours de l'année 1691 ; il avait eu de ses deux femmes cinq enfants.

Enfants de Guy-Henry Chabot et de Marie-Claire de Créquy.

1° *Louis* Chabot, dit le comte de Chabot, né en novembre 1675, mort à l'âge de 15 ans, vers la fin de 1690.

2° *François-Philippe* Chabot, marquis de Soubran, mort jeune.

3° *Gillonne-Gabrielle* Chabot, morte jeune et sans alliance.

Enfants de Guy-Henry Chabot et de Charlotte-Armande de Rohan.

4° *Guy-Armand* Chabot, marquis de Soubran, puis comte de Jarnac, né le 10 juin 1689, nommé légataire universel de ses père et mère, en janvier 1691, décédé sans alliance le 28 août 1707.

5° *Henriette-Charlotte* Chabot, qui suit.

XX

HENRIETTE-CHARLOTTE Chabot, comtesse de Jarnac, marquise de Soubran, etc., fille de Guy-Henry, comte de Jarnac, et de Charlotte Armande de Rohan-Montbazon, naquit à Jarnac, le 3 juin 1690.

La mort de son frère Guy-Armand, arrivée en 1707, la laissa, en vertu de la substitution portée dans le testament de ses père et mère, héritière de tous leurs biens.

Elle épousa, en premières noces, le 2 juin 1709, Paul-Auguste-Gaston de la Rochefoucaud, brigadier des armées du roi, qui prit le titre de comte de Jarnac. Devenue veuve sans enfants, le 19 décembre 1714, elle contracta un second mariage, le 19 juin 1715, avec Charles-Annibal de Rohan-Chabot, son cousin, qui prit aussi, à cause de sa femme, le titre de comte de Jarnac.

Henriette-Charlotte, unique représentante de la branche de Jarnac, branche aînée de la maison de Chabot, sans enfants de ses deux mariages, arrivée à l'âge de 61 ans, fit, en mars 1751, du consentement de son mari, un acte de donation du comté de Jarnac, en faveur de Louis-Auguste de Rohan-Chabot, vicomte de Rohan, maréchal de camp, neveu de son mari, à condition qu'il porterait exclusivement le nom et les armes de Chabot. Ses héritiers étaient appelés, par substitution, à succéder à cette donation, sous la même condition rigoureusement imposée.

Cet acte fut confirmé par des lettres patentes du roi, en date du 27 mai 1751, portant dérogation, en faveur du donataire et des appelés après lui à la substitution, aux lettres patentes du 19 septembre 1646, quant à la condition imposée aux Chabot de joindre, au nom et aux armes de leur maison, le nom et les armes des Rohan. En conséquence, Louis-Auguste, vicomte de Rohan, quitta le nom de Rohan et prit le titre de vicomte de Chabot.

Henriette-Charlotte Chabot mourut à Paris, le 27 août 1769, sans postérité. En elle s'éteignit la branche des seigneurs de Jarnac, et le nom et les prérogatives de branche aînée passèrent à la branche des seigneurs de Sainte-Aulaye, ducs de Rohan-Chabot, qui en était issue. Un *cadet* releva, plus tard, le nom de comte de Jarnac, ainsi qu'on le verra plus loin.

CHAPITRE II

XVII

Charles Chabot, seigneur de Saint-Gelais, de Mussidan et de Sainte-Aulaye, troisième fils de Léonor Chabot (XVI), baron de Jarnac, et de Marguerite de Durfort-Duras, est l'auteur de la branche des seigneurs de Sainte-Aulaye, depuis ducs de Rohan.

Il épousa, en 1604, Henriette de Lur, fille de Michel de Lur, seigneur de Longua, baron de Mussidan, et de Marie Raguier d'Esternay. Nous avons de Charles Chabot, seigneur de Sainte-Aulaye, une quittance du 15 juillet 1616, de la somme de 750 livres, pour une demi-année de sa pension de 1.500 livres, sans que nous sachions à quel titre il en jouissait.

La date de sa mort est ignorée; elle arriva avant le 26 août 1626. Il avait eu sept enfants, trois fils et quatre filles.

Enfants de Charles Chabot et de Henriette de Lur.

1º *Charles* Chabot, seigneur de Sainte-Aulaye, né en 1615, fut

---

1. *Pièces origin.*, t. 642, nᵒ 53.

capitaine au régiment de cavalerie des Roches-Baritaud. Il commandait ce régiment, dont il était premier capitaine, dans le combat du
18 juin 1638 entre l'armée du duc de Longueville et celle du duc
Charles IV de Lorraine, près de Poligny en Franche-Comté. « En
cette rencontre, dit un récit contemporain, fit fort bien le sieur de
Sainte-Aulaye, Chabot et le chevalier Chabot, son frère et son lieutenant qui y fut blessé, et après avoir rallié toute la cavalerie, la
remit en bataille [1]. » L'année suivante, le 5 juin, il tailla en pièces,
près de Pagny, 300 Espagnols. Étant passé en Espagne, il contribua,
en novembre 1641, à faire lever le siège d'Almenas en Catalogne,
et, le 18 janvier et le 28 mars 1642, à la défaite des Espagnols, près
de Collioure. A la bataille de Lérida, le 7 octobre de la même
année, il remplit les fonctions de maréchal de bataille, et « y mérita
une louange particulière [2]. » Le 9 mai 1645, ayant le grade de maréchal de camp, il força la ville d'Agramont en Catalogne à capi-
tuler ; le 23 juin suivant, il commandait l'aile gauche à la bataille
de Lorens, gagnée par le comte d'Harcourt. Il prit part au siège de
Lérida, en 1646, et y commanda un quartier, comme le plus ancien
maréchal de camp. Il emporta d'assaut une demi-lune, mais ayant été
blessé à la tête, il mourut sur place, « regretté de toute l'armée pour
sa valeur [3]. » Il avait fourni une carrière militaire bien remplie puisque,
à l'âge de 31 ans, lorsqu'il fut tué, il comptait déjà 14 campagnes.

Charles Chabot mourut sans alliance.

2° *Henry* Chabot, qui suivra.

3° *Guy-Aldonce* Chabot, dit le chevalier Chabot, ne se distingua
pas moins dans les armes que son frère aîné, dont il fut d'abord le
lieutenant. Blessé près de lui à Poligny, en 1638, il se trouva plus tard

1. *Gazette de France.*
2. *Ibid.*
3. *Ibid.*

aux célèbres batailles de Rocroy en 1643, de Fribourg en 1644, et de Nordlingue en 1645, gagnées par le prince de Condé, alors duc d'Enghien. Il était son aide de camp dans la première de ces batailles; dans la dernière, il commandait un gros corps de réserve chargé de soutenir le maréchal de Grammont, qui fut fait prisonnier. C'est lui qui fut chargé, par le duc d'Enghien, d'apporter au roi la nouvelle de la prise de Philisbourg, le 9 septembre 1644 [1]. Il fut nommé capitaine et gouverneur de Rozières en Lorraine. Guy-Aldonce prit part, en juin 1646, au siège de Courtrai, en qualité de maréchal de camp, puis, en septembre de la même année, à celui de Dunkerque. Il y reçut des blessures graves dont il mourut en octobre suivant, « fort regretté, » à l'âge de 27 ans, comptant déjà douze campagnes.

4° *Jeanne* Chabot, morte sans alliance.

5° *Lydie* Chabot, mariée en 1634 à François de l'Épinay, seigneur de Bellevue. En octobre 1647, elle céda à son frère Henry, duc de Rohan-Chabot, sa part dans la terre de Sainte-Aulaye, moyennant 27.000 livres [2].

6° *Anne* Chabot vendit, le 16 septembre 1655, à Marguerite, duchesse de Rohan, veuve de son frère Henry, ses droits dans la terre de Sainte-Aulaye, moyennant 9.000 livres. La différence de ce prix avec celui obtenu par sa sœur Lydie, venait de ce que Anne s'était chargée de toutes les dettes de Guy-Aldonce, son frère, décédé en 1646 [3].

Anne Chabot mourut à Paris, sans avoir été mariée, en juin 1691, et fut inhumée dans l'église de Saint-Paul, sa paroisse. Le 1er avril

1. *Gazette de France.*
2. Inventaire du duc de Rohan-Chabot.
3. *Ibid.*

précédent, elle avait fait son testament olographe. Elle y donne à Anne-Julie, princesse de Soubise, sa nièce, 6.000 livres comptant, plus 10.000 livres à prendre sur 20.000 dues par Mme d'Espinoy, sœur d'Anne-Julie; à son autre nièce Marguerite-Gabrielle-Charlotte, marquise de Coetquen, 10.000 livres sur 14.000 dues par les Etats de Bretagne ; à Mlle de Soubise, sa filleule, fille du prince de Soubise, 2.000 livres, sur la même somme de 14.000 livres ; à Guy-Auguste, dit le chevalier de Rohan, son petit-neveu, 1.500 livres de rente. Elle institue son légataire universel Louis-Bretagne-Alain, prince de Léon, fils aîné de Louis, duc de Rohan, son neveu, à la condition de payer les dettes de la maison de Rohan. Sachant que le duc de Rohan est un bon père de famille, elle veut qu'il ait l'administration des biens légués à ses deux fils, le prince de Léon et le chevalier de Rohan. Elle nomme pour ses exécuteurs testamentaires le duc de Rohan, son neveu, et M. le Camus, premier président de la cour des Aides, à qui elle lègue une bague de cent louis d'or.

Son légataire universel héritera de tous ses meubles, à condition qu'ils ne seront pas vendus, excepté sa vaissele d'argent qui devra l'être [1].

7° *Judith-Marguerite* Chabot, religieuse à Faremoutiers, morte à Paris, sur la paroisse de Saint-Nicolas-des-Champs, le 9 décembre 1650.

XVIII

Henry Chabot, seigneur de Sainte-Aulaye, puis duc de Rohan et

1. Carrés de d'Hozier, t. 160, f. 248.

pair de France, après son mariage, deuxième fils de Charles Chabot, seigneur de Sainte-Aulaye et de Henriette de Lur, naquit en 1616.

Non moins brave que ses deux frères, il se distingua aux sièges de Hesdin, en 1639, d'Arras, en 1642, de Thionville en 1643, où il fut blessé, et de Gravelines, en 1644.

Son mariage apporta un nouveau lustre à cette branche de la maison de Chabot.

Henry de Rohan, créé duc et pair par le roi Henri IV, en 1603, et dont la vie agitée s'était terminée, en avril 1638, par sa mort en pays étranger, n'avait laissé qu'une fille de son mariage avec Marguerite de Béthune-Sully, fille du grand Sully. Cette fille, nommée Marguerite, comme sa mère, duchesse de Rohan après la mort de son père, épousa Henry Chabot, seigneur de Sainte-Aulaye, avec dispense de parenté au IVe degré.

Le contrat fut passé à Paris devant Dupuis et Leboucher, notaires au Châtelet, le 6 juin 1645, et ratifié par les parties, au château de Sully, par-devant J. Pichery, le 10 du même mois[1]. Le mariage fut célébré dans l'église de Saint-Nicolas-des-Champs, à Paris, le 27 janvier 1646. Henry Chabot avait à peine 30 ans et Marguerite de Rohan 27. Elle était princesse de Rohan et de Frontenay, marquise de Blain, princesse de Léon, comtesse de Porhoët, etc. Elle apportait en mariage à son époux la communauté de tous ses biens et de tous ses titres, avec la condition que les enfants à naître porteraient le nom et les armes de Rohan. Ce ne fut pas, toutefois, sans irriter vivement les autres membres de la maison de Rohan, qui voyaient le titre de duc et pair leur échapper. Leur opposition ne se manifesta d'abord que par des murmures, assez mal accueillis en cour. Il leur fallait trouver quelque moyen de faire annuler un contrat

---

1. Inventaire du duc de Rohan-Chabot.

HENRY CHABOT
ET Marguerite de Rohan,
1645.

de mariage régulier, et de rendre inutile la transmission des titres
et des biens sur la tête de Henry Chabot. Bientôt, ce moyen fut
trouvé, et s'il eût réussi, non seulement Henry Chabot, mais encore
Marguerite de Rohan eussent été dépouillés.

Marguerite de Béthune, mère de celle-ci, opposée au mariage,
sous prétexte de religion (la mère était protestante et ne consentait
pas à voir sa fille mariée à un catholique), mais n'ayant pu l'empêcher, à cause de la majorité de sa fille, présenta, vers la fin de
1645, une requête au Parlement, avec un mémoire à l'appui, dans
lequel elle exposait les faits suivants : le 18 décembre 1630, son
mari étant à l'étranger, après la défaite des protestants dont il était
le chef, elle était accouchée à Paris secrètement d'un fils, qui avait
été baptisé en sa maison, sous le seul nom de *Tancrède*, afin de
cacher la naissance du rejeton d'un proscrit. Ce fils avait été placé
pour être élevé, loin de sa mère, par les soins de la sage-femme.
Durant 8 années, jusqu'à la mort de son mari, Marguerite de Béthune tint ce Tancrède éloigné d'elle, en payant sa pension. Lorsqu'elle fut devenue veuve, elle crut que son fils pouvait reparaître
sans danger et voulut le faire revenir près d'elle. Mais on lui répondit qu'il était mort, et elle n'eut plus qu'à le pleurer. Puis, voilà
que quelques semaines après la conclusion du mariage de Marguerite de Rohan avec Henry Chabot, on lui annonce que son fils vit
toujours, qu'il avait été enlevé, par sa sœur, de la retraite où sa mère
l'avait tenu caché, et conduit à Leyde en Hollande, où il habitait
depuis sept ans. Elle s'est hâtée de le faire venir à Paris ; elle a reconnu parfaitement son fils Tancrède dans le jeune homme âgé de
15 ans qu'on lui a présenté. Elle lui a nommé un curateur. Elle demande au Parlement, en son nom et au nom du jeune Tancrède, de
le reconnaître comme le fils du feu duc Henri de Rohan et d'elle, et
de lui faire rendre son nom, ses armes et ses biens.

Cette cause romanesque fut plaidée; nous avons sous les yeux le mémoire et les plaidoiries imprimées [1]. Le 26 février 1646, le Parlement rendit un arrêt, par lequel il déboute la veuve du duc de Rohan et Tancrède de leurs prétentions, fait défense à celui-ci de prendre le nom et les armes de Rohan, et à tous de lui en donner la qualité.

Malgré ces inhibitions, la malignité chez les uns, la jalousie chez les autres, maintinrent à ce Tancrède le nom de Rohan. Marguerite demanda alors au roi l'appui de son autorité pour confirmer son contrat de mariage. En conséquence, des lettres patentes furent données le 19 septembre 1646, homologuant la transmission des biens et des titres, ainsi que la condition relative au nom et aux armes de Rohan. Henry Chabot put donc prendre, dès lors, sans contestation, le titre de duc de Rohan. C'est sous cette désignation qu'il fut nommé, en 1649, au gouvernement d'Anjou, qu'il avait acheté moyennant 300.000 écus, du maréchal de Brézé [2].

Toutefois, la pairie ayant été éteinte par la mort du titulaire, sans enfant mâle, conformément à la clause des lettres patentes d'érection, le duc de Rohan ne pouvait encore se qualifier duc et pair. De nouvelles lettres d'érection intervinrent, données à Paris en décembre 1648, rétablissant le duché-pairie de Rohan en faveur de Henry Chabot, duc de Rohan et ses descendants mâles [3]. Ces lettres furent enregistrées au Parlement, le 15 juillet 1652, grâce à l'influence du prince de Condé, et le même jour Henry y prit séance et y prêta le serment de duc et pair [4].

---

1. Pièces impr. ap. *Cabinet du Saint-Esprit*, t. 70.
2. Inventaire du duc de Rohan-Chabot.
3. *Ibid.*
4. V. Saint-Simon, t. II. — Prés. Hénault, *Abrégé chronologique.*

Dans l'intervalle, le prétendant à la succession du feu duc de Rohan, Tancrède, qui avait pris parti pour la Fronde, ayant été tué le 31 janvier 1649, au faubourg Saint-Antoine, par les troupes royales, sa mort éteignit les revendications [1].

Le duc de Rohan, en qualité de premier baron de Bretagne et de président né de la noblesse aux Etats de cette province, prêta serment devant le Parlement de Rennes, le 29 août 1653. Déjà, en septembre 1651, le même Parlement avait, par un arrêt, apaisé le différend qui s'était élevé entre le duc de Rohan et le duc de la Trémoille, au sujet de la préséance et de la présidence aux Etats. Il avait été statué que les deux ducs exerceraient alternativement ce droit.

Henry Chabot, duc de Rohan, mourut à Chanteloup, entre Montlhéry et Chartres (aujourd'hui Arpajon), le 27 février 1655, à l'âge de 39 ans, et fut inhumé, le 6 mars suivant, dans l'église des Célestins de Paris, en la chapelle d'Orléans, auprès de l'amiral Philippe Chabot, sieur de Brion. Sa veuve lui fit ériger un tombeau orné de sa statue de marbre par Auger [2].

Marguerite de Rohan fut nommée tutrice de ses enfants, par des lettres royales du 10 juin 1655, dans lesquelles son fils Louis est nommé Rohan-Chabot. Elle fit acquisition, le 29 mai 1657, d'Elisabeth de la Tour-d'Auvergne, épouse et procuratrice du marquis de Duras, de la terre et seigneurie de Lorges en Blaisois, moyennant 132.000 livres [3]. Le 7 novembre 1660, elle renonça, par acte notarié, à la succession de sa mère Marguerite de Béthune [4]. Elle sur-

---

1. Prés. Hénault.

2. Ce tombeau et la statue se trouvent aujourd'hui au musée de Versailles, dans la galerie des tombeaux. — Il existe une oraison funèbre imprimée de Henry, duc de Rohan, prononcée à Angers, par le P. Courcoud. (*Cabin. du Saint-Esprit*, 70.)

3. Inventaire de Marguerite de Rohan.

4. *Ibid.*

vécut longtemps à son époux : elle mourut à Paris le 9 avril 1684, à l'âge de 66 ans, et fut ensevelie près de lui dans l'église des Célestins.

Enfants de Henry, duc de Rohan et de Marguerite de Rohan.

1° N... de Rohan-Chabot, mort le 6 novembre 1646, peu après sa naissance, avant d'avoir été nommé. Il fut enseveli dans l'église des Pénitentes de Picpus, au faubourg Saint-Antoine.

2° *Louis* de Rohan-Chabot, qui suivra.

3° *Anne-Julie* de Rohan-Chabot, princesse de Soubise, dame de Frontenay, née en 1648, fut mariée dans l'église de Saint-Paul, le 16 avril 1663, à François de Rohan, son cousin, comte de Rochefort, seigneur de Pougues, décoré du titre de prince de Soubise à l'occasion de son mariage, lieutenant général et gouverneur de Champagne et de Brie, et ensuite de Berry.

La princesse de Soubise, célèbre par sa beauté et par l'attachement du roi Louis XIV, jouit toute sa vie d'un grand crédit auprès de ce prince. Elle s'en servit pour sa fortune et l'avancement des siens. Ainsi, en décembre 1679, le roi lui accorda une pension de 30.000 livres pour soutenir son état de dame du palais de la reine; plus tard, une gratification de 132.000 livres. En 1700, elle acheta l'hôtel de Guise, au Marais, et le roi l'aida à le payer[1]. Elle obtint la protection de Louis XIV, pour faire admettre les preuves de noblesse de l'abbé de Soubise, son fils, afin d'être reçu chanoine de Strasbourg, malgré une lacune dans la suite de ses ancêtres paternels[2].

---

1. Cet hôtel, agrandi et embelli, porta depuis le nom de Soubise. Il est aujourd'hui occupé par les Archives nationales.

2. V. Saint-Simon, II.

abbé devint successivement, grâce au crédit de sa mère, coadjuteur puis évêque de Strasbourg, et cardinal. La princesse de Soubise fit encore accorder à son autre fils, le prince de Rohan, la survivance du gouvernement de Champagne et de Brie, et la capitainerie des gens d'armes de la garde. On a vu, à l'article précédent, que Anne-Julie avait été l'objet des libéralités d'Anne Chabot, sa tante.

La princesse de Soubise mourut avant son mari, le 4 février 1709, à l'âge de 61 ans. Elle fut enterrée dans l'église des Feuillants de la rue Saint-Honoré, puis transférée, le 1er février 1710, dans celle de la Merci, où le prince de Soubise fut aussi enseveli après sa mort, arrivée le 24 août 1712.

4° *Marguerite-Gabrielle-Charlotte* de Rohan-Chabot épousa, à Saint-Paul, le 7 décembre 1662, Malo II de Coëtquen, marquis de Coëtquen et de la Marselière, comte de Combourg, gouverneur de Saint-Malo, fils de Malo, marquis de Coëtquen, et de Françoise de la Marselière. Elle devint veuve le 24 avril 1679.

5° *Jeanne-Pélagie* de Rohan-Chabot fut mariée à Saint-Paul, le 29 mai 1668, avec Alexandre-Guillaume de Melun, prince d'Epinoy. Elle devint veuve le 16 avril 1679, et mourut subitement à Versailles, le 18 août 1698.

Ces trois filles avaient renoncé, par leurs contrats de mariage, à la succession de leur mère moyennant leurs dots.

XIX

Louis de Rohan-Chabot, duc de Rohan, pair de France, prince de Léon, marquis de Blain, comte de Porhoët et de Moret, baron de

21

la Garnache et de Beauvoir-sur-Mer, deuxième fils de Henry de Rohan-Chabot et de Marguerite de Rohan, naquit le 3 novembre 1652, et fut baptisé le 4, dans la chapelle du Louvre, ayant pour parrain le roi Louis XIV et pour marraine la reine régente Anne d'Autriche.

Il fit la campagne de 1667 en Flandre, et se trouva aux sièges de Tournay, de Douai et de Lille, villes prises par le roi en personne, du 24 juin au 27 août. Le duc de Rohan se signala, le 2 juillet, en chargeant un corps de cavalerie ennemie devant Douai.

La même année, il présida le corps de la noblesse aux États de Bretagne, et il fut député auprès du roi par la même noblesse ,en 1675 et 1705. Il ne fut admis à prendre séance au Parlement et à y prêter serment comme duc et pair que le 12 mai 1689.

Louis, duc de Rohan, épousa, le 18 juillet 1678, à Saint-Cloud, Marie-Elisabeth du Bec-Crespin, fille de François, marquis de Vardes et comte de Moret, capitaine colonel des Cent-Suisses de la garde du roi et gouverneur d'Aigues-Mortes, et de Catherine Nicolaï. La nouvelle duchesse de Rohan prit le tabouret chez la reine, le 4 août suivant.

Louis eut à soutenir un procès qui lui fut intenté, vers 1700, par le prince de Guémené, son cousin, et le prince de Soubise, son beau-frère, comme représentants de la maison de Rohan, pour l'obliger à quitter le nom et les armes de cette maison. Les débats durèrent plusieurs années. Enfin le conseil du roi, présidé par Louis XIV en personne, en 1706, confirma au duc de Rohan les droits qu'il tenait du contrat de mariage de son père et des lettres patentes d'homologation du 19 septembre 1646, et débouta ses adversaires. Saint-Simon (tome V) a fait de ce procès un récit très étendu et très piquant. Ce fut peut-être la seule circonstance où le crédit de la princesse de Soubise, qui s'était déclarée contre son frère, demeura impuissant auprès du roi, et ne put l'emporter sur le bon droit.

Le duc de Rohan mourut à Paris, le 17 août 1717, à l'âge de 75 ans, et fut inhumé aux Célestins. Sa femme lui survécut longtemps, sa mort n'étant arrivée que le 27 mars 1743, à l'âge de 82 ans.

Louis, duc de Rohan, avait fait en juin 1708, un acte important relatif à la transmission de ses biens et de ses titres. En voici la substance : une substitution perpétuelle à l'infini est faite du duché de Rohan, de la principauté de Léon, du marquisat de Blain et du comté de Porhoët, en faveur de son fils aîné et de sa postérité masculine, et, à son défaut, en faveur de ses puînés ; au défaut des mâles de toutes les branches, en faveur des filles de la branche aînée, à condition que celle qui sera appelée à cette substitution épousera un gentilhomme de la première noblesse, et que son mari et toute leur postérité devront prendre le nom et les armes de Chabot, comme premier et principal nom. Cet acte fut confirmé par des lettres patentes données à Fontainebleau, le même mois de juin 1708, enregistrées au Parlement de Paris et à la Chambre des Comptes de Bretagne, en juillet suivant.

Enfants de Louis, duc de Rohan, et de Marie du Bec de Vardes.

1° *Louis-Bretagne-Alain* de Rohan-Chabot, qui suit.

2° *Guy-Auguste* de Rohan-Chabot, auteur de la deuxième branche des ducs de Rohan, qui sera rapportée plus loin.

3° *Charles-Annibal* de Rohan-Chabot, né le 14 juin 1687, fut appelé le chevalier de Léon, puis le chevalier de Rohan. Il fut colonel d'infanterie. C'est lui qui, en février 1726, fit donner des coups de bâton à Voltaire, pour des vers diffamatoires. On raconte que, lorsque ses gens le frappaient, il leur disait : « Ne frappez pas sur la tête, il peut encore en sortir quelque chose de bon [1]. »

En janvier 1728, il fut député auprès du roi par la noblesse de Bretagne.

Il épousa, le 19 juin 1715, sa cousine Henriette-Charlotte Chabot, comtesse de Jarnac, veuve de Paul-Auguste-Gaston de la Roche-foucaud, et prit après son mariage, le titre de comte de Jarnac. Il fit de concert avec sa femme, ainsi que nous l'avons dit plus haut [2], donation de la terre et comté de Jarnac en faveur de son neveu, Louis-Auguste de Rohan-Chabot, à la condition de ne porter que le nom et les armes de Chabot.

Charles-Annibal, comte de Jarnac, mourut le 5 novembre 1762, et sa femme le 27 août 1769, sans postérité.

4° *Marie-Marguerite-Françoise* de Rohan-Chabot, dite Mlle de Rohan, née le 25 décembre 1680, épousa, le 24 mai 1700, à Saint-Paul, Louis-Pierre-Engelbert de la Marck, comte de Schleiden, baron de Lamain, comte du Saint-Empire, etc. Elle mourut le 28 janvier 1706.

5° *Anne-Henriette* de Rohan-Chabot, Mlle de Léon, née le 18 juin 1682, épousa à Saint-Paul, le 19 juin 1710, Alphonse-François-Dominique de Berghes, prince de Grimberghen, grand d'Espagne de première classe, chevalier de la Toison d'or. Elle mourut à Paris, sans enfants, le 12 mai 1761.

6° *Charlotte* de Rohan-Chabot, Mme de Porhoët, morte sans alliance en juin 1701.

7° *Françoise-Gabrielle* de Rohan-Chabot, née le 5 octobre 1685, religieuse à N.-D. de Soissons.

---

1. *Mém. de d'Argenson*, t. I, p. 55.
2. Art. de *Henriette-Charlotte*, p. 151.

8º *Julie-Victoire* de Rohan-Chabot, née le 3 décembre 1688, aussi religieuse à N.-D. de Soissons, puis prieure perpétuelle de N.-D.-de-Liesse, morte le 10 octobre 1730.

9º *Constance-Eléonore* de Rohan-Chabot, née le 14 février 1691, religieuse à N.-D. de Soissons, morte en 1733.

10º *Marie-Armande* de Rohan-Chabot, née le 4 octobre 1692, religieuse à Soissons, puis à Montmartre, enfin prieure perpétuelle de N.-D.-de-Bonsecours, de l'Ordre de Saint-Benoît, au faubourg Saint-Antoine, morte le 29 janvier 1742.

11º *Marie-Louise* de Rohan-Chabot, née le 24 octobre 1697, religieuse à Soissons, puis prieure de Sainte-Scholastique près de Troyes, morte à Paris, au prieuré du Cherche-Midi, en 1781.

Toutes ces filles religieuses furent dotées par leur père de 50.000 livres.

XX

Louis-Bretagne-Alain de Rohan-Chabot, duc de Rohan, pair de France, etc., fils aîné de Louis, duc de Rohan, et de Marie du Bec-Crespin de Vardes, naquit le 26 septembre 1679, et fut tenu sur les fonts du baptême, à Saint-Gervais, le 12 février suivant, par Anne de Bavière, duchesse d'Enghien, et l'évêque de Rennes au nom de la province de Bretagne.

Il fut député de la noblesse de cette province auprès du roi, en 1715 et 1722, sous le titre de prince de Léon. Après la mort de son père, il fut reçu au Parlement comme duc et pair, le 12 août 1728. Le roi lui donna le gouvernement de Lectoure, vacant par la mort de son beau-père le duc de Roquelaure. En avril 1736, le duc de

Rohan, déjà colonel du régiment de Vermandois, devint colonel du régiment de Richelieu.

Il avait épousé, le 29 mai 1708, Françoise de Roquelaure, fille de Gaston-Jean-Baptiste-Antoine, duc de Roquelaure, maréchal de France, et de Marie-Louise de Laval-Lezay.

Louis-Bretagne-Alain, duc de Rohan, mourut à Paris, le 10 août 1738, à l'âge de 59 ans ; il fut inhumé dans l'église des Célestins, chapelle d'Orléans; sa femme mourut à Toulouse, le 5 mai 1741, à l'âge de 58 ans, et fut ensevelie à Lectoure. Ils avaient eu 6 enfants, 3 fils et 3 filles.

Enfants de Louis-Bretagne-Alain, duc de Rohan, et de Françoise de Roquelaure.

1° *Louis-Marie-Bretagne-Dominique* de Rohan-Chabot qui suivra.

2° *Louis-François* de Rohan-Chabot, dit le vicomte de Rohan, comte d'Astarac et de Gaure, baron de Montesquiou, comme légataire de sa mère, naquit en 1710. Il fut nommé, en juillet 1735, mestre de camp d'un régiment de cavalerie, auquel il donna son nom. En janvier 1736, il fut député auprès du roi de la noblesse de Bretagne. Il mourut à Paris, sans avoir été marié, le 29 janvier 1743, à l'âge de 32 ans.

3° *Louis-Auguste* de Rohan-Chabot, né le 10 août 1722, entra d'abord dans l'Église et fut chanoine de Strasbourg, sous le nom de l'abbé de Léon. Son frère Louis-François étant mort en 1743, il quitta l'état ecclésiastique sur les instances de son père, qui lui accorda 10.000 livres de pension, et entra dans les mousquetaires sous le nom de vicomte de Rohan. Il fut fait brigadier le 11 octobre 1746, puis maréchal de camp en décembre 1748.

En mai 1751, sa tante, Henriette-Charlotte Chabot, comtesse de

Jarnac, mariée à Charles-Annibal de Rohan-Chabot, lui donna le comté de Jarnac, à condition qu'il ne porterait, lui et sa descendance, que le nom et les armes de Chabot. Il prit dès lors le titre de vicomte de Chabot, et c'est sous cette qualification qu'il fut député de la noblesse de Bretagne, en 1752. Il obtint du roi, le 25 octobre 1751, une pension de 6.000 livres sur le duché de Lorraine [1].

Le 1er février de l'année 1752, il épousa Marie-Jeanne de Bonnevie, fille et unique héritière de Jean-Charles de Bonnevie, marquis de Vervins. Elle lui apporta 80.000 livres de rente [2].

Louis-Auguste mourut à Paris, le 16 octobre 1753, sans postérité. Le comté de Jarnac passa à son cousin Marie-Charles-Rosalie, en vertu de l'acte de mai 1751, et aux mêmes conditions. Sa veuve, âgée de 16 ans et possédant une grande fortune, se retira dans la famille de son mari [3]. Elle épousa, en deuxièmes noces, le 21 avril 1755, François-Henri de Franquetot, marquis de Coigny.

4° *Louise-Armande* de Rohan-Chabot, née le 30 mars 1711, prit l'habit au monastère de la Madeleine de Tresnel, le 29 septembre 1729.

5° *Marie-Louise* de Rohan-Chabot épousa, le 4 mars 1739, Daniel-François de Gelas d'Ambres, dit le comte de Lautrec, maréchal de France, lieutenant général en Guienne. Elle mourut à Paris, le 11 mars 1784, et fut inhumée dans l'église de Saint-Jacques du Haut-Pas, chapelle Saint-Louis.

6° *Charlotte-Félicité-Antoinette* de Rohan-Chabot, née le 4 août 1718, épousa, le 28 septembre 1739, Joseph de Los-Rios, comte de Fernan-Nunez, grand d'Espagne et général des galères de ce

---

1. *Mém. de d'Argenson*, VII, p. 15.
2. *Journ. de Barbier*, III, p. 353.
3. *Mém. de d'Argenson*, VIII, p. 232.

royaume. Elle était veuve lors de sa mort arrivée à Nûnez, le 28 mai 1750, à l'âge de 32 ans.

XXI

Louis-Marie-Bretagne-Dominique de Rohan-Chabot, duc de Rohan, du Lude et de Roquelaure, pair de France, etc., fils aîné de Louis-Bretagne-Alain, duc de Rohan, et de Françoise de Roquelaure, né le 17 janvier 1710, fut tenu sur les fonts du baptême par une députation des Etats de Bretagne.

Il prit séance au Parlement, comme duc et pair, le 18 février 1750.

La carrière militaire de Louis-Marie-Bretagne fut bien remplie. Il fut d'abord lieutenant à la suite du régiment de Lorraine-Cavalerie, le 10 février 1723 ; puis capitaine, le 1er mai suivant. Il prit part au siège de Kelh, en 1733, et fut fait colonel du régiment de Vermandois le 10 mars 1734 ; il commanda ce corps à l'attaque d'Etlingen et au siège de Philisbourg, en 1734, puis à Clausen, en 1735. Créé colonel du régiment d'infanterie de son nom le 16 avril 1738, il prit part à la bataille de Lintry, en janvier 1742, fut nommé général de brigade de cavalerie le 20 février 1743, et commanda une brigade de l'armée du Rhin, à la bataille de Dettingen, le 27 juin 1743, aux sièges de Menin, Ypres, Furnes, et au camp de Courtray, en 1744 [1].

Le duc de Rohan quitta ensuite le service, pour des injustices dont il avait à se plaindre. Le Dauphin, qui l'aimait et l'estimait pour son mérite et sa valeur, voulut se l'attacher, en lui accordant la survivance de chevalier d'honneur de la Dauphine. Le duc ac-

---

1. Courcelles, VIII.

cepta, quoique avec répugnance, cette preuve de confiance. Mais le roi, cédant aux intrigues de Mme de Pompadour, nomma M. de Sassenage [1].

Louis-Marie-Bretagne épousa, en premières noces, le 19 décembre 1735, Charlotte-Rosalie de Chastillon, fille unique de Alexis-Madeleine-Rosalie, comte de Chastillon, lieutenant général, et de feue Charlotte Voisin. Après la mort de sa femme, dame de la Dauphine depuis 1745, décédée à Paris le 6 avril 1753, à l'âge de 34 ans, le duc de Rohan épousa, en deuxièmes noces, le 23 mai 1758, Charlotte-Emilie de Crussol d'Uzès, fille de Charles-Emmanuel de Crussol, duc d'Uzès, et de feue Emilie de la Rochefoucaud. La duchesse de Rohan renonça, par un acte du 17 septembre 1762, à la succession du feu duc d'Uzès, son père, moyennant la constitution, faite par son frère, d'une rente de 5.000 livres, au capital de 100.000 livres [2]. Elle mourut sans enfants, trois mois avant son mari.

Louis-Marie-Bretagne passa les 30 dernières années de sa vie éloigné des charges et même de la cour. Cependant le souvenir de ses services le fit nommer maréchal de camp le 25 juillet 1762, et lieutenant général le 5 décembre 1781. Louis XV, par brevet du 6 juin 1764, confirma, en faveur du duc de Rohan et de ses descendants mâles et femelles, leur droit à être traités de *cousins* par sa Majesté.

Il émigra au commencement de la Révolution et mourut à Nice, le 28 novembre 1791, après avoir perdu ses trois enfants, tous nés de sa première femme.

1. *Mém. de d'Argenson*, VI, p. 80.
2. Arch. nation., t. 1091, n° 4.

Enfants de Louis-Marie-Bretagne, duc de Rohan, et de Charlotte-Rosalie de Chastillon.

1° *Louis-Bretagne-Charles* de Rohan-Chabot, né le 12 novembre 1747, mort le 27 avril 1757.

2° *Marie-Rosalie* de Rohan-Chabot, baptisée le 6 août 1741, morte en bas âge.

3° *Gabrielle-Sophie* de Rohan-Chabot, née le 27 février 1742, baptisée le 24 mars suivant, morte à Paris, le 24 juillet 1757.

La première branche des ducs de Rohan étant éteinte, la lignée se perpétua dans la seconde branche.

SECONDE BRANCHE DES DUCS DE ROHAN.

XX

GUY-AUGUSTE de Rohan-Chabot, deuxième fils de Louis, duc de Rohan, et de Marie-Elisabeth du Bec de Vardes, fut l'auteur de la seconde branche des ducs de Rohan, appelée par la mort, sans postérité, de Louis-Marie-Bretagne-Dominique, à remplacer la première branche. Il était né le 18 août 1683.

Connu d'abord sous le nom de chevalier de Rohan, puis sous celui de comte de Chabot, il entra dans les mousquetaires, en 1700, fit la campagne de Flandre, en 1701. Il fut créé, le 15 avril 1702, colonel du régiment d'Auvergne-Cavalerie, qu'il commanda à la bataille de Fredelinghen ; mestre de camp du régiment de dragons de son nom, le 3 février 1703 ; il prit part, cette même année, aux

sièges de Brisach et de Landau, combattit à Spire et à Hoestœdt en
1704; il fut fait prisonnier dans cette dernière bataille, et ayant été
échangé, il alla sous les ordres du maréchal de Villars, à l'armée de
la Moselle, en 1705, se battit à Ramillies en 1706 et à Oudenarde en
1708. Brigadier de dragons le 29 janvier 1709, il fit les campagnes
d'Allemagne, de Flandre et du Rhin de 1709 à 1712, et prit part au
siège de Landau, en 1713, et à celui de Fribourg, en octobre de la
même année. Ce fut sa dernière campagne. Son régiment ayant été
réformé le 15 août 1714, il resta mestre de camp à la suite du régiment Royal-Dragons, fut créé maréchal de camp le 1er février 1719
et lieutenant général le 20 février 1734.

Guy-Auguste épousa : 1º le 8 février 1729, Yvonne-Sylvie du
Breil de Rays, fille de Charles du Breil, marquis de Rays, et de
Sylvie de la Boissière de Brantonnet, laquelle mourut à Paris, le
15 juillet 1740, à l'âge de 28 ans; 2º le 25 mai 1744, Marie-Scholas-
tique Howard, fille de Guillaume Howard, lord-comte de Stafford,
morte à Londres, en 1770, sans enfants.

Guy-Auguste mourut le 13 septembre 1760, à l'âge de 77 ans,
n'ayant eu d'enfants que de sa première femme.

Enfants de Guy-Auguste de Rohan-Chabot et d'Yvonne du Breil de Rays.

1º *Louis-Antoine-Auguste* de Rohan-Chabot, qui suivra.

2º *Louis-Anne* de Rohan-Chabot, né le 11 septembre 1735, mort
en 1746.

3º *Marie-Charles-Rosalie* de Rohan-Chabot, auteur de la
deuxième branche des comtes de Jarnac.

4º *Marie-Charlotte-Sylvie* de Rohan-Chabot, née le 12 décembre

1729, épousa : 1° le 7 septembre 1749, Jean-Baptiste, comte de Clermont d'Amboise, lieutenant général ; 2° devenue veuve le 18 septembre 1761, elle épousa, le 14 mars 1764, Charles-Juste, prince de Beauvau, de Craon, comte du Saint-Empire, grand d'Espagne de première classe, capitaine des gardes du corps, lieutenant général, chevalier du Saint-Esprit, maréchal de France en 1783, mort en 1793. Elle mourut à Paris le 20 mars 1807.

XXI

Louis-Antoine-Auguste de Rohan-Chabot, fils aîné de Guy-Auguste, comte de Chabot, et d'Yvonne du Breil de Rays, naquit le 20 avril 1733.

Il prit, comme son père, le titre de comte de Chabot, et fut autorisé par brevet à porter celui de duc de Chabot, en 1775 [1]. Mais par la mort, sans postérité, de son cousin Louis-Marie-Bretagne-Dominique, duc de Rohan, dont il était le plus proche héritier, il succéda aux titres et rang de la maison de Rohan-Chabot, et depuis 1791, date de cette mort, il fut duc de Rohan et chef de la famille.

Louis-Antoine-Auguste commença à servir à l'âge de 14 ans. Il fit, en 1748, la campagne de Flandre comme cornette. Le 25 août 1749, il fut nommé colonel à la suite du régiment de grenadiers, et le 2 février 1756 mestre de camp du régiment de cavalerie Royal-Étranger, qu'il commanda à la bataille d'Hastembeke, à la prise de Minden et de Hanovre en 1757, à la bataille de Crewelt en 1758, à celle de Minden en 1759, aux affaires de Clostercamp et de Corback en juillet 1760, et au siège de Warbourg dans la Hesse, dont il s'em-

---

1. *Almanach royal.* — Courcelles, VIII.

para dans le cours du même mois [1]. En décembre 1763, il fut fait
brigadier de cavalerie ; le 25 juillet 1762, maréchal de camp ; le
5 décembre 1781, lieutenant général. Le premier de sa branche, il
reçut le cordon de l'Ordre du Saint-Esprit, le jour de la Pentecôte,
8 juin 1783.

En 1790, le duc de Chabot quitta la France et se retira à
Bruxelles. Etant devenu duc de Rohan par la mort de son cousin,
en 1791, il revint à Paris l'année suivante, pour y faire soigner sa
santé. Il resta en France durant toute la période révolutionnaire et
mourut le 29 novembre 1807.

Louis-Antoine-Auguste avait épousé, le 12 avril 1757, Elisabeth-
Louise de la Rochefoucaud, fille de Jean-Baptiste-Louis-Frédéric
de la Rochefoucaud, duc d'Anville, lieutenant général des armées
navales, et de Louise-Elisabeth de la Rochefoucaud. Il en eut deux
fils et une fille.

Enfants de Louis-Antoine-Auguste, duc de Rohan, et de Elisabeth de la Rochefoucaud.

1° *Alexandre-Louis-Auguste* de Rohan-Chabot, qui suivra.

2° *Armand-Charles-Juste* de Rohan-Chabot, comte de Chabot,
né le 25 juin 1767. Il entra comme surnuméraire dans les gardes
du corps du roi, en 1781, et fut fait capitaine à la suite, dans le même
corps, en 1785.

Le comte de Chabot, tout en restant fidèle aux traditions de
loyauté de sa famille envers son souverain, entra, peut-être, trop
avant dans les idées des théoriciens qui aboutirent aux désastres de

---

1. *Gazette de France.*

la Révolution. Désabusé après les événements de 1789, il se dévoua tout entier à la défense du roi. Quelques jours avant le 10 août 1792, Louis XVI, prévoyant les dangers qui menaçaient ses fidèles serviteurs, conseilla au comte de Chabot de ne pas y rester exposé, en émigrant, comme tous ceux qui avaient cherché un refuge à l'étranger. « Sire, lui répondit le loyal gentilhomme, ceux dont vous me parlez n'avaient rien à réparer. » Il ne quitta pas Louis XVI, et fut arrêté, la nuit du 12 au 13 août, déguisé en garde national pour pouvoir rester près du roi [1]. Il fut écroué dans la prison de l'abbaye de Saint-Germain, et massacré le 3 septembre. Son nom, Chabot de Rohan, figure sur la liste des victimes, dressée par le commissaires de la section, sous le numéro 17 [2].

3ᵒ *Alexandrine-Charlotte-Sophie* de Rohan-Chabot, née le 3 octobre 1763, mariée le 28 mars 1780, à Louis-Alexandre, duc de la Rochefoucaud, prince de Marsillac, et en secondes noces au marquis de Castellane.

XXII

ALEXANDRE-LOUIS-AUGUSTE de Rohan-Chabot, duc de Rohan, prince de Léon, fils aîné de Louis-Antoine-Auguste, duc de Rohan, et d'Elisabeth-Louise de la Rochefoucaud, naquit le 3 décembre 1761.

Il entra au service à l'âge de 15 ans, comme cadet-gentilhomme dans le régiment de Jarnac-Dragons, fut fait successivement lieutenant le 3 décembre 1777, capitaine le 3 décembre 1779 dans le régiment de Sarre-Infanterie, puis, en 1783, dans celui de Dauphin-

---

1. *Hist. du 10 Août.* Paris, 1829, in-8ᵒ.
2. Granier de Cassagnac, *Hist. des Girondins*, t. II.

Dragons, en 1784 dans celui des carabiniers de Monsieur. Le 1ᵉʳ mai 1785, il fut nommé colonel en second du régiment d'Artois-Infanterie, puis, en 1788, colonel du régiment de Royal-Piémont-Cavalerie. A la Révolution, il suivit, en 1790, le comte d'Artois à Turin, en qualité d'aide de camp; il prit part aux campagnes de 1792, 1793 et 1794, dans l'armée du prince de Condé. Au mois de décembre de cette dernière année, il commanda les gentilshommes poitevins et bretons réunis à Jersey, échappa aux désastres de Quiberon et le 1ᵉʳ juin 1795 fut nommé maréchal de camp dans l'armée royale. Cet emploi lui fut confirmé en 1799 par Louis XVIII, à la personne duquel il fut attaché comme adjudant général. Rentré en France en 1800, avec l'agrément du roi, il fut en butte aux tracasseries du gouvernement impérial jusqu'à la Restauration.

En 1814, il fut admis dans la Chambre des Pairs, fut nommé lieutenant général le 31 janvier 1815, et premier gentilhomme de la Chambre le 29 mars suivant. Il accompagna le roi à Gand et revint avec lui en France. Il mourut à Paris le 8 février 1816.

Alexandre-Louis-Auguste avait épousé, le 20 juin 1785, Anne-Louise-Madeleine-Elisabeth de Montmorency, fille aînée d'Anne-Léon, duc de Montmorency, et d'Anne-Charlotte de Montmorency-Luxembourg. Elle mourut le 20 novembre 1828.

Enfants d'Alexandre-Louis-Auguste, duc de Rohan, et d'Anne-Louise de Montmorency.

1º *Louis-François-Auguste* de Rohan-Chabot, prince de Léon, puis duc de Rohan, né à Paris le 29 février 1788, suivit ses parents dans l'émigration. Rentré en France avec son père en 1800, il épousa, le 2 mai 1808, Armandine-Marie de Sérent, fille unique d'Armand-Sigismond, comte de Sérent, et de Charlotte-Ferdinande-Marie de Choiseul. Après la restauration des Bourbons, en 1814, il fut nommé colonel.

La princesse de Léon fut victime, le 10 janvier 1815, d'un terrible accident. Le feu prit à ses vêtements, et lui fit de cruelles blessures, dont elle mourut seize heures après, sans laisser d'enfants. Le prince de Léon, malgré sa vive douleur, s'arracha à ses larmes, pour aller, le 19 mars suivant, à Nantes, où il devait trouver réunis les défenseurs de la monarchie légitime, et de là se rendre dans la Vendée. Mais la ville étant occupée par les partisans de Napoléon, il alla en Espagne rejoindre le duc d'Angoulême, avec lequel il revint en France en août de la même année. Son père étant mort en 1816, Louis-François-Auguste prit le titre de duc de Rohan et occupa sa place à la Chambre des Pairs.

Quelques années plus tard, le 20 mai 1819, il se décida à renoncer au monde et entra au séminaire de Saint-Sulpice. Il fut ordonné prêtre le 1er juin 1822, fut nommé vicaire général de Paris, et en 1828, archevêque d'Auch, en 1829, archevêque de Besançon, puis cardinal le 5 juillet 1830. Il fut jusqu'à sa mort, arrivée le 8 février 1833, le modèle des évêques. Il a été inhumé dans la cathédrale de Besançon.

Le cardinal de Rohan disposa, par son testament, de plus de 500.000 francs en legs pieux et charitables, et fit son légataire universel l'aîné de ses neveux, Charles-Louis-Josselin, aujourd'hui duc de Rohan.

2º *Alexandre-Louis-Fernand* de Rohan-Chabot, qui suivra.

3º *Louis-Charles-Philippe-Henri-Gérard* de Rohan-Chabot, auteur du rameau des comtes de Chabot, qui suivra.

4º *Louise-Anne-Léopoldine-Cécilia-Léontine* de Rohan-Chabot, née à Bruxelles, le 12 mars 1791, morte à Londres, le 23 avril 1795.

5° *Adélaïde-Henriette-Antoinette-Stéphanie* de Rohan-Chabot, née à Bruxelles en 1793, mariée, le 24 novembre 1812, à Aimé-Charles-Zacharie-Elisabeth, comte de Gontaut-Biron, veuve le 14 février 1840.

6° *Marie-Charlotte-Léontine* de Rohan-Chabot, née à Londres, mariée, en 1817, à Marie-Antoine-Camille, marquis de Lambertye.

7° *Anne-Louise-Zoé-Emma-Clémentine* de Rohan-Chabot, née à Munster, le 21 janvier 1800, mariée à François-Marie-Joseph, comte d'Estourmel.

XXIII

ALEXANDRE - LOUIS - FERNAND de Rohan - Chabot, second fils d'Alexandre-Louis-Auguste, duc de Rohan, et d'Armandine-Marie de Sérent, naquit à Paris, le 14 octobre 1789.

Il quitta la France avec ses parents et y revint en 1800. Enrôlé dans les armées impériales, il fut nommé sous-lieutenant au 4e régiment de cuirassiers en 1809, et devint successivement lieutenant et capitaine. Il fit la campagne de 1809 contre l'Autriche, celle de Moscou en 1812 contre la Russie, prit part en 1813 à la bataille de Dresde. Il fut fait prisonnier par les alliés à Torgau, sur l'Elbe, en 1814, et ensuite mis en liberté sur parole. Il rejoignit l'armée française à Brienne, y fut nommé chef d'escadron, et décoré de la croix de la Légion d'honneur.

Après la Restauration, il fut fait colonel d'état-major, le 10 août 1814, et chevalier de Saint-Louis, le 1er novembre suivant, sous le titre de prince de Léon. Il devint ensuite aide de camp du duc de

Berry, qu'il suivit à Gand, en 1815, puis après l'assassinat de ce malheureux prince, premier aide de camp et gentilhomme d'honneur du duc de Bordeaux, commandeur de la Légion d'honneur en 1821, colonel des hussards de la garde en 1824, grand écuyer du jeune prince et maréchal de camp en 1828. Il quitta le service en 1830, et se tint, jusqu'à la fin de sa vie, éloigné des affaires publiques, ayant même refusé la députation de l'arrondissement de Ploërmel.

Après la mort de son frère aîné, le cardinal-archevêque de Besançon, Alexandre-Louis-Fernand prit le titre de duc de Rohan.

Il avait épousé, le 19 mai 1817, Joséphine-Françoise de Gontaut-Biron de Saint-Blancard, fille de Charles-Michel, vicomte de Gontaut-Biron, et de Marie-Louise-Joséphine de Montault, gouvernante des enfants de France. Il devint veuf en mars 1844, et mourut le 9 septembre 1869.

Enfants d'Alexandre-Louis-Fernand, duc de Rohan, et de Joséphine-Françoise de Gontaut-Biron.

1° *Charles-Louis-Josselin* de Rohan-Chabot, qui suivra.

2° *Charles-Guy-Fernand* de Rohan-Chabot, comte de Chabot, né le 16 juin 1828. Il fut engagé volontaire au 4ᵉ régiment de lanciers en 1846, nommé officier au 7ᵉ hussards en 1850, décoré de la croix de la Légion d'honneur en Crimée, en mai 1856, et commandeur de l'ordre de Saint-Jean-de-Jérusalem, en 1873. Il épousa, le 1ᵉʳ juiller 1858, Augusta Baudon de Mouy, dont il a eu 5 enfants.

1° *Auguste-Fernand*, né le 22 octobre 1859. Il a relevé en sa personne, avec l'autorisation du chef de la famille, le titre de comte de Jarnac, qui était éteint par la mort sans enfants du dernier titulaire.

2° *Guillaume-Joseph-Marie*, né le 15 mai 1867.

3º *Louise-Anne-Marie*, née le 30 décembre 1860.

4º *Marie-Alice*, née le 29 avril 1865.

5º *Geneviève-Marie-Ysabelle*, née le 22 mars 1875.

3º *Raoul-Henri-Léonor* de Rohan-Chabot, né le 6 mars 1835, officier de cavalerie. Il a épousé, le 3 juillet 1860, Adèle-Berthe de Chabrol-Tournoel, dont

1º *Philippe-Marie-Ferdinand,* né le 30 août 1861.

2º *Sebrand-Marie-Gaspard-Henri,* né le 27 février 1863.

3º *Louis-Marie-François,* né le 7 mai 1865.

4º *Marguerite-Marie-Françoise*, née le 7 mai 1871.

5º *Jeanne-Marie-Berthe,* née le 12 décembre 1873.

4º *Isabelle* de Rohan-Chabot, née le 28 novembre 1822, mariée, le 15 avril 1841, à Marie-Gaston, marquis de Béthisy.

5º *Louise-Anne-Françoise* de Rohan-Chabot, née le 23 juin 1824, mariée, le 6 octobre 1847, à Georges-Alexandre, comte Esterhazy de Galantha, ambassadeur d'Autriche à Madrid et à Berlin, veuve le 27 juin 1856. Elle mourut à Vienne, le 16 mai 1868, laissant trois enfants.

6º *Alexandrine-Amélie-Marie* de Rohan-Chabot, née le 26 mars 1831, mariée, le 12 juin 1851, à Henri, comte de Beurges.

7º *Jeanne-Charlotte-Clémentine* de Rohan-Chabot, née le 1er janvier 1839, mariée, le 7 mars 1865, à Arthur d'Anthoine, baron de Saint-Joseph.

XXIV

CHARLES-LOUIS-JOSSELIN de Rohan-Chabot, duc de Rohan, fils aîné d'Alexandre-Louis-Fernand, duc de Rohan, et de Joséphine-Françoise de Gontault-Biron, naquit le 12 décembre 1819.

Il fut déclaré, par son oncle, le cardinal-duc de Rohan, archevêque de Besançon, son légataire universel. Il a été conseiller général du Morbihan.

Charles-Louis-Josselin épousa, en 1843, Octavie de Boissy, fille du marquis de Boissy, pair de France. Il en a eu cinq enfants.

Enfants de Charles-Louis-Josselin, duc de Rohan, et d'Octavie de Boissy.

1º *Alain-Charles-Louis* de Rohan-Chabot, qui suivra.

2º *Henri-Marie-Roger* de Rohan-Chabot, engagé volontaire en 1870, mort des suites de la guerre à Manancourt, le 21 août 1872.

3º *Marguerite* de Rohan-Chabot, née le 1er juin 1846, morte le 30 août 1863.

4º *Anne* de Rohan-Chabot, née le 4 août 1848, morte le 14 septembre 1865.

5º *Agnès* de Rohan-Chabot, née le 7 juin 1854, mariée, le 19 juin 1877, à Odet, vicomte de Montault, dont elle devint veuve le 30 janvier 1881.

XXV

ALAIN-CHARLES-LOUIS de Rohan-Chabot, fils aîné de Charles-Louis-Josselin, duc de Rohan, et d'Octavie de Boissy, naquit le 1er décembre 1844.

Il fut d'abord comte de Porhoët, puis prit le titre de prince de Léon.

Il prit du service pendant la guerre de 1870, et fut nommè capitaine de mobiles. Il devint ensuite chef de bataillon de l'armée territoriale, et il est aujourd'hui (1885) député du Morbihan.

Il a épousé, le 28 juin 1872, Herminie de la Brousse de Verteillac, dont il a cinq enfants.

Enfants de Alain-Charles-Louis, prince de Léon, et d'Herminie de Verteillac.

1º *Josselin* de Rohan-Chabot, né le 4 avril 1879.
2º *Jehan* de Rohan-Chabot, né le 27 juin 1884.
3º *Anne* de Rohan-Chabot, née le 10 avril 1873.
4º *Marie* de Rohan-Chabot, née le 27 mai 1876.
5º *Françoise* de Rohan-Chabot, née le 7 juin 1881.

RAMEAU DES COMTES DE JARNAC, SORTI DE LA DEUXIÈME BRANCHE DES DUCS DE ROHAN.

XXI

MARIE-CHARLES-ROSALIE de Rohan-Chabot, troisième fils de Guy-Auguste, duc de Rohan, et d'Yvonne du Breil de Rays, naquit le 19 juillet 1740. Connu d'abord sous le titre de vicomte de Chabot, il prit celui de comte de Jarnac, en vertu de la substitution du comté de Jarnac, faite en faveur de Louis-Auguste de Rohan-Chabot et de ses héritiers, par Henriette-Charlotte Chabot, en 1751, et dévolue à Marie-Charles-Rosalie après la mort de son cousin, arrivée en octobre 1753. La condition de cette substitution était, comme on

l'a dit plus haut, de porter exclusivement le nom et les armes de
Chabot.

Le comte de Jarnac entra au service dès l'âge de 14 ans, en 1754,
fut fait colonel d'un régiment de cavalerie de son nom en décembre
1762 [1], brigadier de dragons le 1ᵉʳ mars 1780 et maréchal de camp
le 5 décembre 1781. Il était compris dans la promotion des lieute-
nants généraux de 1789, qui ne fut pas déclarée, à cause de la Révolution. Il quitta la France vers la fin de cette dernière année, pour
se retirer en Irlande, dans les terres de sa seconde femme. Il rejoignit, en 1792, l'armée des princes, et fit toutes les campagnes jusqu'en
1794. Il mourut en Angleterre, en août 1813.

Le comte de Jarnac avait épousé en premières noces, le 17 décembre 1759, Guyonne-Hyacinthe de Pons, fille de Charles-Phi-
lippe, marquis de Pons-Saint-Maurice, lieutenant général, et de
Charlotte-Marie Lallemant de Betz. Elle mourut en couches d'une
fille, le 18 janvier 1761. Charles-Rosalie épousa ensuite, le 27 décembre 1776, Elizabeth Smith, d'une famille noble d'Irlande.

Le comte de Jarnac eut de ses deux femmes trois enfants.

*Fille de Marie-Charles-Rosalie, comte de Jarnac, et de Guyonne-
Hyacinthe de Pons.*

1° *Adélaïde-Louise-Guyonne* de Chabot, née le 18 janvier 1761,
épousa, le 12 mai 1778, Boniface-Louis-André, comte de Castellane.

*Enfants de Marie-Charles-Rosalie, comte de Jarnac, et de Elisabeth
Smith.*

2° *Louis-Guy-Charles-Guillaume* de Chabot, qui suit.

1. Arch. de la Loire-Inf., E. 718.

3° *Caroline-Sylvie-Elisabeth* de Chabot, née à Paris le 4 septembre 1790, morte le 10 avril 1792.

XXII

Louis-Guy-Charles-Guillaume de Chabot, comte de Jarnac, fils unique de Marie-Charles-Rosalie de Chabot et de Elisabeth Smith, naquit à Paris, le 7 octobre 1780. Il suivit son père dans l'émigration et prit du service dans l'armée anglaise, où il obtint successivement tous les grades, jusqu'à celui de colonel de dragons.

En 1814, étant rentré en France, il fut nommé maréchal de camp. Le duc d'Orléans le prit pour aide de camp, et il continua à remplir ces fonctions, après la Révolution de 1830, auprès du roi Louis-Philippe. Il épousa, en 1809, Isabella Fitz-Gérald, fille du duc de Leinster, d'une ancienne famille d'Irlande, et en eut un fils et une fille.

Enfants de Louis-Guy-Charles-Guillaume, comte de Jarnac, et d'Isabella Fitz-Gérald.

1° *Philippe-Ferdinand-Auguste* de Chabot, qui suit.
2° *Olivia* de Chabot, dont nous ne savons rien.

XXIII

Philippe-Ferdinand-Auguste de Chabot, comte de Jarnac, fils de Louis-Guy, comte de Jarnac, et d'Isabella Fitz-Gérald, naquit le 2 juin 1815.

Il se fit un nom dans les lettres et la diplomatie. Ses travaux litté-
raires français ont été publiés dans la *Revue des Deux Mondes* et
le *Correspondant*. Il composa aussi des pièces de théâtre et des
romans en anglais.

Le comte de Jarnac fut chargé, en 1842, en qualité de commissaire royal, d'aller recevoir les restes de Napoléon à Sainte-Hélène.
Depuis, successivement consul général en Egypte, secrétaire d'am-
bassade à Londres en 1844, resté en dehors des affaires durant
l'empire, il fut nommé ambassadeur en Angleterre en 1874. Il
mourut à Londres, revêtu de cette haute dignité, le 22 mars 1875.

Le comte de Jarnac avait épousé, le 10 décembre 1844, sa cou-
sine Géraldine-Auguste, sœur de lord Foley et nièce du duc de
Leinster. Ils n'ont pas eu d'enfants. Cette branche des comtes de
Jarnac s'est ainsi éteinte par la mort de Philippe-Ferdinand-Au-
guste. Mais ce titre vient d'être relevé par Auguste-Fernand de
Rohan-Chabot, cousin de celui-ci.

RAMEAU DES COMTES DE CHABOT, SORTI DE LA DEUXIÈME BRANCHE
DES DUCS DE ROHAN.

XXIV

LOUIS-CHARLES-PHILIPPE-HENRI-GÉRARD de Rohan-Chabot, comte
de Chabot, est l'auteur de ce rameau. Il était le troisième fils
d'Alexandre-Louis-Auguste, duc de Rohan, et d'Anne-Louise de
Montmorency. Il naquit le 26 mars 1806.

Il entra à l'école militaire en 1822, fut nommé, en 1824, sous-
lieutenant au 6e régiment de hussards, et fit la campagne de Morée,

en 1828 et 1829, en qualité d'officier d'ordonnance du général en chef, le marquis Maison. Il fut chargé d'apporter au roi les articles de la capitulation des places fortes de la Morée. Après 1830, il quitta le service militaire.

Il épousa, le 19 novembre 1831, Caroline-Raymonde-Marie-Sidonie de Biencourt. Il mourut en laissant cinq enfants.

Enfants de Louis-Charles-Philippe-Gérard, comte de Chabot, et de Caroline-Raymonde de Biencourt.

1° *Guy-Elisabeth-Antoine-Armand* de Rohan-Chabot, qui suit.

2° *Anne-Philippe-Marie-Thibaut* de Rohan-Chabot, né le 14 janvier 1838. Il s'engagea, en 1860, dans les zouaves pontificaux, et fut blessé, le 18 septembre de la même année, à Castelfidardo, ayant eu la main percée d'une balle. Il fut décoré de la croix de Pie IX et de la médaille en or émaillé de Castelfidardo.

Il a épousé, le 22 juin 1870, Jeanne-Blanche de Francqueville, décédée à Paris, le 24 juin 1884, sans enfants.

3° *Elisabeth-Marie-Sidonie-Léontine* de Rohan-Chabot, née le 9 avril 1843. Elle épousa, le 27 décembre 1860, Fernand, comte de Villeneuve-Bargemont.

4° *Anne-Marie-Marguerite-Catherine* de Rohan-Chabot, née le 5 novembre 1845, mariée, le 13 mai 1868, au vicomte de Pins.

5° *Anne-Marie-Josèphe-Radegonde* de Rohan-Chabot, née à Poitiers, le 4 septembre 1849, mariée, le 10 février 1874, à Pierre, comte et depuis marquis de Montesquiou-Fézensac.

XXV

Guy-Elisabeth-Antoine-Armand de Rohan-Chabot, comte de Chabot, fils aîné de Louis-Charles-Philippe-Gérard, comte de Chabot, et de Caroline-Raymonde de Biencourt, naquit à Paris, le 8 juillet 1836.

Engagé, le 20 décembre 1854, au 6ᵉ régiment de lanciers, il devint, en Afrique, sous-lieutenant au 2ᵉ spahis, le 11 décembre 1859, lieutenant en août 1863, capitaine en janvier 1865, toujours dans le même régiment de spahis. Il revint ensuite en France, et servit, comme capitaine, au 11ᵉ régiment de chasseurs à cheval, jusqu'en 1867, qu'il donna sa démission.

Pendant le siège de Paris de 1870, il fut d'abord simple garde national, puis capitaine d'état-major.

Il a épousé, le 2 mars 1857, Jeanne-Marie-Anne Terray-de-Morel-Vindé, décédée le 23 juin 1880. Il en a eu deux fils.

Enfants de Guy-Elisabeth-Antoine-Armand, comte de Chabot, et de Jeanne-Marie-Anne de Morel-Vindé.

1° *Charles-Gérard* de Rohan-Chabot, né le 28 septembre 1870.
2° *Geoffroy* de Rohan-Chabot, né le 27 janvier 1878.

CHAPITRE III

XIV

PHILIPPE Chabot, seigneur de Brion, comte de Charny et de Busançais, prince de Chastel-Aillon, deuxième fils de Jacques Chabot, baron de Jarnac, et de Madeleine de Luxembourg, fut l'auteur d'une branche qui, durant un siècle à peine d'existence, jeta un grand lustre sur la maison de Chabot.

Philippe, à peu près du même âge que le comte d'Angoulême, depuis roi de France sous le nom de François Ier, fut élevé avec ce prince et conserva longtemps sa confiance et sa faveur.

Déjà capitaine de cent hommes d'armes des ordonnances du roi, à l'avènement au trône de François Ier, il fut fait gentilhomme ordinaire de sa chambre en 1515, puis chevalier de Saint-Michel vers 1523 ; gouverneur du duché de Valois en 1524 ; amiral de Bretagne après la mort de Louis II de la Trémoille, le 23 mars 1526 ; amiral de France la même année, dignité vacante depuis la mort de Bonnivet ; gouverneur du duché de Bourgogne le 1er juillet 1526 ; ambassadeur en Italie auprès de l'empereur, en août 1529, pour présenter à sa ratification le traité de Cambray ; chargé, l'année suivante, d'aller en Espagne chercher les deux jeunes fils du roi, gardés comme otages par Charles-Quint; lieutenant général en Normandie sous le Dauphin, le 8 août 1531 ; amiral de Guyenne au commencement de 1532, par la résignation du roi de Navarre; ambassadeur en Angleterre la même année, auprès de Henri VIII, qui lui donna l'ordre de la Jarretière; créé comte de Busançais en novembre 1533; devenu comte de Charny en 1534, par la donation qui lui fut faite de ce comté par Philiberte de Luxembourg, princesse d'Orange, sa tante maternelle, enfin lieutenant général du roi au comté de Montbelliard, Philippe Chabot exerça les charges et les emplois les plus élevés.

Ses services militaires égalèrent l'éclat de ses dignités. Il prit part à toutes les guerres du règne de François Ier, durant près de 25 années. Il commandait dans Marseille en août 1524, lorsque cette ville fut assiégée par le connétable de Bourbon ; sa courageuse résistance triompha des forces bien supérieures de son ennemi, qui, après 40 jours d'attaques infructueuses, se vit forcé de lever le siège. Il combattit à Pavie auprès de François Ier, et fut fait prisonnier avec son souverain. En mars 1535, il eut le commandement de l'expédition dirigée contre le duc de Savoie, qui refusait au roi le passage de son armée. L'amiral de Brion envahit les états du duc, conquit la Savoie et une partie du Piémont et s'empara de Turin.

Cette brillante campagne fut pour lui l'occasion d'une disgrâce aussi imprévue qu'imméritée. Les envieux de sa gloire et de la faveur dont il jouissait réussirent à jeter contre lui, dans l'esprit du roi, des soupçons sur sa fidélité. On l'accusait d'avoir arrêté le cours de ses conquêtes en Piémont, parce qu'il s'était laissé acheter par l'ennemi. On le chargeait encore d'exactions commises dans son gouvernement de Bourgogne et dans son emploi d'amiral, François Ier lui en fit des reproches. La hauteur avec laquelle l'amiral accueillit cette calomnie irrita le roi, qui le fit arrêter et nomma,

PHILIPPE CHABOT,
Amiral de France,
1525.

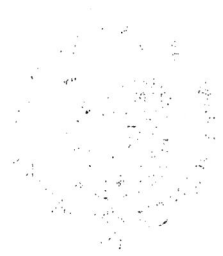

en 1540, une commission pour lui faire son procès. Cette commission, présidée par le chancelier Poyet, homme vendu aux ennemis de l'amiral [1], le dépouilla de toutes ses charges, confisqua ses biens et le condamna au bannissement. Enfin, François Ier ouvrit les yeux, grâce aux instances de la duchesse d'Etampes, et reconnut l'innocence de son favori. Non content de le mettre en liberté après une captivité de plus d'une année et de lui rendre ses biens et ses emplois, par lettres patentes du 12 mars 1541, il chargea le Parlement de prononcer un arrêt solennel de réhabilitation, qui fut rendu en mars 1542.

La réparation de l'injure et le retour de la faveur royale ne purent guérir la blessure profonde que l'amiral avait reçue. Il n'y survécut pas, et l'année suivante, 1er juin 1543, il mourut à Paris, dans son hôtel de la rue Saint-Antoine, à peine âgé de 50 ans. Le roi voulut qu'il fût inhumé dans la chapelle des d'Orléans, de l'église des Célestins. Son fils, Léonor Chabot, y fit ériger en son honneur un superbe monument de marbre, qui, sauvé pendant la Révolution, figure aujourd'hui au Musée du Louvre, parmi les œuvres les plus remarquables de la sculpture française.

Les possessions de l'amiral de Brion étaient considérables. Outre les terres de Brion, de Busançais, d'Aspremont[2], de Chastel-Aillon, etc., que Philippe Chabot avait eues par héritage, les baronnies de Pagny[3] et de Mirebeau qui lui venaient de sa femme, le comté de Charny, avec Pouilly, Mont-Saint-Jean, Arnay-le-Duc, donnés par

1. Président Hénaut, *Abrégé chron.*

2. Il échangea, le 3 mai 1542, la terre d'Aspremont en Poitou, contre celle de Laigle en Normandie, qui appartenait à Jean de Bretagne, duc d'Etampes. (D. Fonteneau, XXVI, f. 651.)

3. En 1527, l'amiral de Brion faisait construire à Pagny de grands bâtiments, au sujet desquels sa femme lui écrivait une lettre qui nous a été conservée.

Philiberte de Luxembourg, il devint, étant gouverneur du duché de
Bourgogne, seigneur de nombreuses et importantes terres de cette
province, telles que les château et châtellenie de Rouvre, qui lui
furent donnés en usufruit par le roi, en 1526, avec les revenus des
greniers à sel d'Avallon et de Saulieu, les seigneuries de Beaumont-
sur-Vingeanne, Baissey, Champagne-sur-Vingeanne, Dampierre,
Blagny, Oisilly, Lais, Seurre, Anthime, La Bruyère, etc., qu'il
acquit de 1526 à 1536 [1].

La donation du comté de Charny et autres terres, faite par Philiberte de Luxembourg à Philippe Chabot, offre une clause qui mérite d'être citée : après la mort de l'amiral, ces seigneuries viendront de plein droit à Léonor Chabot, son fils aîné, ensuite, au
fils aîné de celui-ci, et ainsi d'hoir en hoir en ligne masculine et à
l'aîné. Si Léonor ou quelqu'un de ses hoirs, mourait sans enfant
mâle, les terres reviendront au deuxième fils de l'amiral et à ses
hoirs, aînés mâles, successivement, en ligne directe. A défaut d'enfants mâles nés de l'amiral, elles appartiendront de plein droit à
l'aînée de ses filles [2].

Philippe Chabot avait épousé, le 10 janvier 1526, Françoise de
Longwy, dame de Pagny et de Mirebeau en Bourgogne, fille et héritière de Jean de Longwy, seigneur de Guiry, et de Jeanne d'Orléans, bâtarde d'Angoulême, sœur naturelle de François Ier. Il en
eut six enfants.

Enfants de Philippe Chabot et de Françoise de Longwy.

1° *Léonor* Chabot, comte de Charny et de Busançais, seigneur de

---

1. Chambre des Comptes de Dijon, ap. *Archives de la Côte-d'Or.*
2. Cabinet des Titres. — Dossiers bleus, f. 123.

Pagny, etc., fut nommé chevalier de Saint-Michel en 1555, gentilhomme ordinaire de la chambre du roi en 1559, puis membre du
Conseil privé, capitaine de cent hommes d'armes des ordonnances,
enfin grand sénéchal et lieutenant général du roi en Bourgogne.

En 1570, il fut investi de la charge de grand écuyer de France,
qu'il céda quelques années après à son gendre Charles de Lorraine,
duc d'Elbeuf.

Le premier de la maison de Chabot, il fut nommé chevalier du
Saint-Esprit, lors de la création de l'Ordre, le 31 décembre 1578 [1].
Son nom, toutefois, ne figure pas dans les catalogues des chevaliers,
parce qu'il ne fut pas reçu ; on ignore pour quel motif.

Léonor Chabot se montra constamment fidèle au roi dans les
guerres civiles qui troublèrent la France sous Charles IX, Henri III
et Henri IV. Cette fidélité ne l'empêcha pas de se montrer humain
envers les réformés. Quand, quelques jours après la Saint-Barthé-
lemy, le roi, appréhendant une vengeance des Protestants dans les
provinces, écrivit aux gouverneurs, et en particulier au comte de
Charny, gouverneur de Bourgogne, il leur recommanda de faire
des caresses aux religionnaires et de les instruire de la cause du massacre, qui était non la haine de leur religion, mais la nécessité de
prévenir une conspiration régicide ; de les rassurer sur l'observation
des édits, mais aussi de les exhorter à se conduire sagement. Il
ajoutait que, s'ils continuaient à tenir des assemblées et à exciter des
troubles, il fallait les passer au fil de l'épée, comme traîtres et rebelles.

Léonor Chabot ne se départit pas de sa conduite prudente et mo-
dérée. Il disait que la rigueur n'avait fait qu'aigrir les réformés, que
la clémence était le meilleur moyen de les gagner ; qu'après tout

---

1. L.-F. d'Hozier, *Hist. de l'Ordre de Saint-Michel*, déjà citée.

l'humanité ne permettait pas les massacres. Aussi il y eut peu de sang répandu en Bourgogne [1].

La Bibliothèque nationale conserve plusieurs lettres originales du comte de Charny, relatives aux opérations de guerre et à l'administration dans cette province.

Le comte de Charny épousa : 1º le 15 février 1549, Claude Gouffier, fille de Claude Gouffier, duc de Roannez, et de Jaqueline de la Trémoille ; 2º Françoise de Rye, fille unique de Joachim, seigneur de Rye, chevalier de la Toison d'or, et d'Antoinette de Longwy, dame de Guiry, sa cousine. De ses deux femmes il n'eut que six filles, de sorte qu'il ne compte pas dans les degrés de la descendance.

Léonor Chabot fit son testament, à Saint-Jean-de-Lône, le 11 juillet 1597. Il y déclare ses héritières cinq de ses filles (la sixième, Catherine, mariée à Claude de Vergy, étant décédée avant son père, sans postérité). Il y nomme son exécuteur testamentaire Jacques Chabot, marquis de Mirebeau, son neveu. Il mourut peu de temps après, en août 1597.

Enfants du premier lit.

1º *Catherine* Chabot, comtesse de Busançais, baptisée le 29 juin 1561, ayant pour parrain Antoine, roi de Navarre, et pour marraine Catherine de Médicis, reine régente de France, fut mariée, le 18 octobre 1576, à Guillaume de Saulx, comte de Tavanes, bailli de Dijon, fait chevalier du Saint-Esprit en 1585. Elle mourut en juillet 1609, à Arc-sur-Tille en Bourgogne, à l'âge de 48 ans. Elle y fut inhumée.

2º *Charlotte* Chabot, mariée en 1578 à Jacques le Veneur, comte de Tillières, chevalier du Saint-Esprit en 1586, dont elle était veuve en juillet 1597, morte en 1606.

1. De Thou, livre LII.

LÉONOR CHABOT,
GOUVERNEUR DE LA BOURGOGNE,
1557.

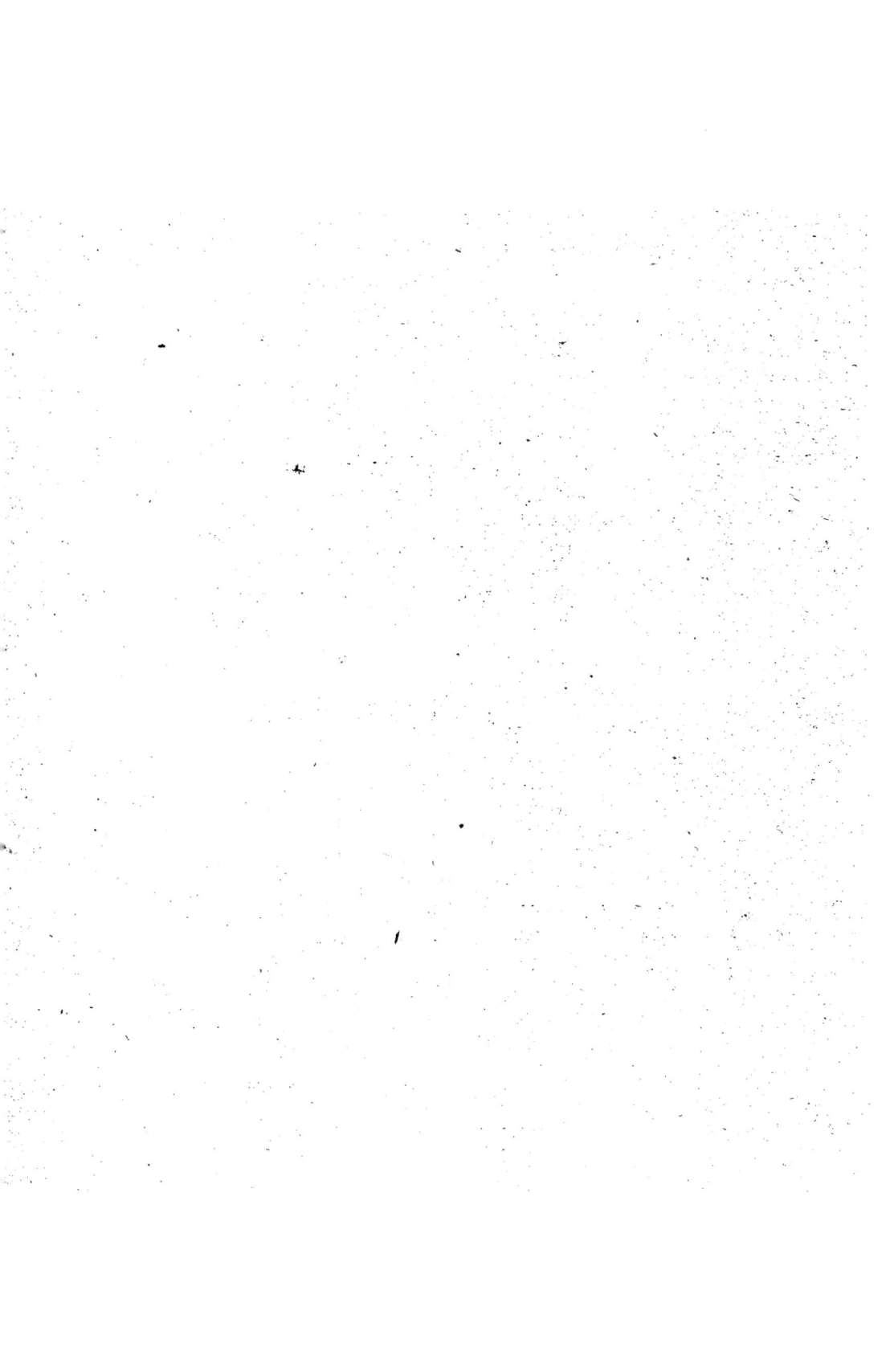

Enfants du deuxième lit.

3º *Marguerite* Chabot, comtesse de Charny, mariée, en février 1583, à Charles de Lorraine, duc d'Elbeuf, grand écuyer, par la cession de son beau-père et grand veneur de France, chevalier du Saint-Esprit en 1581, mort le 24 août 1605. Sa veuve lui survécut jusqu'au 29 septembre 1652. Son oraison funèbre fut prononcée par Mathieu Lescot [1].

4º *Catherine* Chabot, mariée, le 21 août 1584, à Claude de Vergy, comte de Champlitte, morte sans enfants, en 1588.

5º *Françoise* Chabot, mariée, le 27 février 1588, à Henri Hurault, comte de Chiverny, capitaine de 50 hommes d'armes, morte sans enfants, en 1602.

6º *Léonore* Chabot, mariée, le 16 mai 1598, à Christophe de Rye, marquis de Varambon, chevalier de la Toison d'or, son cousin. Elle fit son testament le 16 août 1618 [2].

2º *François* Chabot, qui suivra.

3º *Françoise* Chabot, mariée, le 1ᵉʳ décembre 1545, à Charles de la Rochefoucaud, baron de Barbezieux, chevalier du Saint-Esprit en 1578.

4º *Antoinette* Chabot, femme de Jean d'Aumont, comte de Châteauroux, maréchal de France, chevalier du Saint-Esprit en 1578.

5º *Anne* Chabot, dame de Marie Stuart, reine de France, en 1559, mariée le 18 janvier de la même année à Charles d'Halwin, seigneur de Piennes, chevalier du Saint-Esprit en 1578.

6º *Jeanne* Chabot, abbesse du Paraclet, la célèbre abbaye d'Héloïse; s'étant trouvée à la conférence tenue à Paris à l'instance de Louis de Bourbon-Montpensier, pour ramener à la religion catholique sa fille, depuis princesse d'Orange, elle en tira un effet tout

---

1. *Cabinet du Saint-Esprit*, t. 70.
2. Bibl. nat. **Mss.** — *Collection Moreau*, t. 879.

contraire. Elle se fit protestante, et garda néanmoins son abbaye, où elle continua à demeurer et à faire célébrer le service divin, sans toutefois y assister [1].

XV

FRANÇOIS Chabot, seigneur de Brion, marquis de Mirebeau, comte de Charny, baron de Chaumont, Charroux, Fontaine-Française, etc., deuxième fils de Philippe Chabot, seigneur de Brion, et de Françoise de Longwy, continua la lignée, son frère aîné, Léonor Chabot, étant mort sans enfants mâles.

Il fut gentilhomme de la chambre du roi, capitaine de 5o hommes d'armes de ses ordonnances, conseiller au conseil privé et créé chevalier du Saint-Esprit, dans la promotion de 1585.

Fidèle serviteur des rois sous lesquels il vécut, « il se rendoit à l'armée, y servoit avec tout le zèle et l'exactitude possibles, n'en partoit que des derniers, retournoit dans ses terres, et ne paroissoit que rarement à la cour. L'exemple de son père, Philippe Chabot, l'avoit trop frappé ; il ne vouloit ni charges, ni dignités [2]. »

François Chabot fut un des seigneurs catholiques convoqués par Henri IV à la conférence de Suresnes, en mai 1593, où fut annoncée la réconciliation prochaine du roi avec l'Eglise. Il y signa la déclaration faite pour rassurer les réformés, en leur garantissant la sécurité de leurs personnes et de leurs biens, et la liberté de conscience.

Le marquis de Mirebeau épousa : 1° Françoise de Lugny, fille et

---

1. *Pièces orig.*, 643, f. 97.
2. Sainte-Foix. *Hist. de l'Ordre du Saint-Esprit*, I, p. 298.

FRANÇOIS CHABOT
ET Françoise de Lugny,
1564.

P. 194

1

héritière de Jean, seigneur de Lugny, et de Françoise de Polignac ; il n'en eut qu'une fille ; 2º sa première femme étant morte, il se remaria, le 25 décembre 1565, à Catherine de Silly, fille de Louis de Silly, comte de la Rocheguyon, et d'Anne de Laval, qui lui donna sept enfants.

Fille de François Chabot et de Françoise de Lugny.

1º *Catherine* Chabot, dame de Lugny, mariée, le 14 janvier 1579, à Jean de Saulx, vicomte de Tavanes, nommé maréchal de France par la Ligue, dont il fut un des plus intrépides défenseurs contre son frère aîné, Guillaume. Elle mourut en 1587.

Enfants de François Chabot et de Catherine de Silly.

2º *Jacques* Chabot, qui suivra.

3º *Henri* Chabot, seigneur de Fontaine-Française, mort sans alliance.

4º *Léonor* Chabot, seigneur de Brion, épousa Diane de Marmier, fille de Clériadus de Marmier, et de Renée de Pontarlier. Il mourut sans enfants.

5º *François* Chabot, chevalier de Malte.

6º *Charles* Chabot, religieux de l'abbaye de Saint-Bénigne de Dijon, prieur de Fontaine-Française, mort le 29 janvier 1624.

7º *Charles* Chabot, seigneur de Charroux et de Vitry, gentilhomme ordinaire de la chambre du roi, épousa, par contrat du 10 janvier 1590, Françoise Bernard de Montessus, fille d'André Bernard de Montessus, et de Catherine Faulquier. Il fit son testament le 27 septembre 1624, par lequel il légua tous ses biens à sa femme [1]. Celle-ci fit également son testament, le 26 mai 1656, en faveur de Marguerite-Françoise Chabot, l'aînée de ses filles, et mourut en 1659 [2].

Ils laissèrent quatre enfants :

1º *Jacques* Chabot, dit le comte de Charny après la mort de son oncle Jacques. Il mourut sans alliance.

2º *Marguerite-Françoise* Chabot, dame de Charroux, mariée à Henry, comte de Bonneval, morte en 1654.

3º *Marie-Catherine* Chabot, morte en bas âge.

4º *Marie-Charlotte* Chabot, religieuse à Notre-Dame de Soissons.

8º *Anne* Chabot, femme de Henri, baron de Fours.

XVI

JACQUES Chabot, seigneur de Brion, marquis de Mirebeau, comte de Charny, était fils aîné de François Chabot, marquis de Mirebeau, et de Catherine de Silly.

Il fut conseiller du roi en ses conseils d'Etat et privé, mestre de camp du régiment de Champagne, capitaine de 50 hommes d'armes des ordonnances, lieutenant général du roi au gouvernement de Bourgogne après la mort de son oncle Léonor, créé chevalier du Saint-Esprit le 5 janvier 1597, dans l'église de l'abbaye de Saint-Ouen de Rouen, le roi se trouvant dans cette ville pour l'assemblée des notables [3].

Jacques Chabot servit vaillamment Henri IV dans ses guerres. C'est à lui qu'est dû, en grande partie, l'heureux résultat du combat

1. *Carrés de d'Hozier*, t. 160, f. 249.
2. *Ibid.*
3. *Mss. A du Chesne*, L, f. 426.

de Fontaine-Française. Henri IV, à la tête de son avant-garde,
comptant à peine quelques centaines d'hommes, avait rencontré,
le 5 juin 1595, l'armée des Espagnols, composée de plus de
12.000 hommes, près de Fontaine-Française. Malgré l'inégalité du
nombre, il n'hésita pas à l'attaquer. Prenant Jacques Chabot par le
bras : « Marche-là, Mirebeau, » lui dit-il. Le vaillant capitaine se
jeta avec deux cents hommes sur l'ennemi, le terrassa et le mit en
fuite. Le roi écrivait, le lendemain, au Parlement de Paris : « Le
marquis de Mirebeau, n'ayant avec lui que 200 hommes, a em-
pêché, sans aucun ruisseau entre deux, une armée de 12.000 hommes
d'entrer dans le royaume [1].

Henri IV conserva toujours beaucoup d'affection pour le marquis
de Mirebeau. Il aimait à l'avoir près de sa personne. Le 14 mai 1610,
lorsque ce prince fut assassiné, Jacques Chabot était dans le carrosse
du roi avec les ducs d'Epernon et de Montbazon, les maréchaux de
Lavardin et de Roquelaure, et le marquis de la Force.

Le 31 janvier 1611, Jacques Chabot transigea avec Charlotte de
Nassau, duchesse de la Trémoille, tutrice de ses enfants mineurs.
Il était en procès avec elle au sujet du comté de Montfort en Bretagne, sur lequel il élevait des prétentions, au nom de sa femme,
héritière de Gui, comte de Laval. Il fut accordé, entre les deux
parties, que Jacques Chabot et Anne de Coligny, sa femme, renonce-
raient à leurs réclamations sur la succession du comte de Laval,
moyennant une somme de 115 mille livres tournois, qui fut payée,
le 23 octobre suivant, par Henri de la Tour, duc de Bouillon, qui
avait acquis de la duchesse de la Trémoille, pour la même somme,
la baronnie de Didonne [2].

---

1. Sainte-Foix. *Hist. de l'Ordre du Saint-Esprit*, p. 442.
2. *Arch. nation.*, R 2, 54.

Jacques Chabot mourut à Dijon, d'une attaque d'apoplexie, le 29 mars 1630, et fut enterré dans la Sainte-Chapelle de cette ville [1].

Il avait épousé : 1º en 1594, Anne de Coligny, fille de François de Coligny, seigneur d'Andelot, colonel général de l'infanterie française, dont il eut deux enfants ; 2º en 1622, Antoinette de Loménie, fille d'Antoine de Loménie, seigneur de la Ville-aux-Clercs, secrétaire d'État, et d'Anne d'Aubourg. Elle mourut le 4 juin 1638, sans avoir eu d'enfants.

Enfants de Jacques Chabot et d'Anne de Coligny.

1º *Charles* Chabot, comte de Charny, mort avant son père, en 1621, étant à l'armée. Il avait épousé, en 1620, Charlotte de Castille, fille de Pierre de Castille, contrôleur général des finances, et de Charlotte Jehannine, et n'en eut pas d'enfants. En lui s'éteignit la branche des seigneurs de Brion, comtes de Charny, sortie de celle de Jarnac.

2º *Catherine* Chabot épousa : 1º le 25 juillet 1619, César-Auguste de Saint-Larry de Bellegarde, baron de Termes, grand écuyer de France, fils de Jean de Saint-Larry, mort au siège de Clérac, en 1621; 2º en 1635, Claude Vignier, sieur de Saint-Liebault-Villemur, président au Parlement de Metz.

---

1. L'hôtel des Chabot, à Dijon, était situé dans la rue qui porte encore aujourd'hui le nom de *Chabot-Charny*.

LIVRE QUATRIÈME

CHAPITRE PREMIER

BRANCHE DES COMTES DE CHABOT, SEIGNEURS DU CHAIGNEAU, NESMY, PARC-SOUBISE, ETC.

Cette branche, demeurée en Bas-Poitou, se rattache à la maison de Chabot, dès le commencement du XIVe siècle, par Guillaume, seigneur de Chantemerle, quatrième fils de Sebrand I, tige des seigneurs de la Grève. Cette descendance a été établie sur les preuves faites en 1778, par Charles-Augustin, comte de Chabot, pour obtenir les honneurs de la Cour, et reçues par Cherin.

Nous suivons ces preuves, en y ajoutant, ainsi que nous l'avons fait pour les autres branches, tous les renseignements que nous avons pu recueillir sur les membres de cette branche et de celles qui en sont sorties.

VIII

GUILLAUME Chabot, seigneur de Chantemerle, quatrième fils de

Sebrand, premier seigneur de la Grève, et d'Aroys de Châteaumur, est l'auteur de la branche appelée plus tard branche des seigneurs du Chaigneau, etc.

Il se joignit, en novembre 1318, à l'armée royale qui marchait contre le comte de Flandres.

En mars 1322, il était en procès devant le Parlement de Paris avec Bridel, ou Brideau, de Châteaubriand, seigneur des Roches-Baritaud, touchant les terres et seigneuries de Luçon et de Champagné, qu'il prétendait lui appartenir, en vertu du legs fait en sa faveur par Maurice de Belleville, mort en 1320. Ce procès durait encore en 1344[1]; nous n'en connaissons pas l'issue.

Guillaume Chabot fut, après la mort de Thibaud I, seigneur de la Grève, son frère aîné, arrivée en 1327, chargé de la tutelle de son neveu Thibaud II, alors en bas âge. Il administra la fortune de son pupille, durant seize années, avec peu de scrupules. Celui-ci, arrivé à sa majorité vers 1344, demanda des comptes à son tuteur, et l'attaqua en restitution de sa fortune dilapidée.

Ce procès fut soutenu pendant plus de 30 ans contre Guillaume et ses fils, et ne prit fin qu'en 1377, par un arrêt du Parlement de Paris, qui adjugea à Thibaud III, fils de Thibaud II, seigneur de la Grève, la terre de Chantemerle, comme compensation des dommages résultant de la mauvaise gestion de Guillaume Chabot. La longue durée de ce procès et ses suites causèrent l'appauvrissement de cette branche. /

Guillaume mourut avant 1350, laissant trois fils de Jeanne Pouvreau ou Pouvrelle, sa femme[2].

---

1. De Villevieille, v. *Chabot*.
2. De la famille du premier évêque de Maillezais.

Enfants de Guillaume Chabot et de Jeanne Pouvreau.

1º *Louis* Chabot, chevalier, seigneur de Chantemerle. Il fut investi, à la mort de son père, des principales terres de sa succession, moins celles de Sainte-Gemme et de Champigny, qui furent vendues en 1350, pour acquitter les dettes contractées par son père envers son neveu Thibaud II Chabot, et celle de Chantemerle qui fut adjugée en 1377 à Thibaud III. En 1352, Louis Chabot, chevalier, donna quittance à Niort, le 26 mai, pour sa solde et celle de sept écuyers de sa compagnie, servant dans les guerrres du Poitou, Limousin, Saintonge, Angoumois et Périgord [1], sous Charles d'Espagne, connétable de France. Il fit partie, avec son frère Geheudin, de la commission, nommée le 11 août 1364, pour faire une enquête sur l'état mental du vicomte de Thouars, ordonnée par le prince de Galles [2]. Louis Chabot mourut sans avoir été marié, ou sans enfants.

2° *Geheudin* Chabot, qui suivra.

3º *Sebrand* Chabot fut fait prisonnier à la bataille de Poitiers, en 1356. Il fut poursuivi, ainsi que nous le dirons plus loin, avec son frère Geheudin, et devint, comme lui, l'objet de la clémence du roi, en février 1392. Nous ignorons si Sebrand Chabot fut marié et laissa de la descendance.

IX

GEHEUDIN OU GUEHEDIN Chabot, chevalier, était le deuxième fils

---

1. *Pièces orig.*, t. 642.
2. Cartul. d'Orbestier, 209. —. On sait que ces provinces appartenaient alors à l'Angleterre.

de Guillaume Chabot et de Jeanne Pouvreau. Il était seigneur de Pressigny, de la Roussière en Gatine, de Champagné, de Puy-sur-la-Roche, etc. Il devint seigneur de Nesmy, par son mariage avec Jeanne de Sainte-Flaive, dame de Nesmy [1].

Geheudin servit sous le maréchal de Boucicaut, puis sous le roi de Chypre, dans son expédition en Syrie contre les Turcs. Il se trouva à la bataille de Poitiers, en 1356, où il fut blessé et fait prisonnier avec son frère Sebrand [2].

Le funeste et long procès qu'il soutint contre Thibaud II et Thibaud III, seigneurs de la Grève, eut pour lui de fâcheuses conséquences.

Poursuivi avec son frère Sebrand, pour avoir voulu, par des manœuvres peu loyales, se soustraire au paiement des dommages et intérêts auxquels il avait été condamné, il obtint, ainsi que Sebrand, des lettres de rémission du roi, en février 1392. Ce fut surtout à cause de leurs services militaires que le roi usa de clémence envers les deux frères [3].

Geheudin Chabot vivait encore en 1597. Nous trouvons, en cette année, la mention d'une transaction passée par lui, au nom de sa femme, relativement à la terre de Nesmy [4]. Il dut mourir peu après.

Enfants de Geheudin Chabot et de Jeanne de Sainte-Flaive.

1° *Lancelot* Chabot, cité dans un acte de 1411, mort sans postérité.

---

1. Cab. des Titres. — *Dossiers bleus.*
2. *Reg. du Trés. des Chartes*, JJ, 142, n° 90.
3. *Ibid.*
4. Cab. des Titres. — *Dossiers bleus.*

GEHEUDIN CHABOT,
SEIGNEUR DE CHANTEMERLE,
1350.

2º *Tristan* Chabot, qui suivra.

3º *Raoul* Chabot, mort avant son père.

4º *Guillaume* Chabot, chevalier, seigneur de Nesmy, épousa N...
Badiolle. On verra à l'article de son frère Perceval Chabot, auteur
de la branche de la Turmelière, les faits qui intéressent son histoire.
Il eut deux fils :

1º *Germain* Chabot, père de deux filles.

2º *Guillaume* Chabot, qui eut également deux filles, dont la cadette, nommée
Catherine, épousa Emerie Gourjaut, écuyer, sieur de Montpérier [1].

5º *Perceval* Chabot, auteur de la branche de la Turmelière et de
Liré, qui est rapportée plus loin.

6º *Louis* Chabot, auteur de la branche des seigneurs de l'Aleu.

7º 8º et 9º Trois filles : *Ysabeau*, *Anne* et *Marguerite* Chabot,
dont nous ne connaissons que les noms.

X.

TRISTAN Chabot, écuyer, seigneur de Pressigny, de la Roussière
et de Nesmy, était le deuxième fils de Geheudin Chabot et de Jeanne
de Sainte-Flaive. Il épousa Jeanne de Rezay, fille de Sauvestre, seigneur de Rezay, et de Catherine Le Thui, ou le Thin [2].

Tristan prit part, en 1403, après la mort de son père, à une
transaction, dont nous ignorons l'objet, de concert avec sa mère. Il
fut chargé, par le seigneur de la Trémoille, de la garde de la forte-
resse de Luçon, emploi dans lequel il fut confirmé par le roi. Il fi-

1. D. Fonteneau, XVII, f. 117.
2. Cab. des Titres. — *Dossiers bleus.*

gure dans un jugement du baillage de Partenay, le 24 août 1447, au sujet des terres de Pressigny et de la Roussière, rendu en faveur de ses enfants et de Guillaume, Perceval et Louis, ses frères, dans l'acte de partage ou transaction, du 21 février 1452, entre Germain, son fils, et Louis, seigneur de l'Aleu, son frère.

Tristan Chabot laissa de son mariage sept enfants.

Enfants de Tristan Chabot et de Jeanne de Rezay.

1o *Jacques* Chabot, seigneur de Pressigny, fit la guerre, sous le roi Charles VII, contre les Anglais. Ce prince donna, le 2 octobre 1441, un mandement aux gens de ses finances en Languedoc de payer à Jacques Chabot et à Germain Chabot, écuyers, frères, 2.000 livres parisis, « pour l'avoir servi en la frontière de Normandie contre les Anglais, et au siège de Pontoise ; laquelle somme sera à prendre sur Perceval Chabot, chevalier, leur oncle, et N... Chabot, leur frère, condamnés, par arrêt du Parlement du 7 septembre dernier, à payer une amende. »

Nous n'avons plus à citer sur ce Jacques Chabot que des faits peu honorables pour sa mémoire. Il se rendit coupable, de complicité avec le capitaine de la Roche-sur-Yon, de violences contre un Geoffroy le Féron, trésorier de France. Les coupables furent poursuivis ; mais le roi, ayant égard aux services de Jacques, leur accorda des lettres de rémission, en février 1444 [1].

Un peu plus tard, trop fidèle imitateur des mœurs de cette époque de troubles, Jacques Chabot se porta, en compagnie de ses

---

1. *Reg. du Trés. des Chartes*, JJ, 177, nᵒ 159.

deux frères, Léon et Germain, à des violences graves envers le sieur
de la Mothe, en Loudunois. Il attaqua à main armée, toujours avec
ses deux frères, le sieur d'Avrigny, lieutenant pour le roi en Poitou,
qui avait ordre de l'arrêter. Les trois frères furent mis en prison,
et Charles VII laissa exécuter contre Jacques, le principal coupable,
la sentence de condamnation à mort, qui fut prononcée contre lui.
Ses deux frères, condamnés à la prison, obtinrent leur grâce, par
des lettres de rémission, accordées en avril 1446 [1].

Jacques Chabot ne laissa pas de postérité.

2o *Léon* ou *Lion* Chabot, seigneur de Nesmy et de la Grève,
fut complice (ainsi qu'on vient de le voir) de son frère aîné et obtint
sa grâce. Il était, en 1467, homme d'armes, dans la compagnie de
Regnaud Chabot, seigneur de Jarnac [2], et, en mai 1470, homme
d'armes dans la compagnie du maréchal de Lohéac [3].

Il rendit hommage, aux assises de Nesmy et de la Grève, tenues
en 1485, pour ces deux terres [4]. Il dut mourir peu de temps après,
car nous trouvons, à la date de mai et septembre de cette année, des
actes passés par Catherine Chemin, sa veuve, comme tutrice de ses
enfants mineurs. De ces enfants, décédés sans alliance, il ne resta
que *Catherine* Chabot, mariée à Guy de Mauclerc.

3o *Germain* Chabot fut poursuivi comme complice de Jacques,
son frère aîné, et gracié avec son frère Léon. Il transigea, en 1452,
avec Louis Chabot, seigneur de l'Aleu, son oncle, relativement à ses
droits sur la seigneurie de Pressigny. Germain épousa Eléonore
Meslajeu, qui plaidait contre lui, en août 1466, pour obtenir une

1. *Reg. du Trés. des Chartes*, JJ, 177, n° 213.
2. Monti.
3. Montre du 29 mai.
4. Cab. des Titres. — *Dossiers bleus.*

pension alimentaire sur cette même terre de Pressigny [1]. Il ne laissa pas de postérité.

4° *Artus* Chabot est cité parmi les hommes d'armes, dans une montre des gentilshommes de Poitou de 1467 [2], et dans une autre du 2C novembre 1491. Il est nommé, comme fils de Tristan, dans un partage consenti en 1505 entre Jacques Chabot, son neveu, et les autres cohéritiers de Tristan. Il dut mourir sans être marié.

5° *Georges* Chabot ne nous est guère connu que par la mention faite de son nom, dans l'acte de partage que nous venons de citer.

6° *Etienne* Chabot qui suit.

7° *Ysabeau* Chabot, femme de Christophe de la Rochefoucaud.

XI

ETIENNE Chabot, écuyer, seigneur de Pressigny, sixième fils de Tristan Chabot et de Jeanne de Rezay, continua la descendance.

Il était au nombre des 18 écuyers de la compagnie de Jean de la Veue, en 1420, et des 16 écuyers de Jean de .... en 1421 [3].

Il épousa, nous ignorons en quelle année, Marie de Vallée. Il était mort le 20 février 1477, jour auquel sa veuve donna une quittance comme tutrice de leur fils unique. Etienne est nommé avec sa femme dans l'acte de partage du 3 février 1505.

Fils d'Etienne Chabot et de Marie de Vallée.

XII

JACQUES Chabot, écuyer, seigneur du Chaigneau, etc., fils unique

---

1. A. du Chesne. *Mss.* L, f. 461.
2. Monti.
3. Cab. des Titres. — *Dossiers bleu clair.*

d'Etienne Chabot, était sous la tutelle de Marie de Vallée, sa mère, en février 1477. Il fut établi, par ses oncles Léon, Artus et Georges Chabot dans la possession du Chaigneau, le 1ᵉʳ mars 1482.

Le 3 février 1505, Jacques mit fin, par une transaction en forme de partage, à un procès qui durait depuis longtemps entre lui et les héritiers de son aïeul Tristan Chabot. Jacques fut confirmé dans la possession de la terre du Chaigneau, qui était échue à son père Etienne, et dans ses droits à la succession de Tristan.

Jacques Chabot avait épousé Jeanne Bonnevin, fille de Pierre Bonnevin, conseiller au Parlement de Bordeaux. Il mourut vers 1506, comme le prouve un dénombrement présenté par sa veuve le 21 juin de cette année [1], laissant deux fils et une fille. Jeanne Bonnevin mourut après 1521.

Enfants de Jacques Chabot et de Jeanne Bonnevin.

1° *Antoine* Chabot, qui suit.

2° *Yves* Chabot, écuyer, sur lequel nous ne possédons aucun renseignement. Filleau dit qu'il mourut en 1559; toutefois, sa succession ne fut partagée qu'en 1569, entre ses neveux; ce qui prouve qu'il n'avait pas d'enfants.

3° *Huberte* Chabot épousa, par contrat du 20 août 1500, Fortou Maubrun, écuyer.

XIII

ANTOINE Chabot, écuyer, seigneur du Chaigneau et du Fief-Thé-

1. Cab. des Titres. — *Dossiers bleus.*

nies, fils aîné de Jacques Chabot et de Jeanne Bonnevin, nous est à peine mieux connu que son père.

Il rendit hommage, en 1515, 1517, 1518, 1533, 1534, à Jehan Robert et à Antoine Masson, écuyer, seigneur de la Baritaudière, pour raison de son hôtel du Chaigneau [1].

Le premier de ces seigneurs, Jehan Robert, reçut d'Antoine Chabot, le 2 janvier 1518, cent sols tournois pour le rachat de cinq sols de rente, dus par feu son père, Jacques Chabot, pour raison de la muance de Léon Chabot, seigneur de Nesmy, son oncle [2]. Dans le courant de la même année 1518, le seigneur de la Lézardière reçut d'Antoine Chabot cent sols tournois, « pour les cinq sixièmes deniers de rachat et le sol de service » dus pour la muance de Jacques, père d'Antoine, de Léon, sieur de Nesmy, son oncle, et d'Etienne, son aïeul [3]. En 1521, Antoine Chabot fit hommage, en son nom et au nom de sa mère, de la portion échue à Jacques, son père, dans la seigneurie de Nesmy [4].

Il épousa, en 1530, Catherine Riboteau, fille unique d'Eustache Riboteau, écuyer, seigneur du Gué, et d'Henriette d'Aulnis, sa première femme.

Antoine Chabot servait, en 1533, au ban de Fontenay-le-Comte, comme arbalétrier.

Il reçut, le 26 juin 1545, de demoiselle Gillonne Bichot, veuve de Jacob de Bessay, écuyer, un hommage et un dénombrement d'un fief dépendant de la seigneurie de Thénies, dont il était seigneur [5]. La même année, le 5 août, il fit, au nom de sa femme, une tran-

1. Cab. des Titres. — *Dossiers bleus.*
2. *Ibid.*
3. *Ibid.*
4. *Ibid.*
5. Cab. des Titres, t. 287.

saction avec Marie Fourqueraut, seconde femme de feu Eustache Riboteau, son beau-père, relativement à l'héritage de celui-ci [1]. On trouve encore à un arrière-ban du Poitou de 1553, Antoine Chabot, seigneur du Chaigneau [2].

Il était mort en août 1556, ainsi que l'indique le titre de seigneur du Chaigneau que prend son fils Christophe à cette date. Il avait eu cinq enfants, quatre fils et une fille.

Enfants d'Antoine Chabot et de Catherine Riboteau.

1° *Christophe* Chabot, qui suivra.

2° *Léon* Chabot, seigneur de Puyraveau, fit, le 31 août 1557, le partage avec Christophe, son frère aîné, de ses droits dans la succession immobilière de leur père et de leur mère défunts [3]. Il servait, la même année, dans la compagnie du prince de la Roche-sur-Yon ; et le 7 juin 1565, il fut nommé lieutenant du château de cette ville. Ce fut en cette qualité qu'il protégea les habitants de Venansault en 1575, ce qui lui valut de leur part une lettre d'attestation, qui nous a été conservée [4]. Il dut avoir un fils nommé Philippe, car nous trouvons un Philippe Chabot, écuyer, seigneur du Puyraveau, lequel reçut l'autorisation de Claude de la Trémoille, le 13 février 1604, de fortifier Puyraveau, paroisse de la Boissière [5].

3° *Antoine* Chabot. Est-ce à lui qu'il faut rapporter ce que nous

1. Cabin. des Titres, t. 287.
2. Monti.
3. Cab. des Titres. — *Dossiers bleus*.
4. D. Fonteneau, LXXXI, f. 665.
5. Cab. des Titres.

trouvons dans D. Fonteneau [1] ? Un Antoine Chabot, écuyer, seigneur des Aigneaux, fut accusé par Jean Chauvereau, prêtre, délégué de l'évêque de Luçon, le 12 octobre 1564, de violences exercées contre les catholiques. Il est, du reste, probable que, dès cette date, des membres de cette branche de la maison de Chabot appartenaient à la religion réformée, et Antoine Chabot, objet de la plainte, était de cette religion.

4° *Louis* Chabot partagea avec son frère aîné Christophe, le 18 novembre 1569, les biens de la succession d'Yves Chabot, écuyer, leur oncle [2].

5° *Charlotte* Chabot, femme de N... Leroux, qu'elle épousa en 1561 [3].

XIV

CHRISTOPHE Chabot, écuyer, seigneur du Chaigneau et de Nesmy, fils aîné d'Antoine Chabot et de Catherine Riboteau, servait, dès 1551, à peine âgé de 20 ans, avec la noblesse du Poitou.

Il rendit hommage, le 21 août 1556, à Léon Belorne, écuyer, seigneur de la Béraudière, pour le fief de la Madouère [4]. L'année suivante, 31 août 1557, il partagea avec son frère puîné, Léon Chabot, seigneur de Puyraveau, pour raison de ses droits dans la succession de leur père et mère [5]; ses autres frères étant sans doute encore mineurs.

Christophe Chabot, écuyer, seigneur du Chaigneau, fit hommage

---

1. D. Fonteneau, XIV, f. 575.
2. Cabin. des Titres, t. 287.
3. Cab. des Titres. — *Dossiers bleus*.
4. Cab. des Titres. — *Dossiers bleus*.
5. *Ibid.*

le 18 mai 1564, pour l'hôtel du Chaigneau, à René Masson, écuyer, seigneur de la Verronnière. Il partagea, le 19 novembre 1569, avec son frère Louis, les biens de son oncle Yves Chabot [1].

En 1582, Christophe, refusant de payer les droits de francs-fiefs et nouveaux acquêts, à cause de sa qualité de noble extrait d'ancienne race, vit saisir ses biens par les commissaires de la chambre du Trésor royal. Il porta plainte au sénéchal de Fontenay-le-Comte, délégué pour juger ces questions dans l'étendue de sa juridiction, et produisit, à l'appui de sa requête, les titres et documents qui établissaient son ancienne noblesse. Le juge rendit, après examen, une sentence par laquelle « Christophe Chabot, écuyer, seigneur du Chaigneau, fut reconnu comme noble et issu de noble et ancienne lignée, » et fut prononcée la mainlevée des choses saisies à son préjudice. Cette sentence est du 20 mai 1582 [2].

Christophe avait épousé (nous ne savons en quelle année) demoiselle Claude Gourdeau. Il fit, le 28 décembre 1589, au nom de sa femme, avec Jacques Gourdeau, écuyer, seigneur des Bessons et de Fontfroide, son beau-frère, une transaction relativement au partage de la succession de son beau-père et de sa belle-mère [3].

Il mourut peu de temps après, car il était décédé lors du contrat de mariage d'Isaac, son fils, qui fut passé le 26 mai 1591 [4]. Il laissait un fils et une fille.

Enfants de Christophe Chabot et de Claude Gourdeau.

1° *Isaac* Chabot, qui suit.

1. Cab. des Titres, t. 287.
2. *Ibid.* — *Dossiers bleus.*
3. *Ibid.*
4. *Ibid.*

2° *Françoise* Chabot est citée dans un acte de partage du 28 mai 1591, dont nous parlerons à l'article de son frère. Elle épousa, la même année, N... Goudeau [1].

XV

Isaac Chabot, écuyer, seigneur du Chaigneau et de Nesmy, fils de Christophe Chabot et de Claude Gourdeau, était majeur en 1589 ; car, le 28 décembre de cette année, il prit part et apposa sa signature à la transaction passée entre son père et sa mère d'une part, et Jacques Gourdeau son oncle. Il habitait alors son hôtel noble de Nesmy, paroisse de Nesmy, élection des Sables-d'Olonne [2].

Isaac se maria deux fois. Sa première femme fut demoiselle Crispe Tinguy, dame de la Templerie, fille aînée de Pierre Tinguy, écuyer, sieur de la Garde, et de Guillemette d'Avaugour. Son contrat de mariage, dans lequel Christophe son père est cité comme décédé, est du 26 mai 1591 [3]. Deux jours après, le 28 mai, fut fait un contrat de partage noble, entre Isaac Chabot, écuyer, seigneur du Chaigneau, et demoiselle Françoise sa sœur, enfants de feu Christophe Chabot et de demoiselle Claude Gourdeau, des biens délaissés par leur père.

Nous avons d'Isaac Chabot plusieurs actes d'hommage : Le 28 août 1591, un hommage et aveu rendus à noble René de Meaulme, écuyer, seigneur de la Ferrandière et de la Brandière, pour le fief

---

1. Cab. des Titres. — *Dossiers bleus.*
2. *Ibid.*
3. *Ibid.*

de la Madouère; le 21 septembre 1596, un hommage rendu par Isaac Chabot, écuyer, seigneur du Chaigneau et de Nesmy, à haute et puissante dame Jacqueline de la Trémoille, comtesse de Sancerre et dame de la baronnie de Brandois, pour la seigneurie de Nesmy qu'il venait d'acquérir [1], comme nous le dirons tout à l'heure; le 3 novembre 1598, un hommage rendu par noble et puissant Isaac Chabot à noble et puissante dame Antoinette Masson, dame de la Verronnière et de la Baritaudière, pour l'hôtel du Chaigneau [2].

La terre de Nesmy, ou du moins une portion de cette terre, patrimoine des seigneurs du Chaigneau, était passée dans d'autres mains, par le mariage de Catherine Chabot, fille de Léon Chabot (X) et de Catherine Chemin, avec Guy de Mauclerc. Isaac la racheta de Marie de Mauclerc, fille de Guy, en juillet 1596, de ses deniers et de ceux de sa femme Crispe Tinguy.

Isaac Chabot fut obligé, comme l'avait été son père, de produire devant les commissaires chargés de la recherche des nobles dans la sénéchaussée de Fontenay-le-Comte, ses titres de noblesse. Il fut reconnu, par jugement du 26 août 1599, comme « noble et extrait de noble lignée [3]. »

Devenu veuf, sans enfants, de Crispe Tinguy, le seigneur du Chaigneau épousa, en secondes noces, demoiselle Eléonore Bodin, fille de Jacques Bodin, écuyer, sieur de la Barre-des-Cousteaux, et d'Eléonore Claveau. Le contrat de mariage est du 22 janvier 1620 [4]. Cette alliance lui attira un procès de la part de Benjamin Tinguy, frère de sa première femme, au sujet de la terre de Nesmy,

1. Cab. des Titres. — *Dossiers bleus.*
2. *Ibid.*
3. *Ibid.*
4. Cab. des Titres, t. 287.

rachetée à frais communs par les deux époux. Benjamin Tinguy réclamait l'héritage de sa sœur décédée sans enfants. Une transaction intervint entre eux, le 20 octobre 1623, par laquelle la seigneurie et le titre de seigneur de Nesmy demeurèrent aux Tinguy.

Nous n'avons aucune mention d'Isaac Chabot, après ce dernier acte. Il dut mourir dans un âge avancé et avant l'année 1654, date du partage de ses biens entre ses enfants.

Il laissa de son second mariage quatre fils.

Enfants d'Isaac Chabot et d'Eléonore Bodin.

1° *Philippe* Chabot, écuyer, seigneur du Chaigneau, figure comme l'aîné dans le partage du 27 juin 1654. Nous n'avons sur lui aucun détail. Il mourut avant 1667 et sans alliance.

2° *Charles* Chabot, qui suivra.

3° *Daniel* Chabot, seigneur des Fontaines, prit part au partage du 27 juin 1654.

4° *Théophile* Chabot, seigneur de Cadillac, décédé sans alliance avant 1654.

XVI

CHARLES I Chabot, chevalier, d'abord seigneur des Fontaines, puis du Chaigneau, après la mort de son frère aîné, était le second fils d'Isaac Chabot et d'Eléonore Bodin.

Il épousa, par contrat du 17 août 1652, demoiselle Suzanne du Puy [1]. Il fut nommé commandant du fort de la Prée, par lettres du 29 juin 1653.

---

1. Cab. des Titres, t. 287. — Elle descendait d'une illustre famille d'Anjou ; il y eut dans cette maison trois abbesses du Ronceray, abbaye noble.

Le 27 juin 1654, Charles Chabot fit avec ses frères Philippe et Daniel le partage des biens de leurs parents, dont la mort de ses frères sans enfants réunit plus tard la totalité entre ses mains. Il fit aveu du Chaigneau, le 21 juin 1655, à la duchesse de Nemours.

En vertu de l'Ordonnance royale de 1666, relative à la recherche de la noblesse, Charles Chabot, seigneur du Chaigneau, demeurant paroisse du Bourg-sous-la-Roche-sur-Yon, dut présenter ses titres à M. Barentin, intendant du Poitou, lequel, par jugement du 28 septembre 1667, le maintint sur la liste des nobles [1].

Charles I Chabot mourut avant 1677, laissant quatre enfants, un fils et trois filles.

Enfants de Charles I Chabot et de Suzanne du Puy.

1° *Charles* Chabot, qui suivra.

2° *Suzanne*, aliàs *Françoise* Chabot, mariée, par contrat du 17 août 1676, à Alexandre de Goyon, seigneur des Coulandres. Elle fut nommée, par son frère Charles II, dans son testament, tutrice de ses neveux. Elle mourut elle-même sans enfants.

3° *Marie-Charlotte* Chabot, mariée à Louis-François Kerveno, chevalier, seigneur de l'Aubonière, dont elle était veuve en 1706.

4° *Marie-Anne* Chabot, non mariée en 1706. Nous ignorons si elle contracta depuis une alliance.

XVII

CHARLES II Chabot, écuyer, seigneur des Fontaines et du Chaigneau, était fils aîné de Charles I et de Suzanne du Puy.

1. Cab. des Titres, t. 287.

Il fit, le 3o juin 1677, avec ses sœurs, le partage des biens de leur père et de leur mère.

Charles II épousa, par contrat du 13 février 1684 [1], demoiselle Sylvie-Edmée Tranchant, fille de Louis Tranchant, seigneur de la Barre, et d'Elizabeth Ranfrays.

Le seigneur du Chaigneau fit son testament le 31 août 1700. Il y institue son légataire universel Louis-François Chabot, son second fils [2], et y donne la tutelle de ses enfants à Françoise, *aliàs* Suzanne, Chabot, sa sœur, dame des Coulandres [3]. Il est permis de croire qu'il choisit cette tutrice, parce qu'il était veuf à cette date ; mais rien n'explique pourquoi il légua sa fortune à son second fils, au préjudice du fils aîné.

Charles II dut mourir la même année, laissant deux fils et une fille.

Enfants de Charles II Chabot et de Sylvie Tranchant.

1° *Charles* Chabot, né le 6 septembre 1687, baptisé le lendemain dans l'église du Bourg-sous-la-Roche-sur-Yon, fut, avec son frère, reçu parmi les pages de la petite écurie du roi en avril 1705, sur les preuves de noblesse présentées pour son admission [4]. Il dut mourir jeune et sans alliance.

2° *Louis-François* Chabot qui suit.

---

1. Cab. des Titres, t. 287.

2. *Ibid.*

3. *Ibid.*

4. Le mémoire généalogique signé *d'Hozier*, qui servit pour cette admission, se trouve en original au Cabinet des Titres, t. 287. On a vu que nous l'avons mis à contribution.

3° *Marie-Charlotte* Chabot épousa en 1718 Jacques-Pierre Guerry, chevalier, seigneur de Beauregard.

XVIII

Louis-François Chabot, seigneur du Chaigneau, dit le comte de Chabot, second fils de Charles II et de Sylvie Tranchant, né le 6 octobre 1689, fut admis, en même temps que son frère aîné, en avril 1705, parmi les pages de la petite écurie du roi.

Il fut maintenu dans sa noblesse par jugement du sieur de la Tour, intendant de Poitiers, le 16 octobre 1716. La mort de son frère l'ayant rendu chef de sa maison, il fit, le 18 mars 1718, le partage des biens de la succession de ses père et mère avec Marie-Charlotte Chabot, sa sœur, femme de Jacques-Pierrre Guerry de Beauregard.

Louis-François avait épousé, par contrat du 2 mars 1716, Catherine-Renée Jousseaume, fille de Louis Jousseaume, marquis de la Bretesche, et de Françoise-Charlotte Lemercier.

Il était mort en 1770, laissant neuf enfants, six fils et trois filles.

Enfants de Louis-François Chabot et de Catherine Jousseaume.

1° *Louis-Charles* de Chabot, qui suivra.

2° *Claude-Charles-Gilbert* de Chabot, chevalier, lieutenant des vaisseaux du roi, chevalier de Saint-Louis en 1770.

3° *Marie-Martial* de Chabot, chevalier, seigneur de Thénies et de la Rairie, capitaine de grenadiers au régiment de la Couronne-Infanterie, chevalier de Saint-Louis. Il épousa Marie-Marguerite-

Charlotte-Léonore Prevost de la Boutetière, fille d'Antoine Prevost, chevalier, seigneur de la Boutetière et de Saint-Mars, et de Marie-Adrienne de la Motte de Sénonnes. Il mourut à Saint-Philbert-du-Pont-Charraud, le 15 octobre 1785. Mme de Chabot fut jetée dans les prisons du Maine, lors de la Révolution, et y mourut en 1793. Ils eurent un fils :

Martial Chabot, qui, envoyé en Allemagne avec son précepteur, au moment de l'émigration, y mourut fort jeune.

4° Augustin de Chabot, capitaine au régiment Dauphin-Dragons, chevalier de Saint-Louis. Il fit partie, en 1789, de l'assemblée de la noblesse à Poitiers. Il mourut sans avoir été marié.

5° Louis-Anne de Chabot, chevalier profès de l'ordre de Saint-Jean-de-Jérusalem, commandeur de Bourgneuf-en-Aunis.

6° Armand-Isaac de Chabot, chanoine de l'église de Luçon.

7° Suzanne-Victoire-Adélaïde de Chabot, épousa Charles-Fortuné Boisson, chevalier, seigneur de la Couraisière, dont elle était veuve en 1770.

8° Joséphine-Eulalie-Modeste de Chabot, demoiselle des Coulandres, mariée à N...

9° Marie-Modeste de Chabot.

XIX

Louis-Charles de Chabot, chevalier, comte de Chabot, seigneur de Thénies, le Bouchaut, etc., était lieutenant des vaisseaux du roi et chevalier de Saint-Louis.

Il fit, avec ses frères et sœurs, le 13 mars 1770, le partage des biens de leurs parents. C'est lui qui présenta, en 1778, un mémoire avec les preuves de sa noblesse, pour obtenir les honneurs de la Cour.

Il avait épousé, par contrat du 9 janvier 1747, Charlotte-Augustine du Trehant, fille de Claude-Augustin du Trehant, chevalier, sieur du Hallay, et de Marie-Jeanne de Gatinière. Il mourut en 1775, laissant trois enfants.

Enfants de Louis-Charles de Chabot et de Charlotte du Trehant.

1º *Charles-Augustin* de Chabot qui suit.

2º *Marie-Esprit-Anne* de Chabot, chevalier, capitaine des vaisseaux du roi et chevalier de Saint-Louis. Il fit ses partages avec ses frères en 1776, et assista, par procureur, en 1789, à l'assemblée de la noblesse à Poitiers. Il mourut en 1817, célibataire.

3º *César-Auguste* de Chabot, chevalier, enseigne de vaisseau en 1776, lors des partages. Il devint commandant de la corvette le *Lively;* il mourut en exerçant ce commandement, sans être marié.

XX

CHARLES-AUGUSTIN de Chabot, chevalier, comte de Chabot, seigneur de Thénies, le Bouchaud, le Parc-Soubise, etc., etc., était le fils aîné de Louis-Charles de Chabot et de Charlotte du Trehant.

Il fut successivement lieutenant, puis capitaine au régiment de la Couronne-Infanterie. Il partagea avec ses frères la succession de ses parents, le 10 janvier 1776. Il fut nommé, en 1787, membre de l'assemblée provinciale du Poitou, comme l'un des représentants de la noblesse de cette province, et assista en personne à l'assemblée tenue à Poitiers, en 1789, pour nommer des députés aux Etats généraux. Il émigra et fit les campagnes de l'armée de Condé. Il fut fait chevalier de Saint-Louis en 1816.

Il avait épousé, en 1775, Michelle-Françoise le Botteuc de Coëssal; fille de Michel le Botteuc de Coëssal et de Prudence-Thérèse de Santo-Domingo. Il mourut en 1817, laissant cinq enfants.

Enfants de Charles-Augustin de Chabot et de Michelle Le Botteuc de Coëssal.

1° *Augustin-Prudent* de Chabot, chevalier, comte de Chabot, naquit en avril 1776. Il émigra comme son père, servit dans l'armée de Condé, au corps des anciens officiers des gardes-françaises. Il prit part, comme lieutenant, à la malheureuse expédition de Quiberon. Il passa ensuite dans l'armée vendéenne, où il se trouvait à la mort de Charette. Après la restauration, en 1815, il fut colonel chef d'état-major du général comte de Suzannet. Il fut nommé chevalier de Saint-Louis et de la Légion d'honneur. Il mourut sans avoir été marié.

2° *Joseph-Constant* de Chabot, qui suit.

3° *Charles-Alexandre* de Chabot, né le 6 janvier 1785. Il fit la campagne de Leipsick dans les gardes d'honneur, commanda en second, sous son frère Joseph-Constant, dans l'armée royale de la Vendée, en 1815, la division de Mouchamp, Sainte-Florence, etc. Il fut créé chevalier de la Légion d'honneur.

4° *Marie-Antoinette* de Chabot, mariée : 1° à N... de la Tour, capitaine d'infanterie et chevalier de Saint-Louis ; 2° le 18 mai 1818, à Paul-Hyacinthe Raymond, baron de Rascas de Château-Redon,, colonel d'infanterie, commandeur de la Légion d'honneur.

5° *Céleste-Eulalie* de Chabot, non mariée.

XXI

Joseph-Constant de Chabot, d'abord vicomte, puis comte de Chabot après la mort de son frère aîné, deuxième fils de Charles-Augustin de Chabot et de Michelle Le Botteuc de Coëssal, naquit le 30 novembre 1779.

Il commanda, en 1815, dans l'armée royale vendéenne, la division de Mouchamp, Sainte-Florence, etc., et fut fait chevalier de la Légion d'honneur.

Il épousa, le 24 avril 1819, Adélaïde Guerry de Beauregard, fille de Jacques Guerry de Beauregard, chevalier de Saint-Louis[1], et de Constance-Henriette du Vergier de la Rochejaquelein, sœur des trois héros vendéens Henri, Louis et Auguste de la Rochejaquelein.

Joseph-Constant laissa de son mariage six enfants.

Enfants de Joseph-Constant de Chabot et d'Adélaïde Guerry de Beauregard.

1° *Auguste-Jean-François* de Chabot, qui suit.

2° *Charles-Raymond* de Chabot, né le 17 septembre 1828, marié,

---

1. Jacques-Louis Guerry de Beauregard, ancien chef de bataillon aux Gardes de Monsieur, chef de division aux armées royales de l'Ouest, fut tué en 1815 en Vendée, au combat d'Aizenay.

en 1857, à Jeanne Colbert de Maulévrier, dont deux fils, Jean et François, et une fille, Marie.

3o *Jules* de Chabot, né le 13 février 1830, marié, en 1854, à Ysabelle de Corbière, dont deux fils, Girard et Paul, et une fille, Françoise.

4º *Marie-Constance* de Chabot, née le 1ᵉʳ septembre 1820, mariée, en 1843, à Henry Augier de Moussac, dont quatre fils et trois filles.

5º *Georgine-Henriette* de Chabot, née le 2 août 1823, mariée en 1843, à Louis de Tinguy, dont quatre fils et cinq filles.

6º *Adeline* de Chabot, née le 12 décembre 1834, mariée, en 1853, à Henry Savary de Beauregard, dont deux fils et une fille.

XXII

AUGUSTE-JEAN-FRANÇOIS de Chabot, comte de Chabot, fils aîné de Joseph-Constant de Chabot et d'Adélaïde Guerry de Beauregard, né le 17 septembre 1825, marié, en 1855, à Charlotte-Marguerite du Buat, fille de Charles, comte du Buat, et de Clotilde d'Anthenaise, dont

Guillaume,
Charles,
Raoul,   de Chabot.
Maurice,
Madeleine, mariée, le 16 novembre 1881, au vicomte René du Breil de Pontbriant.

CHAPITRE II

Branche des seigneurs de la Turmelière et de Liré.

Les opinions des auteurs sont diverses relativement à l'auteur de cette branche, qui n'est, du reste, qu'une branche secondaire, depuis longtemps éteinte. Nous suivrons, pour la filiation de cette branche, le mémoire dressé en 1778, que nous avons déjà cité[1]. Nous la commencerons donc par

X

Perceval Chabot, seigneur de la Turmelière et de Liré. Il était le cinquième fils de Geheudin Chabot, seigneur de Pressigny, et de Jeanne de Sainte-Flaive, dame de Nesmy.

Il est nommé avec son frère Louis, dès janvier 1420, dans un

---

1. Voy. chap. I, n° XIX.

acte de la vente de plusieurs baronnies du Poitou, faite par Jean, seigneur de Parthenay, au dauphin Charles, depuis Charles VII [1].

Il était capitaine de Puy-Belliart en juillet 1426, lorsque Guillaume Chabot, seigneur de Nesmy, son frère, alors capitaine de Sainte-Hermine, reçut, le 29 de ce mois, du connétable comte de Richemont, l'ordre de lui payer 50 livres [2].

Perceval, après avoir été l'ennemi de Georges, sire de la Trémoille, favori et ministre du roi Charles VII, devint un de ses plus chauds partisans. Ce fut sans doute grâce à la puissante protection de ce seigneur, qu'il fut nommé, en 1437, gouverneur de la Roche-sur-Yon. Vers la même époque, il profita encore de la même faveur pour obtenir, de concert avec Guillaume, son frère, la mise en liberté de Maurice du Bourg, chevalier, que la Trémoille détenait dans ses prisons. Ce service ne fut pas gratuit de la part des Chabot; ils se firent donner les biens de Maurice du Bourg, qui les leur légua en récompense des obligations qu'il leur avait. Françoise de Bessay, nièce de du Bourg, réclama, après la mort de son oncle, l'héritage dont elle était frustrée. Le 20 août 1440, un arrêt du Parlement condamna les deux frères, Perceval Chabot, chevalier, et Guillaume Chabot, écuyer, à restituer à la demanderesse tous les biens de Maurice du Bourg [3]. Perceval fit un accord, le 5 mars 1459, nous ignorons sur quel objet, avec Jean de Vignolles, conseiller au Parlement de Paris [4].

Le seigneur de la Turmelière et de Liré avait épousé, vers 1432 [5], Jeanne de l'Isle-Bouchard, fille de Bernard de l'Isle-Bouchard, sei-

1. Trés. des Chartres, *Layettes*. Poitou, III, 9.
2. D. Villevieille.
3. D. Villevieille.
4. Cab. des Titres. — *Dossiers bleus*.
5. *Arm. de Baluze*, LIV, f. 371.

gneur de Montrevault, de Gonnor, etc., et de Marie de Sens. Elle était dame de Gonnor et veuve de Louis Jousseaume, seigneur de la Forêt-sur-Sèvre [1], et était sœur de Catherine de l'Isle-Bouchard, femme de Georges de la Trémoille. Perceval était veuf en 1457, ainsi que nous l'apprenons par un procès qu'il soutenait dans le cours de cette année contre Jean de Beaumanoir, comme tuteur de ses enfants, depuis le décès de sa femme [2].

Nous ne savons rien de plus sur Perceval Chabot. Il laissa un fils et trois filles.

Enfants de Perceval Chabot et de Jeanne de l'Isle-Bouchard.

1º *Jean* Chabot, qui suivra.

2º *Jeanne* Chabot, mariée : 1º à René de Feschal, seigneur de l'Espinay ; 2º à Michel de Saint-Aignan.

3º *Marie* Chabot, femme de Ardouin de Vandel, seigneur de l'Aubespinay.

4º *Jacquette* Chabot, femme d'Olivier Mesnard, écuyer, seigneur de Toucheprés.

XI

JEAN Chabot, seigneur de la Turmelière, de Liré, de Gonnor, etc., fils aîné de Perceval Chabot et de Jeanne de l'Isle-Bouchard, épousa, en janvier 1454, demoiselle Catherine de Sainte-Flaive, fille

---

1. Cab. des Titres. — *Dossiers bleus.*
2. D. Villevieille.

de Philbert de Sainte-Flaive, chevalier, seigneur des baronnies de Sigournay, Chantonnay, le Puy-Belliard, Languilliers, en Bas-Poitou, et de Françoise de Beaumont.

Il est mentionné, le 5 mars 1459, dans un accord entre son père et Jean de Vignolles [1], et en 1467, dans une montre des nobles du Poitou, où il figure en qualité d'homme d'armes.

Le 22 août 1472, Jean Chabot fut cité devant les assises tenues à Chinon, sur la plainte du prieur de Liré, qui l'accusait d'avoir usurpé un droit de pêche qui lui appartenait. Jean fut condamné à payer une amende et une indemnité [2].

Catherine de Sainte-Flaive étant morte en janvier 1474, ainsi que l'indique le contrat de mariage de leur fille Jeanne, le seigneur de la Turmelière se remaria avec Jeanne de la Nouhe. Nous trouvons, en effet, ce seigneur traitant, le 6 septembre 1478, de certains droits de Jeanne de la Nouhe, sa femme, estimés à 66 livres parisis [3].

Jean Chabot dut survivre peu de temps à ce dernier acte. Car son fils (nous ignorons duquel il est question) fut exempté de la campagne de Bourgogne, le 1er mars 1480, à cause de la mort de Jean Chabot, seigneur de Liré [4], son père.

Jean laissa de sa première femme six enfants.

Enfants de Jean Chabot et de Catherine de Sainte-Flaive.

1° *Christophe* Chabot, qui suivra.

2° *Perceval* Chabot, chevalier de Malte.

3° *François* Chabot, abbé de la Jarrie.

1. Cab. des Titres. — *Dossiers bleus.*
2. D. Villevieille.
3. Cab. des Titres. — *Dossiers bleus.*
4. *Ibid.*

4° *Jeanne* Chabot, mariée le 25 janvier 1474, à Jean de Plouer, écuyer.

5° *Michelle* Chabot, mariée, à Jean de Baron, seigneur de la Frelaudière.

6° *Bernarde* Chabot, religieuse.

XII

CHRISTOPHE Chabot, chevalier, seigneur de la Turmelière, de Liré, de Gonnor, etc., fils aîné de Jean Chabot et de Catherine de Sainte-Flaive, fut, disent quelques auteurs [1], marié trois fois : 1° à N. Bouer, fille de Geoffroy Bouer, seigneur de la Frogerie ; 2° à Marie de Ramées, fille de Jean de Ramées, de la maison d'Estouteville, chambellan de François II, duc de Bretagne, et de Jeanne de Rohan ; 3° à Catherine Gaillard, fille du seigneur du Vignau en Bretagne. Nous n'avons trouvé la preuve que de son mariage avec Marie de Ramées, veuve en premières noces de Jean de Tréal. Il l'avait épousée avant 1492, ainsi que l'indique un acte de cette même année qui sera mentionné en son lieu.

En 1481, Christophe Chabot, écuyer, seigneur de la Turmelière et de Liré, fit foi et hommage à l'abbaye de Saint-Florent de Saumur, pour ce qu'il possédait dans la châtellenie de Saint-Florent-le-Vieux [2].

Un procès qu'il eut avec Jean de Châtillon, fils de Catherine Chabot, héritière de la branche des seigneurs de la Grève, proba-

1. Filleau.
2. D. Villevieille.

blement au sujet de quelque terre ou redevance appartenant à ses ancêtres, se termina par un accord conclu le 20 mars 1484.

Le 13 octobre 1486, Gilles de Rieux, capitaine d'Ancenis pour le Roi, et seigneur de Châteauneuf, fut cité en justice à la requête de Christophe Chabot, chevalier, seigneur de la Turmelière et de Liré, de François Chabot et autres [1]. Il ne nous a pas été possible de retrouver la cause et l'issue de ce litige.

Trois ans plus tard, le 10 mars 1489, messire Christophe Chabot, sieur de la Turmelière, figure dans une montre des nobles de l'Anjou et est chargé par le commissaire Thibaud de Beaumont, seigneur de la Foret, capitaine général pour le roi de cette province, de la garde de la place de la Turmelière, dont il était seigneur [2].

Christophe avait épousé, comme nous l'avons dit, Marie de Ramées, lorsque les deux époux eurent une difficulté avec Guyon de Sévigné, fils aîné de Gilles de Sévigné, et Gillette de Tréal sa femme. Celle-ci était fille aînée et héritière de feu Jean de Tréal et de Marie de Ramées. Elle réclamait de sa mère, remariée à Christophe Chabot, sa part dans l'héritage de son père. Une transaction intervint et fut signée le 1er janvier 1492 ; une des principales conditions fut d'assurer à Gillette, si elle survivait à sa mère, une rente de 300 livres [3]. Christophe fit encore une transaction avec une autre fille du premier mariage de Marie de Ramées, Anne de Tréal, femme de Jean de la Mothe. Elle réclamait, comme sa sœur aînée Gillette, une part dans l'héritage paternel. Il fut accordé que, après la mort de Marie de Ramées, Anne aurait plusieurs terres distinctes de celles qui devaient échoir à Renée Chabot, fille du

1. Cab. des Titres. — *Dossiers bleus.*
2. *Ibid.*
3. D. Villevieille.

deuxième lit, et que sur ces terres elle apportionnerait sa sœur puînée Jeanne de Tréal, non encore mariée. Cet accord fut fait au château de la Turmelière, le 27 juin 1496 [1].

Marie de Ramées fit son testament le 27 janvier 1498. Elle choisit pour le lieu de sa sépulture l'église de Notre-Dame de Vallet, près de Clisson, et donna à ses trois filles, Anne et Jeanne de Tréal et Renée Chabot, 300 livres à chacune. Gillette de Tréal, sa fille aînée, n'est pas nommée dans ce testament.

Nous ignorons la date de la mort de Christophe Chabot. Il ne laissa qu'une fille.

Renée Chabot, dame de Liré. Elle épousa, en 1504, Jean du Bellay, seigneur de Gonnor. Elle eut en partage les terres du Clion, de la Bedière et de Saint-Fiacre, au diocèse de Nantes, et, en outre, les 300 livres de rente que lui avait léguées sa mère. Jean du Bellay eut de Renée Chabot, entre autres enfants, Jean du Bellay, cardinal, évêque de Paris, diplomate célèbre et Joachim du Bellay, poète illustre du XVIe siècle.

En elle s'éteignit la descendance de la branche des Chabot, seigneurs de la Turmelière et de Liré.

1. D. Villevieille.

CHAPITRE III

Cette branche de la maison de Chabot descendait de celle des seigneurs du Chaigneau et de Nesmy; elle s'est éteinte au siècle dernier. Nous suivrons, pour en décrire la descendance, le P. Anselme et Filleau, en faisant quelques additions et rectifications, tirées des rares renseignements que nous avons puisés à diverses sources.

X

Louis I Chabot, écuyer, seigneur de l'Aleu en Mirebalais et auteur de cette branche, était le sixième fils de Geheudin Chabot, seigneur de Pressigny et de Nesmy, et de Jeanne de Sainte-Flaive.

Il est nommé avec son frère Perceval dans un acte de janvier 1420.

Il épousa, vers 1426 ¹, Jeanne Buffeteau, dame de l'Aleu et d'Ar-

---

1. Cab. des Titres. — *Dossiers bleus.*

gentières, fille de Jean Buffeteau, seigneur desdits lieux, et de Jeanne de Neufchèze. Elle était veuve, en premières noces, de Pierre Chas-teigner. Louis Chabot possédait à Niort, en 1440, une maison qui lui venait de Jean Buffeteau.

Il transigea, en février 1452, avec Germain Chabot, son neveu, troisième fils de Tristan Chabot, relativement à ses droits sur la terre de Pressigny.

Louis Chabot eut quatre enfants : trois fils et une fille.

Enfants de Louis I Chabot et de Jeanne Buffeteau.

1° *Artus* Chabot, seigneur de l'Aleu, épousa Catherine de la Porte, fille de Hardouin de la Porte, seigneur de Vezins, laquelle mourut vers 1487, [1]. Ils eurent quatre enfants, qui furent :

1° *René* Chabot, marié à Jeanne de Beauchamps, fille de Pierre de Beau-champs, seigneur de Souvigné. René reçut, le 9 février 1517, du maréchal de Lautrec, gouverneur de Milan pour le roi, une commission de secrétaire-con-seiller en la Chambre de justice établie dans cette ville [2]. Il donna quittance, le 1er mai 1527, de ses gages de commissaire des guerres pour l'année 1525 [3]. René Chabot mourut sans enfants.

2° *Antoine* Chabot, sur lequel nous n'avons qu'un seul renseignement. Nous le voyons figurer parmi les hommes d'armes du Poitou, pour Artus Chabot, son père, dans une montre du 26 novembre 1491.

3° *Catherine* Chabot, femme de François Bodet, seigneur de la Martellière [4].

4° *Paule* Chabot, mariée à Louis Prevost, écuyer, seigneur du Chastelier-

1. Cab. des Titres. — *Dossiers bleus.*
2. *Pièces origin.*, t. 642.
3. *Ibid.*, t. 643.
4. Cab. des Titres. — *Dossiers bleus.*

Portault (paroisse de Mouilleron-aux-Pareds, en Bas-Poitou). Elle était veuve en octobre 1534 [1].

2º *Guillaume* Chabot, écuyer, seigneur de l'hôtel des Chéseaux, dans la paroisse de Vandamme, dépendant de la baronnie de Mirebeau, ainsi que nous le trouvons dans un aveu de cette baronnie du 3 décembre 1534 [2]. Il mourut sans postérité.

3º *Louis* II Chabot, qui continue la descendance.

4º *Jeanne* Chabot, mariée à N. de Saint-Gelais, seigneur de Saligny.

XI

Louis II Chabot, écuyer, seigneur de l'Aleu et du Luc, était le troisième fils de Louis I Chabot et de Jeanne Buffeteau. La descendance de ses aînés, s'ils en eurent, étant éteinte, il continua la filiation.

On voit figurer Louis II Chabot, en 1491 et 1492, aux bans de la noblesse du Poitou.

Il épousa Jeanne de Neufchèze, dame du Luc, dont il eut deux fils.

Enfants de Louis II Chabot et de Jeanne de Neufchèze.

1º *Pierre* Chabot, qui suivra.

2º *Antoine* Chabot, écuyer, père de deux filles, *Renée* et *Françoise*.

1. D. Fonteneau, XXVI.
2. *Ibid.* XVIII, f. 197.

XII

Pierre Chabot, écuyer, seigneur des Chéseaux, fils aîné de Louis II Chabot et de Jeanne de Neufchèze, épousa Claude de Chèvredent, laquelle était veuve et tutrice de ses enfants le 13 décembre 1533. Ces enfants étaient au nombre de six : quatre fils et deux filles.

Enfants de Pierre Chabot et de Claude de Chèvredent.

1º *Charles* Chabot, seigneur des Chéseaux, partagea avec ses frères et ses sœurs, en la cour de Fontenay-le-Comte, le 5 septembre 1550, une somme de 1.875 livres, provenant de l'héritage de leur mère [1]. Cet acte de partage sert à établir la descendance de Pierre Chabot. Charles n'eut pas d'enfants.

2º *Jean* Chabot, seigneur des Chéseaux après la mort de son frère aîné, est nommé dans le partage de 1550. Il était maréchal-des-logis d'une compagnie de trente lances des ordonnances, sous M. de Villequier, en 1574 et 1576 [2].

3º *François* Chabot l'aîné, dont nous ne connaissons que le nom ; il est mentionné dans l'acte de partage. Il dut être d'Église.

4º *François* Chabot le jeune, qui suit ;

5º Et 6º *Marguerite* et *Catherine*, dont nous ne savons que les noms.

---

1. Cabinet des Titres. — *Dossiers bleus.*
2 *Pièces orig.*, t. 643.

XIII

FRANÇOIS Chabot, écuyer, seigneur des Maisons-Neuves et de la Barre, nommé François le jeune dans le partage de 1550, était le quatrième fils de Pierre Chabot et de Claude de Chèvredent. Il devint le chef de la famille après le décès sans enfants de ses aînés.

Il épousa, le 18 octobre 1568, Anne de Sainte-Amelle, fille de Jean de Sainte-Amelle, écuyer, seigneur des Fontaines et des Maisons-Neuves.

François Chabot eut deux fils et une fille.

Enfants de François Chabot et d'Anne de Sainte-Amelle.

1° *Jacques* I Chabot, qui suivra.

2° *Pierre* Chabot, écuyer, seigneur de Maisoncelle, nommé dans un partage des biens de sa mère, du 18 avril 1608. Nous ignorons s'il laissa des enfants.

3° *Renée* Chabot, femme de Pierre Thibaudeau, écuyer.

XIV

JACQUES I Chabot, écuyer, seigneur des Maisons-Neuves et des Cousteaux, désigné dans le partage de 1608 comme fils aîné de François Chabot et d'Anne de Sainte-Amelle, épousa, par contrat du 25 décembre 1601, Anne Milsendeau, fille et héritière de Louis

Milsendeau, écuyer, et de Madeleine de Boussay. Elle était veuve en 1646.

Jacques I Chabot eut deux fils.

Enfants de Jacques I Chabot et d'Anne Milsendeau.

1° *Jacques* II Chabot, qui suivra.

2° *Louis* Chabot, écuyer, seigneur d'Amberre, tige du rameau des seigneurs d'Amberre, qui sera rapporté plus loin.

XV

JACQUES II Chabot, écuyer, seigneur de la Chapelle et du Vollier, était le fils aîné de Jacques I Chabot et d'Anne Milsendeau.

Il épousa, le 6 juillet 1632, Renée de Lagyre, fille de feu Pierre de Lagyre, écuyer, seigneur de Pisson.

Jacques II Chabot, seigneur de la Chapelle-en-Poitou, fut reçu chevalier de l'ordre de Saint-Michel le 11 mars 1655. Il fut compris dans les cent chevaliers réservés en 1665, lors de la réforme de cet ordre, et confirmé dans sa dignité, après avoir fait préalablement ses preuves de noblesse, conformément au nouveau règlement [1].

Il se remaria, par contrat du 10 août 1665, à Cécile Chabiel, fille de Rodriguez Chabiel, commissaire de l'artillerie.

Il mourut dans un âge avancé, vers 1684, laissant de ses deux mariages sept enfants.

1. *Chev. de Saint-Michel.* ap. Cab. des Titres, t. 1044, f. 455.

Il est assez difficile de distinguer les descendants de chaque lit ; toutefois Filleau admet comme probable que cinq enfants, trois fils et deux filles appartiennent à la première femme, et que la seconde eut deux fils. Nous croyons, faute de raisons contraires, devoir admettre son opinion.

Enfants de Jacques II Chabot et de Renée de Lagyre.

1° *Charles* Chabot, écuyer, seigneur d'Oié et de la Bourelière fut maintenu dans sa noblesse par jugement des commissaires de la généralité de Tours, en 1669. Il avait épousé, en 1660, Anne Beraudin, dont il n'eut pas d'enfants [1].

2° *Louis* Chabot, seigneur de la Pinardière.

3° *Henri* Chabot, seigneur de la Chapelle.

Ces deux frères moururent sans alliance.

4° *Marie-Marguerite* Chabot, mariée, par contrat du 4 février 1665, à Jacques de la Berrurière, écuyer, seigneur de la Mothe-Bureau.

5° *Catherine* Chabot, femme de Jacques de Roin, écuyer, sieur des Couteaux.

Enfants de Jacques II Chabot et de Cécile Chabiel.

6° *Jacques* III Chabot, qui suit.

7° *Martin* Chabot, seigneur du Vollier, prêtre, demeurant paroisse de Thurageau.

---

1. Cab. des Titres. — *Dossiers bleus.*

XVI

Jacques III Chabot, chevalier, seigneur de la Chapelle, seigneurie qu'il avait eue de sa mère, à laquelle Jacques II, son père, l'avait cédée pour ses reprises matrimoniales, était fils de Jacques II Chabot et de Cécile Chabiel.

Il est désigné Jacques Chabot, seigneur de la Chapelle, demeurant paroisse de Mazeuil, élection de Richelieu, dans le jugement de maintenue de noblesse, qu'il obtint le 21 mai 1715 [1].

Il avait épousé, par contrat du 27 mai 1706, Eléonore de Bellère. Ils n'eurent qu'un fils.

XVII

Louis-Jacques Chabot, chevalier, seigneur de la Chapelle et ensuite du Vollier, par le décès de Martin Chabot, son oncle, était fils unique de Jacques III Chabot et de Eléonore de Bellère.

Il épousa, par contrat du 7 juin 1741, Gabrielle Le Bault. Ils n'eurent qu'une fille :

Angélique-Perside, mariée, par contrat du 27 janvier 1761, à Pierre-André de Vaucelles, chevalier, seigneur de la Rasilière, ancien capitaine au corps des carabiniers, chevalier de Saint-Louis.

En elle finit la lignée des aînés de cette branche.

---

1. Arch. nation. MM, 703 f. 1558.

Rameau des seigneurs d'Amberre et du Puy.

Ce rameau, détaché de la branche précédente, n'a pas prolongé, à ce que nous croyons, sa durée au delà du XVIIIᵉ siècle. Nous ne possédons sur les membres qui le composent que très peu de détails [1].

XVIII

Louis Chabot, seigneur d'Amberre et de Bauday, était le deuxième fils de Jacques I Chabot et d'Anne Milsendeau.

Il épousa, d'après Filleau, le 16 avril 1644, Catherine Raymond, dame de Bauday, et d'après le P. Anselme, Charlotte Le Blanc. En outre, une généalogie du Cabinet des Titres [2] lui donne pour femme, en 1666, N. Bonneau.

Louis Chabot, seigneur d'Amberre, vivait encore en 1715. Le 25 mai de cette année, il fut maintenu dans sa noblesse par jugement des commissaires de la généralité de Tours [3].

Il eut un fils.

XIX

Pierre Chabot, seigneur du Puy, fils unique probablement de Louis Chabot.

Il épousa, en 1699, Marguerite de Vandelle.

Ils eurent pour fils :

1. Cab. des Titres. — *Dossiers bleus.*
2. *Ibid.*
3. Arch. nation. MM, 703 f. 1558.

XX

PIERRE-FRANÇOIS Chabot, seigneur du Puy, fils unique de Pierre Chabot et de Marguerite de Vandelle.

Il fut marié, en 1726, à Elisabeth de Germon, dont il eut deux fils.

1° *Louis-Pierre* Chabot, qui suit.

2° *Jean-Baptiste* Chabot, prêtre, chanoine de Saint-Hilaire de Poitiers en 1773.

XXI

LOUIS-PIERRE Chabot, seigneur du Puy et de Mérigny, fils aîné de Pierre-François Chabot et d'Elisabeth de Germon, épousa, en 1770, N. Le Français des Courtils.

Il n'est plus mention des Chabot de ce rameau; ce qui nous porte à croire que Louis-Pierre n'eut pas de descendance, ou bien qu'elle s'est éteinte au siècle dernier.

DOCUMENTS

Nous faisons suivre l'Histoire généalogique de la maison de Chabot *d'un choix de documents, la plupart inédits, ou tirés d'ouvrages peu connus. Nous aurions grossi démesurément ce volume, en donnant tout ce que nous avons trouvé sur les Chabot. Aussi nous avons choisi, dans ce grand nombre de pièces, celles qui offrent le plus grand intérêt pour l'histoire de cette maison et même pour l'histoire générale. Notre intention n'a pas été de publier des pièces justificatives pour chaque degré et chaque personnage de la longue descendance de la famille. Il nous a semblé que l'indication des sources, que nous avons toujours mise en note, était suffisante pour garantir notre véracité et notre exactitude. Nous espérons que le lecteur nous approuvera et nous saura gré de n'avoir attiré son attention que sur un nombre restreint de documents.*

Nous avons indiqué soigneusement les sources manuscrites et imprimées, où nous les avons puisés, ainsi que la page de ce volume à laquelle ils se rapportent.

Charte du duc d'Anjou pour la fondation de l'abbaye de la Sainte-Trinité de Vendôme. (1040) (p. 6). (Extrait.)

Arch. nation. *Layettes. — Fondations,* J. 460, I, n° 1.

In nomine Domini omnipotentis, Patris et Filii, et Spiritus Sancti, amen. Ego Goffredus comes Andegavorum pariterque comitissa Agnes, mea dilectissima uxor, pro redemptione animarum nostrarum parentumque nostrorum, desiderantes aliquod non facile abolendum elemosine votum Deo, omnium bonorum creatori et largitori, humili devotione offerre, monasterium in honore sancte et individue Trinitatis, in possessione nostra apud castrum Vindocinum, loco ad id opportuno, ad communem multorum utilitatem, à novo fundavimus et juxta possibilitatem nostram rebus propriis extruximus monachorumque regulam, Deo suffragante, ibidem constituimus. . . . .

Et ne de rebus memoratis... quicquid Domini vel barones nostri, sive eorum successores, calumpniari possent, eos rogavimus quatinus huic nostre actioni, in testimonium concessionis perpetue, nobiscum pariter, qui prompta voluntate fecerunt, subscriberent.

Signum α†ω Henrici regis Francorum, signum † Willelmi ducis Aquitanorum, signum † Goffridi comitis Andegavorum, signum † Agnetis conjugis sue,...... signum Helie de Volvento, signum Willelmi Chabocii,... signum Willelmi de Parteniaco,..... signum Constantini de Mello, etc...

Actum est hoc anno ab incarnatione Domini M° quadragesimo, indictione octava, regnante Henrico rege anno nono, in Dei nomine feliciter, amen. Scriptum Vindocini, in die Dedicationis ecclesie Sancte Trinitatis, et ab omnibus episcopis et abbatibus qui interfuerunt confirmatum.

Vente et donation à l'abbaye de Maillezais par Guillaume I Chabot, etc.
(Vers 1055) (p. 6).

D. Fonteneau. XXV, f. 43.

Qui de suo aliquid in presenti seculo auget Dei ecclesie, in usuris inibi servientium, in futuro divinorum largitate munerum inefabiliter recipit centuplum. Quam rem considerans, ego Willelmus Chaboz, et uxor mea nomine Aenors, et frater suus Gauffridus, vendimus abbati Huniberto, cuncteque congregationi Malleacensi centum sexaginta acras salinorum (*sic*) et totam terram que adtinet sitam in Bugerpisse. Damus autem omnem consuetudinem nostram illis, videlicet decimam et censum, pro salute animarum. Quin etiam accipimus societatem monachorum ; et propter hanc convencionem fecimus cartam scribere, et posuimus super altare, quod est in honore sancti Petri ; ut si quis contentionis post hec reclamare voluerit, coactus...... legibus viginti libras auri persolvat, repetitioque sua inanis remaneat.

Ergo quo hoc scriptum ratum habeatur, bonorum hominum testimonio signavimus.

Signum Willelmi qui hanc venditionem fecit. — S. Aenoris uxoris sue. — S. Gaufridi fratris sui.

Donation à l'abbaye de Talmond, par Gautier et Guillaume II Chabot,
(v. 1080) (pp. 7 et 11).

Cartul. de Talmond, n° 37.

Bernardus, miles de Sancto Michaele, Gauterius Chabot et Willelmus frater ejus dederunt pro redemptione anime sue et parentum suorum abbati

Euvrardo ecclesieque Sancte Crucis minutam decimam de tribus borderiis terre apud Sanctum Martinum in Insula, et de aliis tribus borderiis apud Sanctum Vincentium de Bullio. Huic dono interfuerunt Arnaudus de Sancto Michaele et Daniel nepos eorum. (Circà 1080.)

Serment de Gautier Chabot, (v. 1095) (p. 12 .

Cartul. de Talmond, n° 60.

Temporibus domini Alexandri abbatis, fecit calumpniam Barbotinus, filius Goscelini de Sex Castaneis, abbati Alexandro, de terra quam jam pater suus Sancte Cruci dederat, abbatique Euvrardo, acceptis ab eo C solidis, dicens hoc fecisse patrem suum coacte; cui resistens memoratus abbas dixit se judicamentum illi tenere. Unde post multas verborum rixas, judicaverunt barones Hugo de Casa, Raimundus de Branno, Engelhandus Buzans, Willelmus Ancelonius, ut traheret abbas qui vidisset quod non coacte ipsam terram dedisset, et hoc per unum sacramentum probaret. Ad hoc Gaulterius Chabot in medium prosiliit, dicens se libenter pro amore Sancte Crucis hoc sacramentum facturum. Ad hoc peragendum determinatus est dies. At ubi terminus advenit, preparavit se Gaulterius Chabot ad hoc peragendum, sed Barbotinus, ubi eum vidit paratum, perdonavit ei sacramentum; hoc vidente Hugone de Casa et Raimundo de Branno. (Circà 1095.)

Preuve par le duel¹ entre les moines de Fontaine et ceux de Talmond.

(Vers 1098) (p. 14). (Extrait.)

Cartul. de Fontaines, XV. p. 101, ap. *Cartulaires du Bas-Poitou.*

Ne edax vetustas delendo abolere et abolendo delere rerum memoriam prevaleat..., hec est definitio controversie, quam habuerunt monachi Sancte

Martini Majoris monasterii qui Fontanis morabantur, cum monachis Sancte Crucis de Talamonte, et cum canonicis de Angulis et omnibus qui.... mariscum eorumdem de Angulis, a prisca donatione... separare violentis manibus temptaverunt.

Pipinus, nepos Guillelmi de Talamonte et heres, non eleemosinam ejus servavit, verum etiam jam dictum mariscum violenter invadens,...... canonicis de Angulis, vel quibus placuit distribuit.

Cum vero Ainulfus, qui tunc prior Fontanis existebat,.... violentam perversionem eidem Pipino aliisque simul assidue calumpniaretur, is.... dedit Sancto Martino decimationem sui clausi quod erat ex eo marisco. Ipse autem moriens predictum clausum Sancte Cruci de Talamonte reliquit, ut monachi ejus affirmabant. Hoc autem postquam monachi de Fontanis audierunt, donum illius tanquam injustum calumpniati sunt; et quia calumpnia eorum nichil eis valuit, ad comitem Pictavensem, Guillelmum videlicet, conquerentes et munera pollicentes accesserunt, quatinus rectum eis de monachis de Talamonte faceret..... At ille protinus abbatem Sancte Crucis ad hoc rectum faciendum Talamontis coram se venire fecit. Cum itaque, coram ipso comite, ab utrisque partibus cause narrate fuissent, Oto de Rocha, ab eo simulque omnibus rogatus, judicavit quod monachi Sancti Martini.... per duelli probationem deberent ostendere quia mariscus, de quo tanta fiebat contentio,.... Sancto Martino fuerit datus.

Denique ad locum Monasteriorum, ubi comes mandaverat, ab his atque illis ad duellum faciendum ventum est. Postremo pugiles armati ad ecclesiam ambo producuntur, deinde coram altari uterque ad jurandum preparatus constitit; sed pugil Sancti Martini, cum prior ad jurandum accederet et manu teneretur, hoc sacramentum, Otone predicente, cunctis audientibus juravit : « Quando Guillelmus juvenis de Talamonte, de quo dicere cogito, terram de Fontanis et terram de Angulis donavit Sancto Martino cartula et dono, in eodem dono mariscum donavit. » Tunc vero eum alter ex hoc sacramento perjurum clamavit. Cum ergo ad aream, ubi pugiles ducebantur ad faciendum duellum, universi concurrentes exirent, canonici de Angulis ad Ainulfum priorem et monachos de Fontanis venerunt, rogantes

ut eos in hanc duelli probationem cum monachis Sancte Crucis reciperent;
quod ipso libenter annuente, non solum eos, sed et omnes, qui in hoc marisco quicquam habere videbantur, in illius probationem pugne commu-
niter receperunt.

At ubi pugiles contra se ad pugnam venerunt, injusticie causa non diu
stetit incerta, sed protinus a Domino denudatur. Pugil quippe monachorum
Sancte Crucis aliorumque, sine mora turpiter prostratus et victus, nichil
aliud nisi summum dedecus et maximum dampnum adquisivit. Propter
quod, dolore ac vercundia depressi, cum omnibus aliis qui mariscum
Sancto Martino subtrahere voluerunt, tristes ac flebiles recesserunt. Monachi autem de Fontanis cum suo victore summo Deo, justo judici, bea-
toque Martino, patrono suo, immensas gratias referentes, ad domum suam
leti et alacres rediere, recuperato jure suo.

Ut ergo ea que superius dicta sunt vera esse credantur, ad veritatis testimonium corroborandum, non unus sed plurimi testes introducuntur. —
Signum Otonis de Rocha,... signum Guisleberti de Volvira,... signum Petri
de Bullo,.... signum Gobini de Olma,... signum Pagani Chaboth,... signum Ainulfi prioris, etc. (Circà 1098.)

Donation à l'abbaye de Talmond par Payen et Gaudin Chabot, frères.
(Vers 1140) (p. 15).

Cartul. de Talmond, nº 305.

Radulfus monachus, presidens obedientie Sancti Vincentii, plantavit di-
midium quarterium vinee in Sabulis. Hujus complantum Willelmus
Chabot dedit Deo et Sancto Vincentio, de cujus feodo erat; et post ejus
mortem, Paganus Chabot, qui ei heres successerat. Quo mortuo, Gaudinus
frater ejus, pro animabus parentum suorum et omnium defunctorum,

sicut et sui antecessores, dedit et concessit, audiente Joanne Letitie filio, Guarino dau Nuail et Rainaldo Popelicani. (c. 1140.)

Confirmation d'une donation à l'abbaye de Talmond par Villane, Gautier II et Gélose Chabot (v. 1150) (p. 16.)

Cartul. de Talmond, nᵒ 339.

Ne inter posteros contentio habeatur, memorie commendamus, quod Paganus et Godinus Chabot, fratres, dum ad inevitabilem vite sue terminum devenissent, ex hiis que a progenitoribus suis jure hereditario sibi relicta possidebant, inter cetera donaria, que superior sermo in hac eadem pagina ostendit, decimam de Martela ecclesie Sancte Crucis dederunt. Quibus in pace defunctis, Gaulterius Chabot, qui in honorem successit, cum aliis duobus, quorum unus dicebatur Soldenus, alius vero Petrus Agnus, qui duas filias Pagani in conjugio duxerant, qui etiam participes ejusdem decime erant, ipsam elemosinam talumpniarunt. Post non multum vero temporis, contingit ut jamdicti Soldeni conjux, Villana nomine, infirmaretur. Que timore mortis perterrita, cum assensu viri sui, partem suam ipsius decime monachis in perpetum concessit habendam.... Post non multum autem temporis, jamdictus Gauterius Chabot, animadvertens erga Deum et parentum suorum animas se graviter deliquisse, ipsam elemosinam, insuper quicquid parentes dederant, concedente uxore sua Pontia finivit..... In quibus fermè diebus, Dei disponente gracia, altera filia supradicti Pagani Chabot, conjux scilicet Petri Agni, Gelosa nomine, cepit infirmare. Cujus infirmitatis causa, partem etiam ejusdem decime, cum auctoritate viri sui, monachis in perpetuum finivit..... (Circà 1150.)

Donation à l'Hôtel-Dieu de Montmorillon par Pierre I Chabot.

(Vers 1060) (p. 20).

Cartul. de Montmorillon, ap. *Arm. de Baluze,* XLI, fol. 52 verso.

In nomine Patris et Filii et Spiritus Sancti, amen. Ego Petrus et uxor mea Petronilla, et quidam filii et filie, videlicet Petrus, Airaldus, Ranulfus, pro anima patris matrisque mee et omnium predecessorum meorum, illum boscum et terram de Folgeroles, quem ego ad alodium dedi Petro Chatbaldo pro L^a solidis, condonamus domo Domini et pauperibus qui contituti sunt in caritate. Actum regnante Philipo rege et Ysimberto episcopo. (Circà 1060).

Donation à l'Absie de Sebrand I Chabot, partant pour la croisade.

(Vers 1147) (p. 25.)

Bibl. nation. — *F. franç.* 17048, f. 33.

Sebrandus Chabot, volens ire in Jherusalem, coram Deo et reliquiis Sanctorum, accepto baculo et pera, in ecclesia beati Nicolai, reconcessit Rainerio [1] abbati et monachis Absie, terragia de Macinee, sicut vice prima dederat et concesserat, et terram Hugonis Rufi [2], et omnes terras à feodatis suis illis datas. Reconcessit etiam se servaturum et defensurum domum

---

1. L'abbé de l'Absie, Rainier, était un Chabot, si nous en croyons D. Fonteneau (T. LII), dont le témoignage nous a été communiqué par le savant abbé Drochon, curé actuel de l'Absie. Nous ne savons à quelle descendance appartenait ce Rainier.

2. Hugues de Lusignan.

supradictam, cum possessionibus suis, osculans ipsum Rainerium et fratres qui cum eo aderant, et deprecans eos ut se in orationibus suis Domino Deo commendarent. Testibus Sal. de Brolio, Goffrido de Logefogerosa, in domo de la Jaudoneria, et multis aliis circumstantibus. — Hec supradicta et omnia dona Sebrandi Chabot, Tebaudus filius ejus concessit supradicto abbati Rainerio et fratribus Absie, in ecclesia sancti Nicolai, audientibus supradictis testibus. (Circà 1147).

Autre donation du même, après son retour de la Croisade [1] (p. 25.)

Bibl. nation. — *Coll. Decamps,* t. 103.

Ego Sebrandus dedi et concessi monachis Absie, in presentia Willelmi abbatis in Capitulo, anno scilicet quo perrexi in Jherusalem, meam partem terragii de terris de Macineæ, quas tum possidebam, et de omnibus aliis quas in futuro adquisituri sunt, ut liberè habeant in perpetuum et possideant. Testibus Airaudo de Niolo, Briantio de la Mota, Atho Chabirand, Aimerico Bodino.

Sebrand, évêque de Limoges (p. 28.)

Ex antiq. exempl. *Speculi Sanctoralis Lemovicensis, anni 1320,* apud Labbe, *Bibliot. nov.,* II, p. 269.

DE SEBRANDO.

Domnus Sebrandus Chabot, Pictavensis diœcesis, archidiaconus de

1. Nous avions dit dans notre histoire que nous ne connaissions pas de document qui établît que Sebrand I eût réellement pris part à la Croisade; celui-ci prouve

Thoars, electus fuit anno 1177, 4 Idus Februarii. Displicuit Henrico regi Angliæ, quoniam oderat les Chabots. Unde canonici electionem ejus non fuerunt ausi Lemovicis, et proinde apud S. Aredium publicarunt. Quare suis bonis privati dijecti fuerunt à propriis domibus, et Ecclesia Cathedralis divi Stephani uno et viginti mensibus divinorum caruit administratione et exercitio mysteriorum. Verum die Paschæ, anno Domini 1186, cum populus sacra percepisset, invocato nomine Dei, Sebrandus, Vicecomes, milites et populus pugnaverunt contra sex millia Barbansonum Ecclesiam Dei vastantium, totamque patriam depopulantium, eosque per totam Combralliam persequentes fere omnes peremerunt. Hic majus cymbalum Cathedralis S. Stephani fieri misit, unde sequens versus in cymbalo scriptus habetur :

Me dedit Antistes Sebrandus, et hoc mihi nomen.

Sed vita functus anno Domini 1197, sepultus est in monasterio S. Augustini.

Lettre de Sebrand, évêque de Limoges (p. 30.)

Bibl. nat. mss. — *Pièces origin.*, 643, f. 202.

Sebrandus, Dei gracia, Lemovicensis episcopus, omnibus tam presentibus, quam futuris, in perpetuum. Notum fieri volumus, quod cum Aimericus de Rupecavardi propter dampna et gravamina et indebitas consuetudines et exacciones, quas pluribus ecclesiis et ville sancti Augustini de Forges intulerat, sepultura careret, Aimericus de Rupecavardi, filius ejusdem Aimerici et Aimericus Bruni, qui terram et filium ejusdem mortui balliabat,

---

qu'il avait fait le voyage de Jérusalem. Nous le devons à l'obligeance de M. l'abbé Drochon qui nous l'a indiqué; nous n'en connaissons pas la date.

ante nos apud Rupemcavardi constituti, prestita fide in manu nostra firma-
verunt, et post illos Aimericus de Castellonovo et P. filius ejus et Geraldùs
Vigers et P. de Lajaon, Gerardus Lobiscnz et Radulfus et alii prepositi,
bajuli et servientes prefati Λ. de Rupecavardi, super sanctum evangelium in
presentia nostra juraverunt, quod ipsi de cetero villam et terras et homines
de Forges ab omni exaccione, inquietacione et consuetudine liberè penitus
emancipatam absolvebant, et quod illi in tota villa de Forges et pertinenciis
ejus, in blado et denariis et omni rerum servicio, preter lo Forestatia et viginti solidos, quos feodales prenominati A. de Rupecavardi super villam de
Forges et homines ejus exactorie et per violentiam posuerunt, et quibus
eandem villam cum omnibus pertinentiis suis manutenere et ab omni ma-
lignantium defensare tenentur incursione, per se vel per alios non requi-
rerent nec eam gravarent, et quod pedagium de villa de Forges non requi-
rerent, sed eam à pedagio solutam et liberam esse concedebant. Ipse vero
Aimericus de Rupecavardi et A. Bruni jam predicti, post acceptum inter
se consilium ante nos aperte recognoverunt quod ipsi in villa de Forges et
hominibus et pertinenciis suis, preter lo Forestatia et viginti solidos, ut
supra dictum est, nichil penitus habebant nec querere debebant ; his presentibus testibus ; J. decano Lemovicensi et P. de Veirac, archipresbytero,
magistro Geraldo archipresbitero de Ronconio, B. priore Castaliensi, Gui-
done priore Salensi, Helia Aimerici canonico Lemovicensi, R. abbate
sancti Martini, Bartholomeo et Bartholomeo monachis sancti Augustini,
et P. Capellano nostro et multis aliis. Quod factum, ut firmum semper et
memoriale permaneat et inconcussum perseveret, sigilli nostri auctoritate
confirmari fecimus et consignari. (Circà 1192.)

Donation à l'abbaye de l'Absie, par Thibaud II Chabot (1135) (p. 31.)

Dupuy, Mss. 828, f. 108.

Theobaudus Chabot, jam morti contiguus, quartam partem de omnibus boscis, quam Domini de Cantamerula donaverant in Candaisio, (donat. Absie) ad serviendam capellam sancti Thome edificandam tunc apud Absiam, presente Rainerio abbate. Concesserunt ibidem Theobaudus filius et Margareta uxor sua, MCXXXV. (1135).

Conventions de mariage de Jean, fils de Henri II, roi d'Angleterre, avec la fille du comte de Mortain (1173) (p. 31.) (Extrait.)

Rymer, t. I, p. 34.

Chirographum inter regem (Angliæ) et comitem Maurianæ de matrimonio inter Johannem filium regis et A. comitis filiam.

...... Dominus rex hanc fecit conventionem et concessionem præscriptam cum comite Mauriensi, et eam de mandato ipsius tenendam juraverunt comes Willelmus de Mandevilla, Willelmus comes Arunniæ, Radulphus de Faa, Willelmus de Curci, Willelmus de Humez, Fulco Panel, Robertus de Brivecurt, Willelmus Mangat, Theobaldus Chabot, Willelmus de Munbussum, Petrus de Muncasson, Gaufridus Forestarius (1173.)

Caution donnée par Thibaud III Chabot à des marchands génois. (1190) (p. 36.)

De Fourmont. — *L'Ouest aux Croisades,* t. III, p. 241.

Ego Theobaldus Chabot, miles, notum facio universis ad quos litteræ presentes pervenerint, quod ego erga Bartonum Rabufi, Cohium de Cheri, et Melchiorem de Nigroni, mercatores Januenses, constitui me plegium in ducentas marchas argenti pro karissimis dominis Hugone de Allimania, Hugone de Angulis, et Joanne Clarevallis, familie mee valetis ; tali modo quod si ipsi Domini à convincionibus inter prefatos mercatores et ipsos habitis de dicta pecunia mutuanda resilirent, ego prefatis mercatoribus predictas ducentas marchas argenti solvere et complere tenerer, infra mensem postquam essem ab eisdem super hoc requisitus, et ad solutionem dictarum ducentarum marcharum argenti prefatis mercatoribus, bona mea obligo. In cujus rei testimonium presentes litteras feci sigilli mei munimine roborari. Actum Messine, anno incarnati verbi M°CLXXXX°, mense Decembris. (1190.)

Trève entre Philippe-Auguste et Jean Sans-Terre (1206) (p. 36.) (Extrait.)

Rymer, t. I, p. 141.

CHARTA TREUGÆ INTER PHILIPPUM REGEM FRANCORUM ET JOHANNEM
REGEM ANGLIÆ.

Johannes, Dei gratia rex Angliæ, dominus Hiberniæ, dux Normanniæ et Aquitaniæ, comes Andegavensis.... Noveritis quod hæc est forma treugæ inter regem Francorum, et Nos, à die veneris proxima ante festum sancti Lucæ evangelistæ, duraturæ usque in duos annos proximos sequentes, videlicet......

Hæc treuga assecurabitur ex parte regis Franciæ, per eos quorum nomina subscripta sunt, scilicet....

Ex parte nostra, per Vicecomitem Thoarcii Savarium de Maloleone, W. de Mauseio, W. Meingot, H. Archiepiscopum, G. Martel, B. de Maulevrier, Theobaldum Crispini, Radulphum de Marthaio, G. de Taun.

G. de Rancon, Reginaldum de Pontibus juniorem, Theobaldum Chabot. Omnes isti, ex utraque parte, jurabunt quod bona fide treugam tenebunt. Actum apud Thoarcium anno Domini MCCVI mense octobris (1206.)

Donation à Fontevrauld par Sebrand II Chabot (1218) (p. 38.)

Arch. de Maine-et-Loire. — *Fontevrauld.*

Sciant omnes tam futuri quam presentes quod ego Sesbrandus Chaboz, cum assensu et voluntate Agnetis uxoris mee et filiorum meorum Theobaldi et Geraldi, dedi et concessi in excambium de cetero libere et quiete et pacifice possidendum, abbatisse Fontis Ebraudi et ejusdem loci conventui, sex sextarios pulchri frumenti, ad mensuram de Mallec, percipiendos in area de Mascigne in festo Assumptionis Beate Marie in Augusto, scilicet de illis duodecim sextariis frumenti quos antea abbas et fratres de Assia annuatim michi reddere tenebantur. Sciendum est autem quod abbatissa Fontis Ebraudi pro assignatione istius frumenti, quod debet percipere annui redditus in perpetuum in area de Mascigné, michi et heredibus meis duas partes legitime quas habebat, excepta tercia parte quam habebam in nemore Brociarum cum omnibus pertinentiis, retento sibi prato quod situm est inter predictum nemus et aqua que vocatur Vendeia, dimisit et concessit perpetuo possidendum. Statutum est etiam, utriusque partis voluntate, quod si aliquid impedimentum super solutione predicti frumenti oriretur, predicta abbatissa et conventus tam ad me quam ad heredes meos et ad nemus predictum cum pertinenciis, tamquam ad suum proprium, recursum habeant. Ne autem ecclesiastica secularis ve persona pactionem istam aliquo modo posset violare vel aliquid impedimentum dicte abbatisse afferre, presenti scripto eam volui adnotari et sigilli mei munimine confirmari, pluribus astentibus et audientibus, videlicet : Reginaudo Froger, Guillelmo Mallescot,

Johanne de Faia, Odone de Cimbreio, A. Loer, Willelmo Pictavino, Guillelmo Calvo militibus. Gervasio priore de Dente, Aimerico capellano, Michaele priore de Lobgefougerosa, cum pluribus aliis.

Actum est hoc anno ab incarnatione domini millesimo ducentesimo octavo decimo, circa festum Beati Johannis Baptiste (1218.)

Engagement des biens de Sebrand II Chabot allant à la Croisade.

(1218) (p. 38.) (Extrait.)

D. Fonteneau, XVI, f. 135.

Universis presens scriptum inspecturis et audituris, Scebrandus Chabot, salutem in Domino. Universitati vestre notum fieri volo, quod ego cruce signatus, volens in sancte terre subsidium proficisci, vendidi.... venerabili abbati et conventui sancti Maxencii, usque ad quinque annos continuos et completos, pro decem millibus solidorum turonensium, redditus, tallias consuetas, servicia de equis, accidentia, placita...., honoramenta, proventus et quelibet servicia sive expleitamenta terre mee, videlicet domus mee de sancto Maxencio et de Aubigne, cum jure et dominio, feodis et omnibus pertinenciis suis, et de Mans.... espin et de Costeres et Raynaldi vignam, cum cumtenamentis suis et feoda mea......

Vendidi dictis abbati et conventui quiquid in illis capiebam vel capere debebam. Condictum etiam et statutum fuit inter me et ipsos, quod si.... ego, vel uxor mea, aut legitimus heres meus terram istam vellemus rehabere ad opus nostrum, non ad alterius...., his quinque annis completis, predicta terra mihi vel heredi meo (revertetur).....

Domina vero Agnes, uxor mea et filius Teobaudus, primogenitus et heres meus, concesserunt istud, prout prolucutum est.....

Dominus autem Abbas et conventus concesserunt mihi de bona fide ser-
vaturos, tam terram quam domos predictas, sicut terram propriam.....

In festo vero Beati Marci, evangeliste, tradiderunt et numeraverunt abbas
et conventus... videlicet decem milia solidorum turonensium, et tunc primo
misi eos in possessionem predictarum domorum et terrarum.....

Et presentem cartam predictis abbati et conventui dedi sigilli mei munimine roboratam. Actum publice apud sanctum Maxencium, in capitulo
ejusdem monasterii.... decimo octavo ; residente Honorio summo pontifice,
Philippo regnante in Gallia, Henrico in Anglia, Willelmo archiepiscopo
Burdegalensi et Willelmo episcopo Pictavensi existentibus (1218).

Donation à Saint-Maixent par Thibaud IV Chabot (1239) (p. 40.)

D. Fonteneau, XVI, f. 167.

Johannes, Dei gracia, Pictavensis episcopus, universis presentes litteras
inspecturis, salutem in Domino, Noverint universi, quod in nostra presentia
constitutus nobilis vir Theobaldus Chaboz, miles, dominus de Rochacer-
veria, dedit et concessit in puram elemosinam Deo et monasterio Beati
Maxencii, pro remedio anime sue et parentum suorum, pro anniversario
suo ibidem post mortem suam faciendo, centum solidos currentis monete
annui redditus in tallia sua de Burgo-Chaboz, de sancto Maxencio annuatim percipiendos in festo Beati Michaelis..... In cujus rei testimonium presentes litteras sigilli nostri munimine duximus reborandas, die Mercurii in
vigilia synodi Pentecostes, anno Domini millesimo ducentesimo trigesimo
nono (1239).

Acte de Thibaud IV Chabot, réglant le douaire de sa femme Aénor
des Brosses (1250) (p. 43.)

Arm. de Baluze. — LIV, f. 242.

Universis Christi fidelibus presentes litteras inspecturis, Theobaldus Chabot, dominus de Rupe Cerveria et de Exsartis, salutem in Domino. Noveritis, quod nos, cum assensu et voluntate Girardi Chaboti et Scebrandi Chaboti, militum, fratrum meorum, dedimus et assignavimus et liberaliter concessimus in dotem Aenordi de Brocia, uxori mee et heredibus suis, creatis et procreandis à nobis et ab ipsa Aenordi : La Largere cum pertinenciis suis, sitam in parrochia de Thoarsaio ; et villam de Granges cum pertinenciis suis, que sita est propre Fonteniacum ; et villam dau Foutringuez cum pertinenciis suis, que sita est in parochia de Sazaio prope Wolventum ; et Graviam cum omnibus pertinenciis suis et parcum, qui situs est prope herbergamentum dicte Gravie, et omnia que habemus vel habere possumus aut debemus in parochia sancti Martini de Nuscariis ; et Layrie cum omnibus pertinenciis suis, que sita est in feodo de Exsartis, et omnia homagia feodalia et placita de mortua manu, scilicet de la Greve et de parrochia sancti Martini et de Layriere ; et manebunt Domino qui tenebit Exsarta, excepto homagio et placito de mortua manu Prepositi de Cipe, quando evenerint ; que remanebunt predicte Aenordi et heredibus suis predictis. Preterea dedimus et concessimus, cum assensu et voluntate predictorum fratrum meorum, dicte Aenordi, uxori nostre et heredibus suis predictis, totum usagium suum in foresta de Gravia, et in bosco qui vocatur Li Cureiz, et in Rochella, et in tota foresta Papigni, ad faciendam omnimodam voluntatem suam, sine venditione et sine dono, quod possint facere dicta Aenordis nec heredes sui predicti. Insuper dedimus et concessimus predicte Aenordi et heredibus suis predictis viginti quinque libras annui redditus, assignatas in censibus nostris, in collectis, in guardis, in vineis nostris, et in receptis nostris, et in vendis terrarum, que habemus vel habere debemus in parrochia sancti Dyonisii de la Chevette.

Et nos Girardus Chaboz et Scebrandus Chaboz, fratres predicti, tenemur perficere et reddere dictas viginti quinque libras eidem Aenordi annuatim, vel heredibus suis predictis. Si res predicte dicte parrochie sancti Dyonisii non valebant, nos nihil acciperemus nec poteramus accipere in rebus predictis dicte parrochie, quousque ipsa Aenordis vel heredes sui predicti super viginti quinque libris se integre et plenarie tenerent pro pagatis, et predicte viginti quinque libre de redditu rerum predictarum debent recipi annuatim per manum dicte Aenordis vel heredum suorum predictorum, cum aliquo fideli serviente de dicta parrochia sancti Dyonisii ; et nos Girardus Chaboz et Scebrandus Chaboz, fratres predicti, concessimus integre et plenarie omnia predicta universa et singula, attendere et fideliter observare, nec in aliquo (quod absit !), contravenire ; et nos ad majorem hujus rei firmitatem et certitudinem, sigilla nostra, una cum sigillo Theobaldi, fratris nostri, presentibus litteris apposuimus in omnium rerum predictarum testimonium et munimen. — Datum et actum die Martis ante Nativitatem beati Joannis-baptiste, anno Domini MCCL°. (1250.)

Charte des hauts barons du Poitou, concernant les rachats à merci (1269) (p. 47).

Arch. nation. — *Layettes,* J. 192, n° 49.

A touz ceus qui ces présentes lettres verront, Savaris, vicoens de Thoars valez, Guionnot, fiuz Aimery jadis viconte de Thoars, Hugues l'Arce-vesque, sires de Partenay et de Vovent, Morice de Belle-ville, sires de la Garnache et de Montagu, Geffroi de Lezegnen, sires de Jarnac et de Chastel-

Achart, Sabren Chabot, sires de la Roche-Cervière, Guillaume de Pui-
quegni por Gui de Chemilly, seigneur de Mortagne, à ce atorné de par li;
Geffroi, sires de Château-briant, Guillaume, sires de Sainte-More, Thiebaut, sires de la Chateigneroie, Morise de la Haie, Charles de Rochefort,
sires de Villers, Geoffroi de Chauceroie, Thiebaut de Biaumont, sires de
Bercoere, saluz en Nostre-Seigneur. Sachent tuit cil qui sont et qui avenir
sont, que très haut et nostre très chier sires Aufons, fiuz du roi de France,
coens de Poitiers et de Tholose, esgardé et consjurré nostre porfit et le
commun porfit de sa conté de Poitiers, et espéciamment du viconté de
Thoarz et de la terre de moi, Hugue l'Arcevesque devant dit, et des autres
terres qui sont en ladite conté en sa seignorie et en son destroit, esqueles
estoient li rachat à merci; voillanz et desirranz porveoir à la pès et à l'alè-
gement de ses féaus, en meur conseil et déliberacion, à nostre requeste,
otroi et de plusors autres qui à cest acort furent et l'otroièrent, desdiz rachaz à merci, a ordené en ceste manière :

. Cest assavoir que quant cil mourra, qui du conte de Poitiers ou des
barons ou des vavassours tendra son fié, que nostre sires li Coens, ou cil
qui cil tendra, porra tenir le fié en sa main par an et par jour, tout ainssi
comme cil qui morz sera le peust tenir et exploiter; cest assavoir issues de
blé, de vins, de deniers, de rachaz, de cens doubles, ainsinc com li héritiers
le peust lever, et de fours, de moulins, de feins, de chevaus de service et de
toutes autres issues qui a l'éritier devroient avenir.

(Suit un long passage, touchant les douaires et l'héritage des mineurs).

Encores est assavoir, que se il n'avoit en ce fié point de vaillance de
domoine que de bois, la value des bois seroit estimée par quatre prodes-
homes, deus de la partie qui le rachat devroit recevoir, et deus de la partie
de celi qui le devroit faire. La tierce partie de l'estimacion prendroit li
sires por son rachat, et encores porroit nostre sires li Coens devant diz
prendre les chastiaux et les forteresces, et retenir à soi ès cas ou il le puet
par droit ou par coustume ou par convenance.

De rechief, il est assavoir, que se aucuns i avoit qui tenist du seigneur et ne tenist de domoine si peu [que] non, il poieroit autant come vaudroit la levée du meilleur rière fié qui seroit en celes tenues.

Encores est assavoir, que se en celui fié n'avoit que gaaigneries, li sires prendroit autele partie come la terre porroit estre bailhée, et se il avenoit que il i eust deus cuillettes en cele année, li sires n'en porroit lever que l'une.

Et cest establissement est entendu des rachaz qui estoient à merci...... Et est assavoir, que il est dit et ordené par la volonté nostre seigneur le Coens devant dis et de nostre acort et de nostre otroi et à nostre requeste que se il a aucun des sougiez au devant dis nostre seigneur le Coens sans méen, qui ne se sont acordés ou ne voudront acorder à ceste ordenance dessusdite, que il demorent et remaignent en la première condicion et coustume de rachaz à merci, si com ilz y estoient ainz le tens de ceste ordenance.

Et toutes ces choses, si com elles sont dessus escrites et devisées, nous avons otroié et promis par nous, por nos hoirs, por nos successours et por nos sougiez, à tenir et à garder perdurablement, sans venir encontre par nous ne par autres ès tens qui a venir sont,

En tesmoing de laquele chose, nos avons ces présentes letres confermées par la mise de nos seaux, sauf en autres choses le droit nostre seigneur le Coens devant nommé et le nostre, et sauf tout autrui droit.

Ce fu fet et doné en l'an Nostre Seigneur MII^e LXIX, ou mois de Moi [1].

---

1. Cette charte fut copiée en autant d'exemplaires que de parties, et tous furent pareillement scellés. L'original des Archives porte encore treize sceaux sur quatorze. Nous en connaissons un exemplaire (celui du comte de Thouars), en la possession de M. le duc de la Trémojlle, lequel est parfaitement conservé et revêtu de ses quatorze sceaux.

*Transaction entre Girard 1 Chabot et sa femme Eustachie, d'une part,
et Geoffroi de Lusignan et sa femme Almodis, d'autre, touchant la
possession de la terre des Pineaux* (1246) (p. 53).

Cartul. de Rays, n° 20.

Universis Christi fidelibus presentes litteras inspecturis, Salvagia, domina
de Resiis et de Mota, salutem et pacem. Noveritis quod cum contentio verteretur inter Girardum Chaboz et Eustachiam filiam meam ex una parte,
et nobilem virum Gaufridum de Lezigniaco, dominum de sancto Hermete et
Almodin ejus uxorem ex altera, super hoc quod predictus Girardus et predicta Eustachia petebant dicto Gaufrido et predicte Almodi villam de Pinellis cum pertinenciis, tandem pacificatum fuit in hunc modum, videlicet,
quod predicti Gaufridus et Almodis assignaverunt dictis Girardo et Eustachie illam medietatem terragiorum quam habebant et possidebant apud
Tyreum, et illud quod habent predictus Girardus et predicta Eustachia in
parrochia et territorio de Corp et de Freciis, de quibus tenentur predictus
Girardus et predicta Eustachia et heredes sui facere homagium ligium supradictis Gaufrido et Almodi et heredibus eorumdem, ad viginti libras pro
placito mortue manus quum contingerit evenire, et dicti Gaufridus et Almodis habebunt imperpetuum et heredes eorumdem habebunt et possi-
debunt predictam villam de Pinellis cum pertinenciis pacifice et quiete.
Unde ego supradicta Salvagia hujusmodi pacem volo et concedo et ratam
et firmam habeo tenendam dicto Gaufrido et Almodi et heredibus suis, fide
prestita corporali; et in testimonium veritatis has presentes litteras dedi
dicto Gaufrido et Almodi et suis heredibus sigillo meo sigillatas. Datum
anno Domini M° CC° XL° sexto (1246).

*Accord entre l'abbesse de Sainte-Marie d'Augers, et Girard I Chabot,
au sujet des droits du marché du Bourg-des-Moutiers.* (1253) (p. 54).

Cartul. de Rays, n° 24.

Universis presentes litteras inspecturis, Aalicia de Rupe humilis abbatissa
S. Marie Andegavensis, salutem in eo qui est omnium verax salus. Noverint universi presentium tenore quod cum contencio verteretur inter nobilem virum Girardum Chabot, militem et Eustachiam ejus uxorem ex
una parte, et priorissam nostram de Burgo Monasteriorum et homines ejusdem loci ex altera, super eo quod dicti Girardus et uxor sua petebant credenciam sibi et heredibus suis in Burgo Monasteriorum, videlicet in rebus
ibidem vendicioni expositis, sub obligacione cujuscumque vellent pignoris,
ad voluntatem suam plenariam, de qua re tam ipsi quam predecessores sui
fuerant in pocessione, ut dicebant, hactenus...... Tandem ad hanc pacis
concordiam devenerunt in hunc modum, videlicet quod dictus Girardus et
dicta uxor sua et heredes ipsorum habebunt credenciam in Burgo Monasteriorum usque ad quinquaginta libras quas dicti homines tenentur eis deliberare in rebus ibidem de bonis dictorum hominum venditioni expositis, ita
tamen quod dicti Girardus et uxor ejus, heredes ipsorum, ultra dictas quinquaginta libras non possint ibidem aliquid nomine crediti sive credencie
petere, quousque dicte quinquaginta libre fuerint integre persolute ; quibus
solutis poterunt iterum habere alias quinquaginta libras nomine dicte credencie sub conditióne predicta de plus non capiendi nomine crediti, quousque fuerint similiter integre solute, et sic deinceps. Et dicti homines de
Burgo Monasteriorum non possunt nec debent denaritates suas vendere
domino Radesiarum plusquam aliis extraneis nomine dicte credencie ca-
riores. Si autem contingeret quod dicti Girardus et ejus uxor vel heredes
ipsorum aliquid ultra dictas quinquaginta libras caperent vel capi facerent
in dicto Burgo, nomine crediti vel alio modo, nic hil sibi juris acquireretur

quod possent habere et tenere nomine crediti ultra dictas quinquaginta libras, ita tamen quod si dicti Girardus et uxor ejus vel heredes ipsorum ultra dictas quinquaginta libras, sub obligacione pignoris, vellent aliquid capere, dicti homines non tenentur sibi quidquam sub pignore suo deliberare nec ibi quidquam sub obligatione pignoris capere poterunt nisi pecuniam pre manibus numerandam. Nos igitur presentem composicionem illibatam volumus custodiri et inviolabiliter observari. Et ut robur obtineat firmitatis cum sigilli nostri appositione supradicta duximus confirmanda. Datum mense Aprilis anno Domini millesimo cc^{mo} LIIj^o (1253).

Echange consenti par Girard I Chabot, entre Durand Goyais, bourgeois de Nantes, et Alain, vicomte de Rohan (1260) (p. 50).

Cartul. de Rays, n° 33.

Universis presentes litteras inspecturis vel audituris, Girardus Chaboz, milles, dominus Radesiarum, salutem in Domino. Noverint universi quod coram nobis constitutus Durandus Goyais civis Nanetensis tradidit et concessit nomine permutacionis nobili viro vicecomiti de Rohan herbergiamentum cum omnibus pertinenciis suis, videlicet dominiis, vineis, terris, viridariis, aquis, sauzeis et rebus aliis quibuscumque, quas habebat in nostro feodo et parrochia sancti Donaciani Nanetensis diocesis juxta Herdam, quod herbergéamentum Bella Insula appellatur, habendum, possidendum et eciam explectendum eidem vicecomiti et suis heredibus perpetuo, pacifice et quiete, et ad voluntatem suam omnimode faciendam, pro uno denario annui redditus quem idem nobilis percipiebat et habebat in quolibet modio bladi, vini, salis et rerum aliarum quarumlibet descendencium et ascendencium per Ligerim in quolibet chalanno seu vase alio qualicumque, quem denarium annui redditus idem nobilis pro dicto arbergemento et suis pertinenciis eidem Durando et suis heredibus nomine dicte permutacionis tradidit et concessit. Juravit siquidem dictus Durandus spontanee coram nobis quod contra dictam permutacionem per se vel per alios non veniet in futurum, et quod dictum herbergementum cum suis pertinenciis eidem nobili et suis heredibus adversus omnes deffendet et garantiet secundum consuetudines Nanetenses. Supradicte vero permutacionis rerum predictarum ad majorem cautelam, ad peticionem dictarum partium, factæ fuerunt banna et submoniciones legitime secundum consuetudines Nanetensis diocesis per banizatorem Nanetensem, quibus nullus se opposuit aut eciam contradixit.... In cujus rei perpetuam fidei firmitatem ad peticionem dictarum partium presentibus litteris, salvo jure et dominio nostro in omnibus, sigillum nostrum duximus apponendum. Actum anno Domini Mº CCº LXᵐᵒ mense decembri. (1260).

Signification faite par Girard II Chabot à l'évêque de Nantes de son droit de prendre les nappes du festin, donné le jour de la prise de possession de l'évêque (1268) (p. 68).

Cartul. de Rays, nº 52.

Testes Girardi Chaboz armigeri, domini Radesiarum, ad inquirendum inter reverendum patrem episcopum Nanetensem ex una parte et dictum Girardum ex altera, utrum idem Girardus vel antecessores ipsius seu aliquis de dictis antecessoribus fuerint in pocessione habendi mappas super quibus comeditur in curia reverendi patris episcopi Nanetensis in die receptionis sue in Nannetensi, vel quod dicte mappe ad dictum Girardum de jure pertinent, seu de consuetudine, vel de usu. Et protestatur idem Gi-

rardus quod non se affugit ad omnia singula premissorum probanda, sed
solum ad ea que sibi sufficiant de premissis ; et supplicat vobis, reverende
Pater, idem Girardus ut vos testes ex parte dicti Girardi predictos super
premissis seu producendos per viros discretos neutri parti suspectos, et de
quibus non posset eidem Girardo suspicio suboriri, inquiri cum diligencia
faciatis super singulis prenotatis. Datum Nannetis die sabbati post festum
beati Petri ad vincula, anno Domini millesimo CC° LX^mo octavo (1268).

---

*Reconnaissance de Geffroy de Châteaubriant de la somme payée par
Girard II Chabot pour sa caution envers Alphonse, comte de Poitiers
(1269) (p. 67).*

Cartul. de Rays, n° 56.

A tous ceulx qui ces présentes lectres verront et oiront, Geffroy, seigneur
de Chasteaubriant et de la Chèse, chevalier en icelui temps, salut en nostre
Seigneur. Sachent tous que j'ay mis et posé Girart Chabot, seigneur de Rays,
en plège pour moy au noble homme Enphons, conte de Poictiers et de
Thelouse, filz Loys, noble roy de France, de deux mil et huit cens livres, lesquelles je doy a celuy davant dit conte par raison deu rachat de ma terre
de la Thalemondoys et par raison d'une chevauchée que je avoye faicte en
Poictou en la terre du sire de Belleville, à payer XIIe et cinquante livres à
ceste feste de Toussains prouchain avenir, et doze cens et cinquante livres
à la feste de la Chandeleur prouchain ensuivant ; et si ledit Girart avoit
dangé ou faisoit coustz ou missions pour ladite pléverie pour faulte de moy,
je suis tenu sus tous mes biens et sus toutes mes choses moubles et non
moubles présens et avenir, et sus toute ma terre, en quelque lieu que
elle soit, à garantir et deffendre ledit Girart de tous coustz et de tous
dangés, de toutes missions que il feret et que il auroit en ladite pleverie, et

34

luy ay obligé et oblige desja tous mes biens et toute ma terre dessusdite à l'en garentir et deffendre en cestes choses dessusdites, ou en aucunes de celles. Je pry et supply à Monseigneur le conte de Poictiers dessusdit et à Monseigneur le conte de Bretaigne et à leurs alouez, que ilz baillègent tant audit Girart de mes biens ou de ma terre que plaine satisfaecion soit faicte audit Girart ou aux siens des coustz et maulx et des dangers que il y auroit faiz et miz, et des despens et des missions que il auroit fait en ladicte plévine à son plain dit, sans y amener autre prouve, etc.....

En tesmoing de laquelle chose, j'ay donné audit Girart cestes lectres scellées de mon seel. Ce fu fait au jour de Dimanche que l'on chante *Oculi mei* en l'an de grace mil CC LX et huict (1269).

Charte de Charles, roi de Jérusalem, par laquelle il reconnaît le droit de Girard II Chabot de chasser dans ses forêts de Brion (1285) (p. 72).

Cartul. de Rays, n° 87.

Charles par la grace de Dieu, roy de Jérusalem et de Sézile, du duché de Poulle, du princée de Cappes, sénateur de Rome, prince de la Morée, d'Anjou, de Provence, de Forqualquier et de Tonnerre conte, a tous ceulx qui ces présentes lectres verront et orront, salut en Nostre Seigneur. Sachent tuit que comme Girart Chabot, chevaliers, sires de Rays et de Machecoul, proposast et dist que il povoit prandre toutes bestes en toutes les manières que il peut en sa forest de Brion et ès buissons de la chastellenie de Brion, et disoit que il en estoit en bonne saisine, à la parfin il en est ordonné que ledit Girart et se hoir et cil qui auront cause d'eulx auront leurs parcours des bestes que ilz lèveront du boys de Brion et des buissons de la chastellenie de Brion par nostre terre et par noz forestz, jusque à tant que elles seront prinses, o chiens et levriers, sauf ce que ilz ne puissent tandre cordes ne raiz, ne avoir haye à tandre cordes ne raiz, ne pièges, ne laz, ne autre engin, par quoy beste se peut prandre, si ce n'est pour prandre lou ou gouppil ou lièvre. Et ces choses, si comme elles sont dessus devisées nous octroions au davant dit Girart et à ses hoirs ou à ceulx qui cause auront d'eulx, à avoir et à tenir et à esploicter à toujours més, sans nul contredict. Et pour ce que ceste chose soit ferme et estable, nous avons au davant dit Girart donné ces présentes lettres seellées de nostre grant seel pendant. Donné à Paris l'an de nostre Seigneur mil deux cens IIII^{xx} et quatre, le diz jour de mars, de la dozème indicion, de noz royaulmes de Jérusalem le uitiesme, et de Sézile le dix neufviesme (1285).

Lettres de l'évêque de Nantes attestant que le Vendredi-saint il a remis la croix pour le pèlerinage en Aragon à Girard II Chabot et autres seigneurs (1285) (p. 74).

Cartul. de Rays, n° 101.

Universis presentes litteras inspecturis et audituris, Durandus miseratione divina episcopus Nannetensis, salutem in Domino. Noveritis quod nos, anno Domini M° CC° octogesimo quarto, die Veneris in Parasceve, in pleno sermone, tradidimus et concessimus signum sancte Crucis peregrinacionis in Arragonia, nobili viro Gerardo Chabot domino Radesiarum, Guillelmo, de Mota ejus fratri, Guillelmo Le Borgne et Mattheo de la Plesse militibus, etc., et quibusdam servientibus dicti nobilis, sub tali condicione seu convencione super hoc expresse apposita, quod non alibi profecturi nec alias accepturi crucem predictam, ut dicebant, a die qua iter arripient iidem nobilis et ejus familia de domo ipsius, vel à die à domino Legato statuenda in predictam peregrinacionem pro suorum remedio et salute peccaminum, indilate dirigent iter suum, et quod à die predicta usque ad annum perfecte

complendum in dicto Dei servitio morabuntur, si tanto tempore duraverit
peregrinatio supradicta, idque fideliter prosequentur sicut et ceteri hujusmodi peregrini, ita tamen quod si favente divina gracia usque ad dicti anni
vixerint complementum, vel antea cesset dicta peregrinatio, ex tunc sine
mora ulteriore et absque peregrinacione alia liceat eis ad propria remeare,
et sicut eis auctoritate domini Martini pape quarti, juxta tenorem litterarum
ipsius, quarum coppiam sigillatam sub sigillo domini Legati recepimus et
habemus, illam suorum peccaminum, de quibus corde contriti et ore con-
fessi sunt, veniam concessimus que concedi transfretantibus in Terre sancte
subsidium secundum Laterani statuta concilii consuevit. Datum Nannetis,
die et anno predictis (1285).

*Conventions du mariage entre Girard III Chabot et Marie de Parthenay,
fille de Guillaume l'Archevesque* (1299) (p. 78).

Cartul. de Rays, nº 115.

A tous ceux qui ces présentes lectres verront et orront, Guillaume Larcevesque, chevalier, seignor de Partenay et de Vovant, et Girart Chaboz,
vallet, seignor de Rays et de Machecoul, saluz en nostre seignor. Sachent
toz que nous Guillaume Larcevesque de sus dit en la prolocucion dou mariage doudit Girart Chaboz et de Marie nostre fille, donames, otroames et
assignames des lores, et encores donons, otréons et assignons audit Girart
en mariage o ladite Marie et aus heirs d'eux deus, sans ce qu'elle en puisse
rien donner, tant comme il y ait hers vivant de eux ou de lors heirs, treizs
cens livres de annau et perpetuau rente, assize et assignée, c'est assavoir
cent et cinquante livres de rente en port et sus le port de Saint Savenien et
sus les rentes, essues et aventures de celui port, ensembléement o tot le
droit, destreit et seignorie que par réson desdites rentes non payées aven-

dreyent ou poureyent et devreyent avenir ; et commencera la percepcion desdites cent et cinquante livres de rente assises sus ledit port à la procheine feste de Nostre Dame septembresche par chacun an, à prendre et lever continuement doudit Girart ou de son commandement par sa main, sanz ce que nous y puisson mestre empeschement par nous ne par autres ne nostre sergent ; et cent livres en la rue Sauveresce de Taillebort de rente, et cinquante livres de rente sus les balliages de la chastelenie de Taillebort, o tot le dreit, destroit, justice et amendes que par réson desdites rentes non payées porraient et devraient avenir. Et est en la voulenté dudit Girart de prendre les dites cent et cinquante livres, ou cent ou cinquante de ladite rue Sauveresce et desdiz balliages en leus divisez, ou sus les rentes doudit port en la manière que les autres cent cinquante livres de rente desusdites sont dites et devisées. Et encores donnons, asséons et assignons des orendreit audit Girart par réson dou mariage davant dit, dous cens livres de annau et perpétuau rente assizes et assignées, c'est assavoir Boays Grolier, o ses apartenances, o tote justice o tot droit, o tote seignorie haulte et basse, pour tant que il sera trové que il vaudra en assize de terre segunt la coustume dou pays, les édiffices des mésons, le siège dou herbergement e les vergiers non contez en rente, et le parfet jusques à la value desdites dous cens livres de rente en paage de Partenay, à avoir par la main doudit Girart ou de ses alloez, o tot le dreit et destroit qui par réson doudit paage non payé peut et deit avenir, ou au plus près si le dit paage ne peut souffire au parfet desdites dous cens livres de rente. Et avons transporté audit Girart la propriété des dous cens livres de rente desusdites, retenu à nous le usefruit nostre viage tant solement. Et prendra ledit Girart et recevra les homages qui par réson desdiz leus de Boays Grolier sont deuz et pevent et doyvent avenir, retenus à nous touz les émolumens et les profiz qui par réson desdiz homages pevent et doyvent avenir, tant comme nous vivrons et non plus. Et s'il avenoit que il eust deffault tant en troys cenz livres de rente desusdites que en dous cenz livres emprès nommées ou que elles se dépéreissent par guerre ou en autre manière, ou que elles ne vausissent tant, nous promectons et sommes tenuz à les parfère ès plus prouchens leus de la ou le.....

seroit trové. Et volons et requérons que sanz connoissance de cause nous puissons estre contrainz par la justice le rey ou par quelconque aultre justice que ledit Girart... voudra requerre, à acomplir les choses desusdites ; et ne porrons riens alléguer en contre. Ce fut fait et acordé que l'assize et l'assignacion et la reveue desdites trois cenz livres de rente desusdites et des dous cenz livres emprès nommées sera fète par Pierre le clerc dou Buignon et Pierre le clerc de Beaulieu, lesquelz jureront à la fère bien et léaulment et à la acomplir dedans la Tozsains prochène. Et si il ou aucuns d'eux mouroit entre ci et là, lesdites parties en y metraynt un autre de comun assentement ou le baillif de Tourayne qui par le temps sera. Encorre fut fet et acordé que ladite Marie ou autre par non d'elle porra demander sa porcion et tot son droit qui li apartient et peut apartenir en l'éritage de nostre amée Jehenne de Montfort sa mère. Encores donames et donnons et promectons à rendre et payer audit Girart par réson dou mariage desusdit mil livres de monnoie courant, c'est assavoir, cins cens livres à payer à la feste de Tozsainz emprès ensegant, sans nul maen, pour lequel payement desdites mil livres enteriner et acomplir es termes devisez, et que nous requerrons par nous ou par procurors soffizans le roy de France de confermer par ses lectres totes les convenances desusdites, et que nous y acorderons dedans la nativité saint Johan Baptiste prochène avenir, fumes tenu par le serment de nostre corps, et y avons obligé nous et nos hers et noz successors et toz noz biens meubles et non meubles présens et avenir, sauves et exceptez le doayre et les donaisons que nous avons fet à Margarite de Thouarz nostre lèal espouse qui ne sont ne ne seront de riens obligées des articles dessus nommez, ençoys les en mectons hors expressément. Et totevoies si il avenoit que desdites rentes assizes et assignées audit Girart o ladite Marie, si comme dessus est dit, estoit rien detreyt, amenuisé ou apetité en tot ou en partie par réson doudit doayre à ladite Margarite, ou par donaison que nous li eussons fetes ou par autres convenances ou présens, nous prometons audit Girart et sommes tenuz sus l'obligacion de toz noz biens à li parfère, enteriner et avoir, tant comme des choses susdites seroit detreit et osté, ou deffaudreit, au plus près desdites rentes assignées. Et est assavoir que nous

Girart Chaboz dessusdit, por cest dit mariage asséons et assignons à ladite Marie por son doayre la tierce partie de tote nostre terre que nous avons et tenons et tendrons por nostre héritage ou conquest desja fet. Laquelle tierce partie nous li asséons et assignons à Saint-Estienne de Malemort et ès apartenannces, le chasteau non conpté en rente, excepté la forest où elle ne prendra mès son usage à mèsonner et à chauffage, et en ses usages nécessaires oudit chasteau, et ou herbergement doudit chasteau. Et si il avoit heir de nous dit Girart, elle porra chacer et fère chacer en ladite forest ès cers dès la Magdeleine jusques à la Sainte Croix de septembre, et en porchoisons dès la Tozsainz jusques à Noel. Et si ladite assize ne soffisoit au tierz, nous voulons que il li soit parfet en l'isle de Boign, et si nostre terre de Boign ne souffisoit, au plus pres de Saint-Estienne. Et si il avenoit que les choses desusdites se depéreissent par guerre ou par aucuns cas d'aventure, ladite Marie prendroit pour tout son doayre et son tierz sus tout ce qui demorroit segont la coustume de la terre..... Et requerrons et sopléons à Pierres de Beaujeu, chastelain de Fonteney, à ce espéciaument envoyé de mestre Hugues de la Boysserie clerc le roy et portant le séau dont l'en use pour le rey à Fonteney estre jugez et condempnez par la court le rey sus totes les choses dessusdites, et ledit seau de Fonteney estre mis en ces présentes lectres. Et nous Pierres de Beaujeu davant dit jugeons par le jugement de la court nostre seignor le rey et condempnons les dessusditz monsᵣ Guillaume et Girart aux présens et à lor requeste à enteriner et acomplir totes les choses dessusdites en toz articles. Tesmoings à ce apelez Mons. Guy viconte de Thouarz, Mons. Guillaume de Saint Vincent, Mons. Hues Jocelin, chevaliers, Jehan Gaudin, clerc, et dom Denis de Vovant ; et nous Hugues de la Boisserie davant diz avons foy à la relacion doudit Pierre nostre commissaire et approvans et confermans le jugement et la condempnacion dessusdiz, sellames cestes lectres dou seyau nostre Seigneur le rey dont l'en use à Fonteney en tesmoignage de vérité. Et en plus grant tesmoignage nous Guillaume Larcevesque et Girart Chaboz dessus nommez avons mis noz seauz en cestes présentes lectres ensemblément o le seyau nostre Seignor le rey desus. Ce fut fet et donné le mardi avant la Sainte

Marguerite en l'an de grace mil et dous cenz et quatre vinz e dix neuf
(1299) (vidimus de 1312).

---

*Affranchissement accordé par Girard III Chabot aux habitans de l'Espay
de Bouin de l'obligation de faire moudre aux moulins bannaux.*
(1303) (p. 78).

Cartul. de Rays, nº 186.

A tous ceux qui cestes presentes letres verront e orront Girart Chabos,
vallet, segnour de Rais et de Machecoul, saluz en nostre Segnour. Sachent
touz presenz e avenir que come nous Girart desus dict requeissons e con-
traignissons nos homes de lespay de Boign a venir moudre à nos moulins,
siz en lille de Boign, lesquex nous disions que ils devaient e estaient tenuz a
venir moudre par dreit et par coustume, e les dis homes disaient que il n'i
povaient pas bien venir pour ceu que ils esteient loingn des moulins et hors
vaie, la quele chouse lour esteit cousteuse e endomaigent; pour les
queles chouses nous, regardans e veanz la cantité dou proffiet e dou domage
que nous e noz homes y poions aver, quitames e absolimes, dou tout en tout,
a touzjours mès perpetuelment, ceu est assaver ceux qui sont divisés en
ceste letre e lor hers e lor subcessors pour le pris de diez livres de monaie
courant, que nous en eumes e repceumes des diz homes e nous en tenons
por bien paiez. (Ce sont les noms de ceux que nous volons que en soient
franchis : Estene Queire, Perrin Regnoul, Perres dou Vergier, Johan de
Huyes, Perrin Queyre, Perres Arnaut, Perrot Robillon, Katerine fame
jadiz au Voais, Guillaume Robillon, Johen Goriou, Johennin Queyre,
Katerine fame jadiz Perrin Queyre, et Perrot son fils, Durant Poquin,
Jacques Reau, Johan Paigaut, Guillame de Diepe, et Perrin Salemont,
Durant Salemont, Aymeri Gendron, Johenne fame feu Guillame Cossot,

Guillame Poissance, Johennin Perrart, Johennin Robert, Perrin Corapié, Thomas Salemont, Thomas Quaignon, Guillame Basset, Jehannot Durcie, Guillame Chou Blanc, Perrin le Reyti, Corapie, Perronele fame Blanchart, Perrin de May, Johennot Regnoul, Perrot Coillon, Guillame Coillon, Johan Testart, la fame Guillame Arnaut feu Estiene de May, Johan Coillon, Perrin Brenart, Johen Coillon, Nicholas Brenart, Nicholas Coillon, Estiene Estenevin, Johan Gras e Nu, la fame Poissance e ses hers ; lesquex nous quitons e absolons eux e lours hers en la maniere desus dite sanz que nous ne noz hers lour empuissons a james riens demander. Tesmoig nos seaux dont l'en use pour nous en Boign en contras. Ce fut fait e donné le mardi prouchain empres la sainct Michel, l'an grayce Nostre Segnour mil treis cens e treis (1303).

Déclaration d'Olivier de Clisson, reconnaissant nulle la renonciation faite par Jeanne de Rays à l'héritage de ses père et mère (1336) (p. 82).

Cartul. de Rays, nº 142.

A tous ceulx qui ces lettres verront, sachent tous que comme nous Olivier, s^r de Clichon, fussons chargez de ordonner et déclairer à Jehanne de Rays, fille de noble homme Girart Chabot, sires de Rays, ce que nous plairoit de la succession et terres dudit sires de Rays, et de ce que lui peust avenir et escheoir des terres audit sires de Rays, tant par la succession dudit sires et de ses hoirs et successeurs, que de noble dame la dame de Rays, et des siens, et ladite Jehanne fust liée et y eust renuncié pour aucunes causes supposées, et donné et passé lectres de renunciation, que elle ne peust james riens avoir ne demander desdites successions par succession, porcion ne autrement, fors ce que nous lui en déclérons, et lesditz sires de Rays et dame fussent liez que riens à ladite Jehanne n'en pussent donner, fors ce que nous ordonnerons, ouy sur ce advis et déliberacion o plusieurs sages et prudes hommes, et nostre conscience enformée des mérites de tout le fait, considérans les perilz ou nous pourions cheoir en faulte de ladite déclaration faire, desirans à aléger nostre conscience, ne voyons que ladite Jehanne doye estre deshéritée, ne que aussi ne trouvons cause pour quoy, anczois avons déclairé et déclairons que lesdits sires de Rays et dame puissent donner à ladite Jehanne et ses hoirs à leur volenté de leurs meubles de leurs heritaiges, et ladite Jehanne et ses hoirs les tenir et avoir, nonobstant les renunciations et lettres données desditz sires et dame de Rays et de ladite Jehanne, aussi et en la manière comme si lesdites renunciacions et lectres ne eussent onc esté. Item avons voulu et voulons, déclairé et déclairons que s'il défailloit dudit sires de Rays, de ladite dame et de Girart Chabot hoir desdits sire et dame de Rays, et ledit Girart décédast sans hoir de sa chair, que ladite Jehanne et ses hoirs puissent et doyent succeder audit Girart et ausditz sires de Rays et dame, nonobstant aucunes renunciations et lectres sur ce faites et aucunes causes supposées, et que ladite Jehanne et ses hoirs puissent lesdites choses tenir et avoir aussi comme si lesdites renunciacions et lectres ne eussent oncq esté faictes. Et en tesmoing de ce et que ce vaille et tiengne en mémoire perdurable, le faisons asseoir par cestes présentes lectres seellées en nostre propre seel. Fait et donné ou moys de Avril l'an mil IIIᶜ XXXVI (1336).

Obligation de Bertrand du Guesclin envers Girard V Chabot, sire de Rays, qui s'est engagé à payer sa rançon à Jean Chandos (1365) (p. 86).

Cartul. de Rays, n° 169.

A tous ceulx qui ces présentes lectres verront et orront, Bertran de

Guerclin, conte de Longueville et s^r de Bronon, salut et dileccion. Sachent tous présens et advenir que comme Monsr Girart s^r de Rays à nostre prière et requeste se soit obligé pour nous en certaine obligacion en laquelle nous mesmes sommes obligez envers Monsr Jehan Chaindos viconte de Saint Sauveur et connestable d'Acquitaine nostre maistre et auquel nous sommes vrey prisonnier, pour certains chefz et pour certains poins contenuz en ladicte obligacion en abrégent et faisant le fait de nostre delivrance, de laquelle obligacion dudit s^r de Rays, de nous-mesmes et chascun pour le tout la forme en suit : — A tous ceulx qui ces lettres verront Bertrand de Guerclin conte de Longueville et Girart s^r de Rays salut. Sachent tous que comme nous dit Bertrant serions tenuz et obligez à noble homme Messire Jehan Chaindos, viconte de Saint-Sauveur et connestable d'Acquitaine, pour la prison et finance de nostre corps en la somme de cent mille francs de fin or et loial poais du coign du roy de France aians cours au temps du roy Jehan derrain mort, dont Dieux ayt l'arme, assavoir est que nous Bertrant et sire de Rays devant diz de nostre bon gré et volunté promectons et sommes tenuz chascun de nous en tout, en renunciant au bénéfice de division et à la constitution de deux, obligeant chascun pour le tout nous faire et curer en effect vers Messrs le duc d'Orléans, le conte d'Est^ampes, le s^r de Craon, que eulx ou l'un d'eulx ou autres seigneurs du royaulme de France ou du principaulté d'Acquitaine qui suffisent à nostre dit maistre, donront et accorderont lettres bonnes et souffisantes séellées du séel de celui ou ceulx qui se obligent et du séel de Monsr le Prince estably à Bordeaux ou à P^{oi}c-tiers, dedant la feste de Penthecouste qui sera l'an mil IIIe LXVI, la somme de XX^m francs en déduction et rabat de la somme des cent mille francs davant diz, ou randre le corps dudit Messire Bertran, s'il est en vie, les-quelles dites lectres randrons en la ville de Bordeaux dedans la feste prochaine de Penthecouste. Et au cas que nous dit Bertran serions en vie, et nous ou bien ledit sire de Rays n'aurions rendu audit Messire Jehan Chaindos ou à autre en non de lui à la prochaine feste de Penthecouste lesdictes lettres obligatoires, comme dit est, nousdit sire de Rays seroⁿs tenuz et promectons en celui cas randre et paier audit Messire Jehan Chaindos la somme desdictz XX^m francs dedans la feste de la Penthecouste l'an mil IIIe LXVI ou le corps dudit Messire Bertran, s'il est en vie. Et est assavoir que pour que les choses contenues en ces présentes ne face ne portet aucun préjudice audit Messire Jehan Chaindos ne aux lettres à lui octroiées de nous dit Bertran sur le fait de nostre finance de ladicte somme des cent mille francs davantdiz, ny icelles en aucune partie dérogier ne a leur effect par manière d'innovacion ou autrement, mês sont et demeurent de nostre consentement en leur force et vertu et toutes et chacunes les choses dessus-dictes se comme elles sont dessus spéciffiées et déclairées à tenir, faire, garder et acomplir sans aucune fraude ou mal engin, nous Bertran et Girart des-susdiz avons obligé et obligeons audict viconte, son certain ajourné ou aiant cause, nous et chacun de nous, noz hoirs et successeurs et tous noz biens quelconques meubles et immeubles présens et advenir, sans faire ne venir en contre en aucune manière et par les sermens de noz corps sur ce donnez manuelment touchant le livre, soubz lesquels sermens et obligations de-vantdiz nous avons renuncié et renuncions à toute excepcion de dol, de mal, de fraude, de lésion, machination, circonvention, d'une chose faicte et autre escripte, de plus fait et moins escript, à tous respiz de debtes, à tout privileges de roy et d'autre prince quelconque, au privilège de la Croix prinse et à prandre, à toutes dispensacions de foy et de serment de Pape et d'autres prélaz de sainte Eglise queulxconques et à tous autres privilèges et bénéfices de droit civil et canon, usage et coustume de pais ou de droit disant générale renunciation non valoir, pour quoy ces présentes pour-roient estre enfraintes, ou destruites, ou anullées. En tesmoing desquelles choses nous avons apposé à ces présentes et chacun de nous noz propres séaulx et suppliÿ de vive voiz en noz propres présences à honnorable homme Jehan de Luserche garde du séel de Monsr le prince d'Acquitaine establi aux contractz à Niort que à plus grant fermeté il appose ledit seel à ces présentes, à la juridicion et cohercition duquel et de tout autre comme à nostredit maistre plaira, nous et chacun de nous avons soubzmis et noz biens et de noz hoirs. Et nous dessusdit à la requeste des dessusdiz Messires Bertrant et Girart à nous faicte de leurs propres personnes, ledict séel avons apposé à ces présentes, et sur ce les avons jugez et condampnez par le jugement de la court dudict séel. Donné et fait soubz les séaulz de nous et de chacun de nous, Bertran et Girart dessusdiz, XVIIJ° jour de Janvier de l'an mil CCC LXIIII. — Nous ledict Bertrant promectons et nous obligeons audict sire de Rays et qui de lui aura cause, sur l'obligation de nous, de noz hoirs, et de tous noz biens meubles et immeubles, présens et àvenir, en quelque partie et seigneurie qu'ilz soyent, ycelui sire de Rays et qui de lui aura cause de ladicte obligation garantir, délivrer et deffendre de tous maulx, coustz, dommages, missions et interestz, sur lesquelz ledict sire de Rays sera creu à sa simple parolle pour toute preuve ; et s'il advenoit que par nostre deffault il encourust pour nous en la somme desdiz XXᵐ francs, renuncions à jamais ne nous armer sans son congé, jusques à tant que loiaulment et entièrement l'en aions acquité et désdommagé sans aucune fraude ne mal engin. Et quant à ce tenir, garder et acquiter, délivrer et entièrement acomplir sans venir en contre par nous ny par autre en aucune manière, nous sommes obligé et obligeons sur l'obligation dessusdicte et par la foy et serment de nostre corps sur ce fait et manuelment touchant le livre, soubz lequel serment nous avons renuncié et renuncions à toutes et chacune les renunciations dessus escriptes, à tout droit et constitution en faveur de chevaliers et gens d'armes, et au droit disant générale renunciation non valoir, comme bien acertainé sur ce, et à toutes autres coustumes quelconques par quoy la teneur de ces présentes pouroit estre destruite, enfrainte ou anullée en tout ou en partie. En tesmoing desquelles choses nous avons mis et aposé nostre séel propre à ces présentes, ensemble o le séel de Monsʳ Raoul de Queraquen nostre cousin à maire confirmation. Donné à Nyort le XXI° jour de Janvier l'an mil III° LX et cinq (1365).

Charte de Charles V faisant donation à Jeanne Chabot de 500 livres
de rente (1371) (p. 88).

Cartul. de Rays, n° 166.

Charles, par la grace de Dieu, roy de France, Savoir faisons à tous présens et advenir que comme Edwart d'Angleterre et Edwart de Gales son
filz ainé, nous aient commancié et fait guerre ouverte et à nos subgetz et
facent encore, et avant ladite guerre comancié le sire de Rortay eust et
tenist en l'isle de Boygn quarante livres de terre ou rente ou environ, Item
Simon Sinces soixante livres de terre ou rente ou environ, Item Colin de la
Forest vingt livres de terre ou rente ou environ, Item Guillaume Labbé
vingt livres de terre ou rente ou environ, Item les hoirs Guillaume de la
Noe quinze livres de terre ou rente ou environ, Item les enfans Martin
Grouet quinze livres de terre ou rente ou environ, Item Morice des Bou-
lières huit livres de terre ou rente ou environ, Item les enfans Robert
James vingt et cinq livres de terre ou rente ou environ, Item l'abbé de Fon-
tenelle vingt livres de terre ou rente ou environ, Item Jehan Ortie vingt
livres de terre ou rente ou environ, toutes lesquelles terres et autres po-
cessions et biens dessus nommez séans en ladite ile de Boïgn et ailleurs en
nostre royaulme, nous sont acquises et confisquées par la forfaiture des dessusdiz qui sont demourans en Guienne avec nosdiz annemis, en leur donnant tout le conseil et aide qu'ilz pèvent contre nous et noz subgiez, en
commectant crime de lèse-majesté envers nous, si comme l'en dit ; Nous
pour considéracion des bons et agréables service que nostre aimé et féal
chevalier feu Girart sire de Rays nous a faiz en son vivant en noz présentes
guerres, à nostre bien aimée Jehanne de Rays naguères seur de nostredit
sieur chevalier, pour elle, ses hoirs qui de lui auront cause à tousjours
mès, avons donné et octroyé, donnons et octroyons par ces présentes, de
nostre auctorité royal, certaine science et grace espécial, tous les biens

meubles et héritaiges des dessus nommez estans esdiz lieux et partout ailleurs en nostre royaulme, qui nous sont et pevent estre advenuz et confisquez par la forfaiture des dessus nommez, comme dit est, jusques à la value de cinq cens livres tournois de terre ou rente par an, à tenir et posseder, et en lever les fruiz, proffiz et revenuz par ladite Jehanne, ses hoirs et qui de lui auroient cause a tousjours mès comme de son propre heritaige, nonobstant que lesdites choses feussent et deussent avoir esté appliquées et mises à nostre demainne et de nostre couronne de France. Si donnons en mandement par ces présentes au seneschal d'Anjou et du Maine, etc... Toutesfois n'est pas nostre entencion ne volunté que si pour aucune cause il advenoit que nous rendissions ou feissions rendre les biens, terres, rentes, possessions et heritaiges dessusdiz aux dessus nommez, nous soions tenuz d'en faire aucune recompensation à ladite Jehanne, ses hoirs ou aians de lui cause, etc..... Donné à Paris en nostre hostel les saint Pol, le tiers jours de Novembre l'an de grace mil IIIᶜ soixante et onze, et de nostre règne le huitiesme.

Ainsi signé : Par le roy, J. DE BERNON (1371).

Commission donnée par l'évêque de Préneste à l'abbé de Saint-Gildas pour informer sur la validité du mariage de Jeanne Chabot et de Jean L'Archevêque (1381) (p. 90).

Cartul. de Rays, nº 173.

Johannes miseratione divina episcopus Prenestinus, religioso viro abbati monasterii sancti Gildasi de nemore ordinis Sancti Benedicti nannetensis diocesis, salutem in Domino. Ex parte nobilis mulieris Johanne domine radesiarum dicte diocesis nobis oblata peticio continebat quod licet ipsa olim cum quodam Rogerio tunc et nunc captivato matrimonium per verba de presenti contraxisset, carnali nondum copula subsecuta, postmodum tamen ipsa cum nobili viro Johanne Archiepiscopo milite eidem Johanne tertio et quarto consanguinitatis gradibus ex eodem stipite provenientibus actinente scienter matrimonium per verba de presenti, licet nullum de facto et clandestine, contraxit, carnali copula inde subsecuta; prole tamen non procreata; postea vero per officialem loci ordinarii fuit ipsis inhibitum ne deinceps insimul cohabitarent, sicut nec ipsa Johanna ex tunc dicto militi cohabitavit; super quibus supplicari fecit humiliter ipsa Johanna sibi per sedem apostolicam de absolucionis debite beneficio misericorditer provideri. Nos igitur auctoritate domini Pape, cujus primarie curam gerimus, discretioni tue, cum ordinarium suum habeat in hac parte suspectum, committimus quatinus, si est ita, ipsam Johannam a generalibus excommunicationis sentenciis quas propter hoc incurrit, et hujusmodi incestus reatu ac excessibus et peccatis suis aliis que tibi confitebitur, nisi talia sint propter que merito sit sedes consulenda predicta, absolvas hac vice in forma ecclesie consueta, et injungas inde sibi auctoritate predicta pro modo culpe penitenciam salutarem et alia que de jure fuerint injungenda. Datum Avinione XV kal. septembris, pontificatus domini Clementis pape VII anno tercio (1381).

─── ──── ······· ────

Cession faite par Jeanne Chabot à son neveu Gui de Laval, de tous ses droits et revenus (1404) (p. 95).

Cartul. de Rays, nᵒ 205.

A tous ceulx qui ces lectres verront, Jehanne, dame de Rays et de Rouxeville, salut. Comme naguères nous avons baillié, quicté, cédé et délessé et transporté à nostre très cher et amé nepveu Guy, sires de Rays et de Blazon, et à ses aians cause touz et chacuns les fruiz, proffiz et esmolumens des chastellenies, terres et baronnie de Rays en Bretaigne, et des terres et chastellenie de la Mothe Achart, des Chaynnes et de la Maurière en Poictou, pour nous en rendre et paier de nostredit nepveu et de ses aians cause par chacun an, nostre vie durant seulement, ce que par nostre bien amé Jehan de Silans arbitre esleu pour nous, et par maistre Georges de La Bossac arbitre esleu pour nostredit . nepveu, et Guillaume Sauvage médiateur en cas de discort, diront et ordonneront que lesdites terres valent et povent valoir, justement déduites et rabatues premièrement et avant toute euvre les charges, pansions, debtes et autres mises qui raisonnablement devront estre déduites..... Et il soit ainsi que pour ce que lesditz arbitres et mediateur ne pèvent pas de présent vacquer ne eutendre à discerner et ordonner quelles sommes de deniers nous aurons et devrons avoir de nostre dit nepveu par chacun an, à cause des choses dessusdites, Savoir faisons que en actendant que lesditz arbitres et médiateur puissent entendre et vacquer en ladite besongue et qu'ilz en aient discerné et ordonné comme faire le doivent, a esté pacifié et accordé entre nostredit nepveu d'une part, et nous d'autre, que doresenavant, par chacun moys, il nous paiera la somme de soixante escuz d'or pour les fruiz, prouffiz et revenues desdites terres de Rays, jusques à ce que lesditz arbitres et médiateur aient ordonné quelle somme nous en aurons..... Donné à Paluyau le XXIIIIe jour du moys de juillet l'an mil quatre cens et quatre (1404).

Arrangement arbitral entre les héritiers de Sebrand Chabot.

(1301) (p. 98).

Dupuy, *mss. 828*, f. 309.

Transaction, sous le nom de Jean de Montfaucon arbitre, entre noble dame Aroïs de Chateaumur, dame de Chantemerle, et Tibaud Chabot,

36

valet, d'une part, et de noble dame de Chateaumur et Eblet de Rochefort, de l'autre partie, pour raison de la succession de Sebran Chabot, chevalier. Les garens à ce appelez sont Messire Guy Chasteigner, Robert de Chizay, etc. MCCCI (1301).

<hr />

Don fait par Charles VII des terres de Loyse de Craon à Thibaud IV Chabot (1423) (p. 106).

Arm. de Baluze, LIV, f. 255, verso.

Charles, par la grâce de Dieu, roy de France. Sçavoir faisons à tous présens et avenir que comme une nommée Loyse de Craon, fille feu Guillaume de Craon, chevalier, et de Jehanne de Montbason sa femme, soit dès longtemps demourant hors de nostre obéissance et en l'obéissance de nos anciens ennemis les Anglois, se soit naguère mariée à un nostre et désobéissant, tenant le party de nosdiz ennemis, faisant et portant guerre à nous et à nos subgectz en la compaignie d'iceulx nos ennemis, et autrement leur ont donné et donnent iceulx Loyse et sondict mary tout port, faveur, confort et ayde, de leur pouvoir et puissance, comme l'on dict ; à ceste cause ait ladicte Loyse forfais et confisquez à nous tous ses biens, héritaiges et possessions, desquelx à ce tiltre povons fère et disposer à nostre plaisir, comme à nous acquis. Pour ce est-il que nous voulant d'iceulx disposer, considérant les bons et recommandables services que nostre bien amé Thibaud Chabot, escuyer, sr de la Grève et de Pressigné, et plusieurs ses parents et amis nous ont faictz et font chacun jour, continuellement, ou faict de nos guerres à l'encontre de nosdiz ennemis et autrement en maintes manières, à très grands pènes et travaulx ; considérant aussi plusieurs grans et excessifz dommaiges que ledict Chabot a euz et soubstenuz, à l'occasion des guerres et divisions de nostre royaulme, par nosdiz anciens ennemis et autrement, en ses héritaiges et possessions et plusieurs grans

mises et despens qu'il a faictes à cause de notre service, pour soy estre
monté et armé en noz voyages, armées et chevauchées, et aultrement en
diverses manières, Voulans aucunement de ce le récompenser, à icelluy
Thibaud Chabot, pour ces causes et considérations, ensemble aussi pour
la considération de la proximité de lignage dont luy atient ladicte
Loyse, qui est sa tante, et que en droit de succession il pourroit en pou
de temps parvenir à la succession d'icelle Loyse, et pour d'autres causes
et considérations qui nous meuvent, avons donné, cédé, transporté et
délaissé, donnons, cédons, transportons et délaissons, de grace espécial
par ces présentes, tout tel droit, part et portion de succession et hoirrie,
que icelle Loyse a et peut avoir et qui luy puet et doit compéter et
appartenir par indivis, à cause de la succession desdiz Guillaume
de Craon et Jehanne de Montbason, ses père et mère, et aussi de Guillaume et Jehan de Craon frères, ès terres, faies, chasteaulx et chastellenies de Colombiers, Savonières, Montsoreau, Montcontour, Marnes,
Jarnac-sur-Charente, Montbason, Saincte-More, Nouatre, la Pierre de
Faou, le Brandon et la Masquière, les appartenances et appendances quelconques d'icelles, avec tous et chascuns les arrèrages des rentes, fruictz,
proufitz ou revenues qui luy en sont et pevent estre deuz, pour d'iceluy
droit, part, et portion de succession et hoirie, que icelle Loyse a et
peut avoir par indivis ès terres et fiés, chasteaulx et chastellenies dessus-
dictes et en leurs appartenances et dépendances quelconques, ensemble tout
ce qui est et peut être deu, avoir, tenir, posséder et exploicter par ledict
Thibaud Chabot et ses hoirs, successeurs et ayant cause ou temps avenir,
l'apliquer à son proufit, et autrement en fère, ordonner et disposer du tout
et à plain comme de leur propre chose, C'est assavoir, les héritages et possessions, jusques à 300 livres de rente chacun an, et les biens meubles et
les arrèrages jusques 2 mil escus d'or pour une fois. Si donnons en mandement.... à nos seneschaux de Xantonge et de Poictou, à nostre bailly de
Touraine, d'Anjou et du Mayne, à nostre gouverneur de la Rochelle, etc...
Donné en nostre ville de Bourges le 8ᵉ d'aoust l'an de grace 1423 et de
nostre règne le 1ᵉʳ (1423).

Lettres de Charles VII, dans lesquelles il déclare la maison de Chabot la troisième de la noblesse du Poitou (1457) (p. 107). Extrait.

Arm. de Baluze, t. LIV, fol. 271, verso.

Lettres de Charles Roy de France, adressant au sénéschal du Poitou, en date du 28 avril 1457, et de son règne le 35e; par laquelle il dit avoir « reçeu l'humble supplication de son amé et féal Loys Chabot, chevalier, seigneur de la Grève et de Montcontour, que comme feu Thibaut Chabot, en son vivant chevalier, père dudit suppliant, fust né et extraict de noble, grant et ancienne lignée, contenu et reputé estre la tierce lignée des nobles de nostre pays de Poictou, et nous ait en son vivant grandement et notablement servi ou fait de nos guerres à l'encontre de nos anciens ennemis et adversaires les Anglois, et soit en nostredit service, à la journée ou rencontre des harens, alé de vie à trespas, seigneur et possesseur des terres et seigneuries de la Grève, le Petit-Chasteau, Chantemerle, et d'autres terres, baronnies, chasteaux et chastellenies, délaisse ledit suppliant son fils et héritier principal, et Catherine et Jeanne Chabot, ses enfants mineurs et en bas-âge, ou bail, tutelle, gouvernement et administration de Brunissende d'Argenton, leur mère, etc. » (1457.)

Lettres de Charles, duc d'Orléans, accordant l'ordre du Camail à Louis II Chabot (1440) (p. 111).

Arm. de Baluze, LIV, f. 263.

Charles, duc d'Orléans et de Valois, comte de Blois et de Beaumont et seigneur de Coucy, à tous ceulx qui verront ces présentes lettres, salut.

Sçavoir faisons que pour la bonne relation qui faicte nous a esté des sens, loyaulté, noblesse, valeur, prudhomie et bonnes mœurs de la personne de nostre bien amé Loys Chabot, escuier, à iceluy avons donné et octroié, donnons et octroions par ces présentes, de porter doresnavant, toutes fois que bon luy semblera, nostre ordre du *Camail*, où qu'il pend le port-espic ; sy faisant sur ce le serment en tel cas accoustumé par ledit Loys ès mains de l'un de nos chambellans. Donné à Blois le XIXe jour de mars, l'an de grace MCCCCXL.

Par Monseigneur le duc : Messire Jean Fouquault, chevalier et plusieurs autres présents.

Signé Hardoin. (1441.)

Testament de Louis II Chabot (1453) (p. 112).

Arm. de Baluze, LIV, f. 261.

Au nom du Père, du Fils, et du Saint Esperit, et de la très Sainte Tri-nité, Amen. Nous, Loys Chabot, seigneur de la Grève et de Moncantour, sain en pensée, en mémoire et en corps, voulans aller au mandement et service du Roy nostre sire en sa conqueste du Guienne, contre ses anciens ennemis les Anglois, et en icelle explecter nostre corps, en ensuivant la con-dition de Messeigneurs nos prédécesseurs, prest et appareillé de partir pour aller en ladite armée, voulans et désirans premièrement pourveoir au salut de nostre âme, et au gouvernement des choses et terres, qu'il a pleu à Dieu nous prester et bailler, ou cas que Dieu fera son commandement de nous en ladite conqueste, faisons et ordonnons nostre testament et derrenière vo-lunté en la forme et manière qui ensuit :

Premièrement, nous recommandons nostre âme à Dieu le Père, le Fils, le Saint Esperit et à la Sainte Trinité, à tous ensemble, qui n'est que ung seul Dieu en trois personnes, lequel ainsi nous croions et voulons vivre et morir en icelle créance et espérance, que quant l'âme partira de nostre corps, il luy plaira la recevoir et mectre en sa gloire de Paradis, le priant humblement qu'il ne regarde pas ès pechez et maulx que nous avons fait et fesons de jour en jour, qui sont innombrables.

Item, nous voulons que nos debtes, bien et loyaument congneues et prouvées, soient payées par la main de nos exécuteurs, qui sont cy-dessoubz nommez, sur les deux parts de nos terres qui escherront à nos héritiers et que elles soient faictes crier à Montsoreau, Tours, Chantemerle, La Grève et Moncantour, et que nosditz exécuteurs paient au chapellain de la chapellenie du chastel de Montsoreau le revenu de cinq ans ou environ que vaut ladite chapellenie, lequel revenu est payé par la main du seigneur dudit lieu, pour ce que nous n'en avons riens payé de cinq ans que nous en avons esté seigneur, et aussi que ledit chapellain soit contrainct à faire le service qu'il doit et devoit faire durant ledit temps.

Item, nous louons, ratiffions, confirmons et aprouvons la donnaison mutuelle, faicte par avant ce aujourd'huy, entre nous et nostre très chère et amée Jehanne de Courcilhon, nostre femme et expose, et voullons qu'elle en joysse selon le contenu et forme d'icelle, au moins en telle portion que elle pourra valloir et soustenir, tant de droict que de coustume, laquelle nous voullons estre de valleur, tant pour les causes contenues en ladite donnaison, que aussi ad ce que nostre très chère et très amée femme et expose soit plus encline, meue et tentive a fère des biens, et prier Dieu pour l'âme de nous et de nos prédécesseurs, et fère et accomplir aucunes choses que nous luy avôns dictes et desclarées et expressément enchargées, et lesquelles nous remectons à elle, que aussi pour eschange d'aucunes grandes sommes de deniers que nous avons eu d'elle.

Item, nous recommandons nostredite femme et expose et aussi Marie Chabote, nostre fille, à Madame nostre mère Madame Brunissant d'Argenton, à nostre oncle Messire Regnaut Chabot, chevalier, seigneur de Jarnac et d'Aspremont, à nostre frère Messire Jehan de Jambes, chevalier,

seigneur de Montsoreau, mary de Jeanne Chabote, nostre seur et à nostredite seur, et les prions et requérons et chacun d'eulx, qu'ils leur soient bons
et féaulx, et qu'ils leur secourent et aydent en leurs nɔcessitez et au gouvernement de leurs corps et biens, et qu'il plaise à nostredite mère entretenir et tenir bons termes à nostre dite femme et fille, et ne leur fère nul
tort. Outre prions et requérons à nostre dit frère, Messire Jehan de Jambes
et à nostre dite seur, sa femme, qu'ils ne molestent ma dite femme et fille,
tant de leur partage que nostre dite seur a avec nous, que d'autres choses
en quoy nous leur pourrions être tenu, et que ils leur fassent ainsi et en la
la forme et manière qu'ils vouldroient que nous feissions pour eulx, si le
cas leur advenoit.

Item, nous élisons nos exécuteurs nostre dit oncle, Messire Regnaut
Chabot, nostre dit frère, Messire Jehan de Jambes et nostre dite seur, sa
femme, et aussi nostre dicte femme et expose, et chacuns d'eulx pour soy et
pour le tout, ausquelx nous supplions et requérons qu'il leur plaise en
prendre la charge et faire en l'exécution dudit cestui testament tout ainsi
qu'ils verront estre à faire.

Item, nous requérons estre enterré, s'il est possible, si nous allons de
vie à trespassement en ce voyage et armée, en l'église de Nostre Dame de
Moncantour, devant l'image de Nostre Dame, sous l'arceau devers ladite
image, devant le grand autier ; sinon, que nostre ensépulture y soit faicte,
afin qu'il soit mémoire de nous. Et la cause qui ad ce nous esmeut est pour
ce que nous avons dévotion à l'image de Nostre-Dame qui là est, plus qu'à
nul autre, et aussi pour ce que nous avons donné à nostre dite amée femme
et expose, Jehanne de Courcilhon, Moncantour et Marnes, ainsi qu'il puet
apparoir par la lettre de donnaison passée entre elle et nous, et dont dessus
avons fet mention, et par ce moyen elle et les siens feront ou devront fère
prier Dieu pour nous et nous avoir en mémoire plus souvent.

Fait le Vᵉ jour de May, à Charroux, en allant en l'armée dessusdite, l'an
mil CCCC cinquante et trois (1453).

Lettres de Louis XI nommant Louis II Chabot son chambellan.
(1464) (p. 114).

Arm. de Baluze, LIV, f. 263, verso.

De par le roy,

Maistres de nostre hostel, et vous maistre et contreroolleur de nostre chambre aux deniers, sçavoir vous faisons que, pour le bon et grand rapport qui fait nous a esté de la personne de nostre amé et féal chevalier, Loys Chabot, seigneur de la Grève, et de ses sens, vaillance, loyauté, et bonne preudommie, iceluy avons retenu et retenons par ces présentes, en nostre chambellan, pour nous servir doresnavant oudit office, aux honneurs prérogatives, prééminences, privilèges, libertez, franchises, gaiges, droictz, prouffitz et esmolumens accoustumez et qui y appartiennent. Si vous mandons, etc.....

Donné à Saulmur le VI jour d'Apvril l'an de grace M.CCCC.LXIII avant Pasques. (1464.)

Par le roy,

Signé : ROLANT.

———————

Contrat de mariage de Madeleine Chabot (1470) (p. 116).

Arm. de Baluze, LIV, f. 266 verso.

A tous ceux qui ces présentes lettres verront et orront, Loys François, clerc, garde du seel estably aux contractz à Poictiers pour le roy nostre sire, personnellement establis par devant les notaires cy-dessoubz escriptz, noble et puissant Messire Loys Chabot, chevalier, seigneur de la Grève, et dame Jehanne de Courcillon, sa femme, autorisée ladicte dame dudit seigneur de la Grève quant aux choses cy-après contenues et escriptes faire, passer et accorder, d'une part, et Navarrot d'Anglade, escuier, d'autre part, lesquelles parties et chacune d'elles ont cognu et confessé, cognoissent et confessent par ces présentes, avoir fait, passé et accordé entre elles, en la présence du roy nostre sire, les traictés, promesses, parties et convenances ci-après desclarées, touchant le mariage pourparlé et accordé dudit escuier et de damoiselle Magdeleine Chabot leur fille.

C'est à sçavoir, que ledit escuier prendra ladite damoiselle à femme espouse en face de sainte église, o tous et tieulx les droictz de succession paternels, maternels et collatéraux, tieulx que luy pourroit advenir et escheoir pour le temps advenir; et, en faveur dudit mariage, ledit escuier a promis et sera tenu bailler paravant les espousailles de luy et de ladite damoiselle, entre les mains de Messire Jehan de Daillon, chevalier, seigneur du Lude et de Messire de Monléon, ou de l'un d'eulx, la somme de deux mil escus d'or, pour bailler au seigneur de Maillé, afin de ravoir et atrayre à soy les terres et seigneuries de Colombiers, de Savonnières, autresfois vendues et transportées par ledit Messire Loys Chabot, chevalier, père de ladite damoiselle, audit seigneur de Maillé, lesquelles terres et seigneuries seront l'héritage dudit escuier.

Et avecques ce, le roy nostre dit seigneur, pour et afin que ledit mariage pourparlé se accomplisse et en faveur d'icelluy, a donné et donne audit escuier la somme de douze cens livres tournois, à estre prinses et levées du quart du sel du pays de Poictou, jusques ad ce que le roy nostre dit seigneur ait baillé et assigné audit escuier, en bonne et souffisante assiette, mil livres d'annuelle et perpétuelle rente, ou qu'il ait baillé et délivré audit escuier les droitz, parties et porcions que Messire Jehan de Jambes, chevalier, et sa femme ont et prétendent avoir, au moyen de certain achapt et ypothèques en et sur la terre et seigneurie d'Argenton et autres terres et seigneuries qui furent et appartindrent à feu Messire Antoine d'Argenton.

Et est dit et convenancé entre lesdites parties que s'il avenoit ledit escuier décéder paravant ladite damoiselle, sa future espouse, en iceluy cas, ladicte damoiselle aura et prendra sur les biens dudit escuier un tel et semblable douaire, que la coustume du pays de Poictou veut et ordonne, sçavoir est, la moitié des chouses rousturières et la tierce partie des chouses nobles.

En tesmoin desquelles chouses, nous dit, le garde du seel royal, iceluy à ces présentes lectres, à la requeste desdites parties et à la féalle relation des notaires cy-dessoubz escriptz, avons mis et appousé.

Donné, fait et passé le IVᵉ jour de fevrier l'an mil CCCC soixante et nuef. (1469).

VIANT. FOUREST.

Constitution de rente faite par Regnaud Chabot, seigneur de Jarnac, à Jean Juvenal des Ursins archevêque de Reims (1464-1465) (p. 122).

D. Fonteneau, XVII, f. 547.

Très-révérend père en Dieu, Monsieur Jehan Juvenel des Ursins, archevesque de Reims et premier pair de France, auquel noble homme Messires Regnault Chabot, chevalier, seigneur de Jarnac en Poitou, ou diocèse de Saintes, et Messires Loys Chabot, son fils, chevalier, seigneur de Bryon en Berry, ou diocèse de Bourges, dès Mardi dernier passé, vendirent et constituèrent à tousjours et promisrent garentir, chascun pour le tout, cinquante livres tournois de rente annuelle et perpétuelle, tant sur lesdites seigneuries de Jarnac et Bryon, comme généralement sur tous les autres biens meubles, héritages, seigneuries, cens, rentes, revenues et possessions, immeubles, et ceulx de leurs hoirs présens et advenir, et d'un chacun d'eulx pour le tout, de ladite rente fournir et faire valoir ; moiennant le prix et somme de cinq cens livres tournois que lesdits seigneurs de Jarnac et Bryon en ont eu et receu dudit Monsieur de Reims, et comme plus à plain tout ce est contenu ès lectres de ladite constitution de ladite rente ; confesse icelluy Monsieur de Reims avoir donné et donne, de sa grace et courtoysie, faculté et temps ausdits seigneurs de Jarnac et Bryon de rachapter ladite rente de cinquante livres tournois, par eulx et leurs hoirs, dedans la Saint-Jehan-Baptiste prochainement venant, en troys ans ensuivans, en payant et restituant à une fois seulement ladite somme de cinq cens livres tournois, avecques les arrérages qui au temps du rachapt seront dehus et escheuz à cause de ladite rente. Promectant et obligeant, etc.....

Fait l'an mil quatre cens soixante et quatre, le samedi neufviesme jour Fevrier. (1464).

(Suit la quittance de l'Archevêque, du 14 juin 1469).

Quittance donnée par Louis Chabot, seigneur de Jarnac. (1474) (p. 124).

Bibl. nation., mss. — *Titres scellés,* v. Chabot.

Nous, Loys Chabot, chevalier, s^r de Jarnac, conseiller-chambellan du roy nostre seigneur, cappitaine de partie des nobles du ban et arrière-ban du pays de Poictou, confessons avoir eu et receu de Sieur Jehan Briconnet aussi conseiller dudict seigneur et receveur principal de ses finances, la somme de deux cens livres tournois, que le roy nostredict seigneur nous a ordonné pour entretènement en son service en ladicte charge, durant ceste présente année, commençant le premier jour d'octobre derrenier passé ; de laquelle somme de II^c l. t. nous nous tenons pour contens et bien payés. Sy en quictons ledict Jehan Briconnet receveur général et tous aultres. En tesmoing de ce, nous avons signé ces présentes de nostre main et faict seeller du seel de noz armes, le XXIIIe jour de Mars l'an mil CCCC soixante quatorze, avant Pasques. (1474).

LOYS CHABOT.

(Sceau en cire rouge).

Epitaphe d'Antoine Chabot, grand prieur de France, dans l'église du Temple. (1507) (p. 127).

Bibl. nation., mss. — *F. Franç.* 8217.

Cy git noble et religieuse personne, Frère Antoine Chabot, chevalier, grand prieur de France, natif de Jarnac au prioré d'Aquitaine, lequel par ses vertus et mérites est parvenu à la dignité de grand prieur de France, et trespassa le VIe jour de novembre MDVII.

Priez Dieu pour son âme.

Au dessus sont les armes des Chabot : *D'or, à trois chabots de gueules, au chef de Malte.*

Lettre de Charles Chabot au Grand-maitre Anne de Montmorency.

(p. 135).

Bibl. nation., mss. — *F. Franç.* 2974, f. 98.

Monsieur, à mon retour de la Rochelle m'en suys venu chez moy pour faire tenir prestz les arrière-ban et frans archiers, et ay eu lectres de la court de Parlement de Bourdeaulx et de Potou, et advertissemens que les Espaignolz se fortiffient à Sainct-Sébastien et au passage de navires, gallions et pynaces en plus grand nombre qu'ilz n'ont acoustumé, pour venir en l'isle de Ré qui est à une lieue et demye d'icy. Et par adventure, Monsieur, qu'ilz viendront en ceste ville et s'ilz y font effort en grand dangier de la prandre, car elle est en aussy mauvaise ordre qu'il est possible, et ne veullent souffrir ceulx de la ville, combien qu'ilz ayent veu lesdictes lectres et advertissemens, que je y mecte homme pour leur ayder à la garder et les treuve en très maulvaise volenté, et ne sçay à quoy me tenir d'eulx, dont ay bien voulu advertir le roy et vous pour ma descharge.

Monsieur, je suy icy sans gens, sans argent, et sans estre obéy, et ne voy le moyen d'y povoir faire service au Roy, s'il n'y donne ordre, par quoy je vous supplie, monsieur, y pourveoir, ou que le plaisir dudict sieur soit de m'employer en autre chouse.

Monsieur, Montigny présent porteur qui est commissaire de l'artillerye ordonné en ceste ville vous dira le surplus. Je vous supplie le croyre, ensemble me faire rembourser des fraiz et mises que j'ay faictz et que je fays tous les jours. Priant Dieu, Monsieur, qu'il vous doint très bonne vie et longue.

De la Rochelle, ce trois jour d'avril. (1536).

(A Monsieur, monsieur le Grand-maistre).

Délibération du conseil royal de la ville de la Rochelle. (1536) (p. 135)

Bibl. nation., mss. — *Pièces origin.*, 642, n° 43.

Au conseil du Roi, aujourd'hui tenu en la ville de la Rochelle, auquel estoit noble et puissant seigneur, Messire Charles Chabot, chevalier de l'Ordre, sieur de Jarnac, Montlieu et Sainte-Aulaye, gentilhomme de la

Chambre du Roy nostredict seigneur, maire et cappitaine de la ville et cyté de Bourdeaulx, gouverneur, cappitaine et maire perpétuel de la ville de la Rochelle et vis-admiral de Guyenne ; le lieutenant-général, les advocat et procureur du roy, après récyt faict par ledict lieutenant, que dès le cinquiesme jour de ce présent moys d'avril, le feu s'estoit mis en l'appentif couvert d'ardoise du chastel et prisons du roy en ladicte ville, et auroit bruslé portion de la couverture dudict appentif, et que pour estaindre le feu on auroit esté contrainct descouvrir et mectre par terre ung autre portion d'icelluy appentif, ainsi que ledict sieur gouverneur et lesdictz lieutenant, advocat et procureur du Roy avoyent veu à l'œil et esté présens à faire estaindre le feu, et qu'il estoit besoing pourveoir à faire recouvrir et réparer ledict appentif, parce que c'est le lieu où sont retirez et gardez les prisonniers : A esté ordonné et délibéré que le maistre-voyer du roy, nostredict seigneur, en ceste ville, appellez avec lui les maistres recouvreurs, charpentiers et autres à ce congnoissans, verra en présence dudict procureur du roy, ou de son substitut, et divisera ce qui est nécessaire et à faire pour la réparacion de ce qui a esté bruslé et desmoly, et ce qui en sera par luy divisé sera crié à son de trompe et baillé au rabays en l'audictoire royal de ceste ville, et la somme, à laquelle l'affaire sera livré, sera marchandé et laissé au rabays, sera payée et baillée par le receveur ordinaire des dommaynes du roy.....

Faict audict conseil, le Lundi, dixiesme jour d'Apvril, l'an 1536.

CHARLES CHABOT,

G. JOUBERT, procureur, etc.

Lettre de Guy I Chabot au roi [1]. (1547) (p. 138).

Mss. Dupuy, t. 137.

Sire, avec vostre bon plaisir et congé je di que François de Vivonne a menti de l'imputacion qu'il m'a donnée, de laquelle je vous parlai à Compiègne, et aussy qu'il a menty de la seconde imputacion qu'il m'a faicte par le premier escript qu'il vous a présenté, et davantaige qu'il a meschamment et malheureusement menty de la tierce, orde et infâme imputacion qu'il m'a faicte par le second escript qu'il vous a présenté ; et pour ce, sire, je vous suplie très humblement qu'il vous plaise luy octroyer le camp, à toutte outrance, et quant et quant de vouloir premièrement déclarer de laquelle des trois imputacions ledict François de Vivonne est tenu de me prouver, et s'il est quicte de la première imputacion par la seconde, et de la seconde et de la première par la tierce. (Juin 1547).

GUI CHABOT.

Lettre de Madeleine de Puiguyon, dame de Jarnac, au roi.

(1547) (p. 139).

Vulson de la Colombière. — *Théâtre d'honneur*, t. II.

Supplie humblement Magdelaine de Puyguyon, femme du seigneur de Jarnac, chevalier de vos ordres, comme dès pieça la suppliante ait poursuivy François de Vivonne, seigneur de la Chasteigneraye, en vostre privé conseil, en matière de réparacion d'honneur, pour raison de certains propos

---

1. De toutes les pièces concernant ce fameux duel, telles que, le cartel, les lettres des deux adversaires, l'autorisation du roi, la description du combat, etc., nous ne donnons ici que les deux lettres suivantes, comme étant les moins connues.

scandaleux et injurieux, escripts par ledict de Vivonne en ung sien carte, présenté au feu roy contre l'honneur de ladicte dame ; auquel procès est intervenu arrest interlocutoire, en datte de vingtiesme jour de janvier 1546, suivant lequel ledict sieur de Vivonne est appellé pour comparoir en personne audict privé conseil;..... à quoy ledict sieur de la Chasteigneraye n'aurait obéi, ains pour rendre illusoire et inutile la poursuite faicte par ladicte suppliante contre ledict de Vivonne pour la réparation de son honneur, il poursuit en matière de combat Guy Chabot seigneur de Montlieu, au préjudice du droict d'icelle suppliante : Ce considéré, sire, il vous plaise ordonner le différend pour ledict combat et exécution d'iceluy estre tenu en surséance, jusques à ce qu'il soit connu et décidé de la poursuicte faicte contre ledict de Vivonne, comme préalable et préjudiciable, et moyennant ce ladicte suppliante sera tenue à prier Dieu pour vostre royalle majesté. (Juin 1547).

M. DE PUYGUYON.

Lettre de Guy I Chabot au cardinal de Lorraine et au duc de Guise

(1560) (p. 139).

Bibliot. nation., Mss. — *Pièces origin.*, 642, f. 66.

Messeigneurs, vous entendrez par le secrétaire Bigot présent porteur la dilligence de laquelle j'ay usé pour exécuter le commandement et voulenté du roy ; lequel vous satisfera plus amplement de toutes choses que je ne vous sçaurois faire ; et attendant cest honneur que de vous embrasser la cuysse ¹, je ne veulx faillir de vous remercyer très humblement de la bonne

---

1. Ancienne locution qui signifie *saluer quelqu'un, lorsqu'il descend de cheval. (Dict. de Trévoux)*.

souvenance que vous avez heue de moy à ceste St-Michel, qui m'est telle obligation, avec la naturelle voulenté que j'ay, que je vous puys asseurer qu'il n'y a gentilhomme en France plus vostre très humble et fidelle serviteur que moy.

Et d'autant, Messeigneurs, que, par la lettre qu'il vous a pleu m'escrire, vous me mandez qu'il seroit meilleur que je prinse ung estat ordinaire pour lieutenant de roy à la Rochelle, de mille ou douze cens livres, il n'y a lieutenant de roy en France qui n'en ayt plus de trois mille, et n'y en a poinct qui dépende plus honorablement que moy, de mon équallité; et m'a cousté deux mille escuz ce derrenier voiaige sans avoir heu un denier. Car l'assignation de mille francs qu'il vous a pleu m'envoier, je n'en seray payé de troys moys. Je prandray et laisseray ce qu'il vous plaira, comme celluy qui est remis de toutes choses à voz voulentez; vous suppliant très humblement, Messeigneurs, voulloir entendre que je n'eus jamais présent d'ung seul escu ny bienfaict de roy que j'aye servy. Car les estatz qui sont entre mes maîns, je les ai acheptez, et m'a esté donné le gouvernement de la Rochelle que j'ay, pour récompence de la cappitainerie du chasteau du Ha et de la mairie de Bordeaulx, qui ne m'est demeurée que par usufruict, dont j'estoys en propriété auparavant que Monsieur le Connestable y allast. Et combien que je vous importune par la longueur de ma lettre, je vous diray que, estant arrivé en ce lieu, j'ay trouvé ma femme en telle extrémité de malladie que je vous supplieray très-humblement pour quelques jours me laisser auprès d'elle. Toutesfois, si le service de Sa Majesté ou le vostre se presente, je laisseray toutes choses pour y satisfaire d'aussi bon cueur que je vous présente mes plus affectionnées, très humbles et très obéissantes recommandations à voz bonnes graces, priant nostre Seigneur, Messeigneurs, vous donner en prospérité très heureuse et contante vye.

De Jarnac, ce VIIe novembre 1560.

Vostre très humble et très obéissant, affectionné fidèlle serviteur,

Guy Chabot.

Messeigneurs, il vous plaira faire payer à ses pauvres gens de la Rochelle qui ont fourny les vivres aux gallères. de Monsieur le grand-prieur par le commandement du roy et s'en vont destruictz, s'il ne vous plaist y mectre la main.

Lettre de Guy I Chabot au duc de Guise. (1560) (p. 139.)

Bulletin de la Société archéologique de la Charente, t. IV, 1866, p. 359.

Monseigneur, suivant le commandement du roy, et après avoir baillé ses lettres au chancelier Bouchard, et tenu la main que sa voulenté soit ensuyvie, ledict Bouchard s'est délibéré escrire à Sa Majesté ce que vous verrez, et à l'ouyr, il désire fort recepvoir cest honneur de parler à vous. J'ay adverty le sr d'Auzances de le venir prandre, qui n'est encores venu, pour l'envye que j'ay d'en estre deschargé, ne voullant tumber en danger d'estre responsable d'ung tel personnaige, et aussi supporter la despence que j'ay faicte depuis qu'il a pleu à ladicte Majesté me commander de le prandre, pour la nourriture de sept ou huict hommes d'armes de ma compaignye pour le garder, ce que je ne puys faire. Et m'asseurant que toutes choses vous sont si clarées et de toutes partz estes si bien adverty des entreprinses qui estoient, je me garderai faire doubte du bon remède que Monseigneur vostre frère et vous y mettrez ; qui est bien requis. Et d'autant que j'ay entendu qu'il y a encores des fols en la Gascongne, et qu'ilz debvoient Dimanche dernier assembler toutes leurs églises pour prendre une résolution, j'ay envoyé gens pour en savoir des nouvelles, pour incontinant vous les mander. Monsr de Bury, Monsr d'Aussun et moy avons conféré ensemble de cela, qui ont délibéré en faire le semblable et sauf vostre meilleur advis.

Monseigneur, si Monsr le mareschal de Termes avec ses troupes marcheoit et faisoit un voiage jusques là, ce seroit bien faict pour chastier ceulx qui le méritent. Et pour respondre à ce qu'il vous a pleu me mander que des vivres et munitions ont esté menées à la Rochelle pour y estre vendues, et de l'argent qui en proviendra sera baillée assignation aux marchans et boulangers qui ont fourny les biscuitz et vins à Monsr le Grand-Prieur de France, vostre frère, je vous diray que quand tout sera vendu, il ne s'en trouvera que pour six cens livres au plus, et lesditz vins et biscuitz se montent deux mille troys cens tant de livres, tellement que les pauvres gens meurent de faim et ont habandonné la pluspart leurs maisons pour me venir cercher jusques icy. Et s'il ne vous plaist commander à Messieurs de Boysvilliers et de Grandville d'en bailler prompte et seure assignation, cela prandra une grande longueur qui seroyt la totale ruyne de cesdictz povres gens. J'ay tousjours l'œil à la Rochelle et à mon gouvernement, dont je suis d'heure en autre adverty, pour ne faillir à ce qui est digne du service du roy, ayant à présent tel plaisir que peult avoir ung mary bien aymant sa femme, la voyant en telle extrémité de malladye que je voy la mienne. Toutesfoys, cela ne toutes autres choses ne me sauroyent faire perdre l'envye que j'ay d'abandonner cinq cens vyes, si je les avoys, pour ensuivre le service du roy et le vostre.

En cest endroict, je supplie Nostre Seigneur, Monseigneur, vous donner très heureuse, prospère et contante vye, et moy demeurer pour jamais très humblement en vostre bonne grace.

De Jarnac, ce dix-neufiesme novembre 1560.

Vostre très humble, très obéissant et très affectionné et fidèle serviteur,

GUY CHABOT.

Lettre de Guy I Chabot au duc de Guise (1560) (p. 139).

Bulletin de la Société archéologique de la Charente, t. IV, p. 362.

Monseigneur, ce porteur estant dépesché, Monsr de la Roche-Pozay m'a prié d'envoyer le mareschal des logis de ma compaignye qui avoit en garde le chancelier Bouchard, pour recongnoistre et vous affirmer comme il faut au bout du roolle, le nombre des gentilshommes qui sont venuz avec ledit s^r de la Roche-pozay, pour servir de forces et accompaigner ledict chancelier Bouchard, lequel est party aujourd'huy de céans comme vous dira ledict porteur. Ayant sceu tout à présent par mon frère de Saincte-Foy, qui ne fait que d'arriver, le contentement que luy avez dict que le Roy et vous avez de moy, et l'asseurance du fidel service que je luy randray pour jamais sans recongnoistre personne de ce monde que Sa Majesté et vous, Monseigneur, et à Monseigneur vostre frère ¹, sincère service, et n'y espargner vye ni biens ; et pour mieulx estre adverty des choses dignes de mon debvoir, il vous plaira me mander ce que entendrez de pardeça, affin d'ouvrir l'œil pour plus promptement à ce qui sera de mon debvoir tenir la main au service de Sa Majesté et au vostre. En quoy mon frère fera le semblable, suppliant Nostre-Seigneur, Monseigneur, vous donner très heureuse, très contente et prospère vye, et moy pour jamais très humblement recommander en vostre bonne grace.

De Jarnac, ce vingt-sixiesme jour de Novembre, à dix heures du soir, 1560.

Vostre très humble, très obéissant et très affectionné fidelle serviteur,

GUY CHABOT.

Lettre de Guy I Chabot à Catherine de Médicis (1561) (p. 140).

Bibl. nation. Mss. — *F. franç.* 3186, f. 138.

Madame, suivant le commandement qu'il a pleu à Vostre Majesté me faire, de vous advertir de toutes choses qui passeront de pardeça, je n'ay

---

1. Le cardinal de Lorraine.

voullu faillir expressément dépescher ce porteur, pour vous faire entendre
que puys peu de jours ilz se sont faictes des assemblées de deça, esquelles
est intervenu grande mutinerie et sédition, pour la diversité des opinions
différentes les uns aux autres touchant la religion, et jusques à s'entretuer,
où les officiers du roy ne peuvent ou ne veullent mettre ordre ; chose de dan-
gereuse conséquence et qui ne peut apporter que une grande désobéissance
et sédition : à quoy il me semble estre très requis et nécessaire pourveoir.
A ceste cause, Madame, pour obvier à telle entreprise, je n'ay voullu faillir
vous en advertir, craignant que soubz le manteau de la religion il y ait sédition et eslévation populaire, et que la noblesse y soit meslée, d'autant
que des deux partyes il y en a bon nombre ; ne voullant aussi faillir vous
dire qu'en ma terre de Jarnac les ministres preschent publicquement, où il
y a grosse assemblée, mais sans aucune contradictions ny esmotions les
ungs contre les autres, ne suivant que la parolle de Dieu. Et quand j'auray
reçeu les commandemens du roy et de vous, je les suivray et mettray
ordre au mieulx qu'il me sera possible de les exécuter, et pour de bien en
mieulx conduire les choses à vostre volunté en mon gouvernement. Je y
serai dans peu de jours, ne voullant faillir vous dire que jusques icy je y
voy ung chacun vivre en unyon et tranquillité, suivant les commandements
du Roy et les vostres ; ne y pouvant demeurer à la despense que je y faictz
sans estre payé de mon estat, qu'il pleut au feu roy me donner, dont il
m'est deu deux mille livres sans mes autres pentions, remettant cela en
toutes choses de moy à vostre bon plaisir, pour supplier nostre seigneur,
Madame, vous donner en prosperité très heureuse, très contante et très
longue vye.

De Jarnac, ce VIIIᵉ juing 1561.

Vostre très humble, très obéissant et très affectionné fidèlle serviteur et
naturel subject.

GUY CHABOT.

Lettre de Guy I Chabot à Catherine de Médicis (1562) (138).

Biblioth. nat. — *Fonds franç.* 15877, f. 99.

Madame, puisque le venin de la conspiration faicte et conjurée a lencontre de moy, par ceux qui me sont ennemis mortelz, pour avoir fidellement obéy et unicquement recongnu les commandemens du roy et vostres, dont je vous ay cy-devant advertie, et si abundant qu'il soit parvenu jusques aux oreilles de Vostre Majesté, ainsi qu'il vous a pleu m'advertir, dont je vous mercie trés humblement ; ce m'est ung très suffizant tesmoignage qu'il est tres contagieux et mortel pour moy, à faute d'y pourveoir oportunément. Et d'autant qu'il vous a pleu, Madame, me faire ceste grace et faveur de m'en donner l'advertissement, sans toutesfois me pourveoir et secourir des remèdes que tant de foys j'ay demandés, je me suis déliberé de les cercher, affin que je me puisse asseurément conserver en ma maison, où je me suis résolu pour ces raisons acheminer bientost, tant pour cela, que pour donner ordre à la santé de ma femme, regarder à mes affaires et me guérir d'une malladye qui me tient dès le commancement de l'esté ; en délibération incontinant m'en aller baiser les mains du roy et les vostres pour recepvoir les bons plaisirs et commandement de Vostre Majesté. Et quant à l'asseurance et conservation de ceste place, ma présence n'y est nullement requise, n'ayant les moiens de me prévalloir en ce qui deppend [de] l'autorité du roy, et me semble, Madame, sauf vostre milleur advis, pour mieux et asseurément la conserver, qu'il seroit bon en laisser la charge aux habitans de cette ville, en attendant qu'il ait pleu à Vostre Majesté autrement y pourveoir et ' donner ordre, remettant le surplus pour vous dire quand j'auray cest heur d'estre auprès de Vostre dicte Majesté.

Madame, je supplie nostre bon Dieu vous conserver en très bonne santé, très heureuse, très longue et contante vie.

De la Rochelle, ce XXIIme septembre 1562.

Vostre très humble, très obéissant et très affectionné fidelle serviteur,

GUY CHABOT.

Madame, il me semble qu'ung pardon général divertiroit l'opinion et follye de beaucoup de desesperés, folz et séditieux, faisant dilligenter les réparations des ruynes le plustost qu'il m'est possible ; dont il vous plaira commander la quictance des deux mille livres de l'emprunt, et croire ce gentilhomme présent porteur de ce qu'il vous dira de ma part. (1562.)

Lettre de Jeanne Chabot au duc de Nevers (1559) (p. 141).

Bibl. nation., Mss. — *F. franç.* 3419, f. 91.

Monseigneur, je tiens vostre parolle si véritable et vos promesses si saintes et inviolables que je ne croiray jamais que vous vouliez au préjudice d'icelles avouher aucun qui les veille violer et changer. Vous me feites cet honneur dernièrement de m'asseurer que ceux que vous aviez commis à la garde de vostre chasteau des Ais ne feroient point la guerre à ceux de ceste ville. Mardy dernier en nuict, dix de ceux là furent trouvez sur le grand chemin espians les marchans de ce lieu qui allaient à Rian, et celuy qui les conduisoit pour exécuter un si bel acte pris avec quatre autres. Je les ay reservez et les faicts garder, attendant vostre avœu ou desavœu, pour en faire ce que vous commanderez. Ilz ne se sont pas contentez de cet acte trop contraire à la parolle qu'il vous a pleu me donner. Ilz ont encores jourd'huy pris trois serviteurs d'aucuns habitans de ceste ville, qu'ilz rudoient et dient qu'on ne les aura jamais que les soldatz ne soient en liberté. S'il ni alloit de vostre respect et que je ne desirasse en tout vous servir et complaire, croiez, Monseigneur, encores que je ne sois qu'une femme, je tirerois bien raison de telles gens, et croy que vostre grandeur saura bien chastier ceux qui contreviennent à voz commandemens. Ce vol qu'ilz désiroient faire est si avéré qu'il n'y a rien plus certain, et m'asseure que vous ne permettrez que ung tel acte demeure sans une punition exemplaire. Je vous représente la verité pour ordonner aux coulpables le chastiment digne de leurs démérites. Au surplus, Monseigneur, avec vostre licence, je vous feray une requeste pour partie de vos pauvres subjects des Ais qui ne sont sortis de leurs maisons et retirez en ce lieu que pour éviter la domination de ceux de Sancerre, vous pouvant asseurer qu'ilz n'ont jamais eu et n'ont encores aultre intention, sinon que de vous obéir et vous recongnoistre pour leur naturel seigneur ; ce sont de pauvres gens fort zellez à vostre service. Je vous supplie, Monseigneur, les vouloir recepvoir en voz bonnes graces, et ne permettre que ceux qui commandent aux Ais les tiennent la plus part en prison, et emportent ce qui leur appartient en leurs maisons, quand vous leur commanderez qu'ilz se retirent en icelles, et que les asseurerez d'y pouvoir seurement demourer, ilz obéiront à vos commandements et vous trouverez bien servy et bien obéy d'eux. Aultrement, vous mettrez de pauvres gens au désespoir, lesquels ne peuvent estre accusez d'aucune faulte, sinon de n'avoir voulu consentir et se rendre à ceux qu'ilz ne tiennent pour vos serviteurs. Si leurs justes remonstrances ne sont suffisantes pour vous adoucir et obtenir de vous ce qu'ilz desirent, que vostre clémence et humble prière que je vous en faits puisse leur apporter ce bien et à moy ce contentement de veoir que les appeliez à vous et les recepviez pour vos serviteurs ; et prye Dieu, après vous avoir baisé les mains très humblement, qu'il vous donne, Monseigneur, en toutte prosperité ce que desirez.

A Bourges, ce XXVIIIe jour de jullet 1559.

Vostre très humble et obéissente servente,

JARNAC.

Lettre de Jeanne Chabot au duc de Nevers (1559) (p. 141). —Autographe

Bibl. nation., Mss. — *F. franç.* 4716, f. 61.

Monseigneur, si vostre bon naturel n'estoit congneu d'ung chascun plus

facille à pardonner les ofences qui vous sont faites que non pas d'en tirer
raison et de les chastier, je craindrois de vous suplier d'avoir pitiay d'ung
povre homme nommé Rabi, que vous voullés, à ce que j'entens, faire punir ;
mals enfin, mectent toutes considérations en arière, m'an viens sur vostre
clémence, et d'ailleurs forsée par les pleurs et instentes prières que me fait
sa mère et plusieurs parans qu'il a, luy ainsay, Monseigneur, avec vostre
permission vous suplier très humblement qu'il vous plaise lui pardonner et
le faire mectre en liberté, considérent qu'il sera assez justement chastiay de
ses fautes, estent privé de vos bonnes grâces et du moien que lui aviez
donné de gaigner sa vie et nourir sa povre mère. Je me promaits, Monseigneur, saite grace de vous, laquelle je recongnoitré, avec infinis faveurs que
j'ai resue du mesme endroict, par le très humble servise que je désire vous
rendre, m'onorent de vos commendemens ; et sur sainte vérité, j'ose vous
baiser les mins en toute humilité et révérense, faisent prière à Dieu, Monseigneur, pour vostre santé prospaire, heureuse et longue vie.

A Bourges, ce XXIIII juillet (1559).

> Vostre très humble et très obéissante servente,
>
> JARNAC.

---

*Quittance donnée par Léonor Chabot, seigneur de Montlieu, puis
de Jarnac (1564) (p. 141.)*

Bibl. nation. Mss. — *Titres scellés,* v. Chabot.

Nous, Léonor Chabot, chevalier, s^r de Monlieu, gentilhomme servant en
la maison du roy et lieutenant en la compaignie de Monsieur de Jarnac,
confessons avoir reçeu de Mre Claude du Lyon, conseiller dudit seigneur
et trésorier ordinaire de ses guerres, par les mains de Jaques Le Tenneur,
paieur de ladite compaignie, la somme de huict-vingtz-deux livres dix solz

tournois, à nous ordonnée pour nostre estat de lieutenant pour le quartier d'Avril, May et Juing dernier passé, qui est à raison de VIe livres tournois par an, oultre et pardessus nostre place et soulde d'homme d'armes qui est comprinse et employée ou roolle de la montre et reveue faicte de ladicte compaignie pour ledit quartier ; de laquelle somme de huict vingtz-deux livres X solz tournois nous nous tenons content et bien paié, et en avons quicté et quictons les du Lyon, trésorier, icelluy receveur, Le Tenneur paieur et tous autres. En tesmoing de ce, nous avons signé la présente de nostre main et seellé du seel de nos armes, le cinquième jour de septembre l'an mil cinq cens soixante quatre (1564).

LÉONOR CHABOT.

Testament de Guy-Henry Chabot, comte de Jarnac, et de Charlotte-Armande de Rohan, sa femme (1691) (p. 149). — Résumé.

Bibliot. nation., Mss. — *Carrés de d'Hozier*, 160, p. 247.

Testament de très haut et très puissant seigneur Messire Guy-Henry Chabot, chevalier, seigneur de Jarnac, marquis de Soubran, seigneur de Marouatte, de Semonsac et de Semillac, conseiller du roy en ses conseils, et son lieutenant-général dans les provinces de Saintonge et d'Angoumois, et de dame Charlotte-Armande de Rohan, sa femme, fait le 23 du mois de janvier de l'an 1691 ; par lequel, voulant faire un règlement exécutoire entre Guy-Armand Chabot, seigneur marquis de Soubran, leur fils aîné, et demoiselle Henriette-Charlotte Chabot, leur fille, ils élisent leur sépulture au lieu de Jarnac, dans les tombeaux qu'ils ont audit lieu, supposé qu'ils y mourussent, voulant, s'ils mouroient à Paris, estre enterrés aux Célestins de ceste ville dans la chapelle d'Orléans, où une partie de leurs ancestres avoient esté inhumés, laissant le soin de leurs obsèques à haut et

puissant Guy-Charles Chabot, abbé de Jarnac, frère dudit seigneur, lequel
néantmoins défend qu'il soit fait aucune pompe à son enterrement, ni qu'il
soit prononcé aucune oraison funèbre à sa mémoire. Ils instituent leur héritier universel ledit seigneur Guy-Armand Chabot, leur fils aîné, marquis
de Soubran, avec substitution au profit de ladite Henriette Chabot, leur fille ;
et, pour épargner à ladite dame Charlotte de Rohan les soins qu'il étoit
nécessaire de prendre pour les maisons et terres de Jarnac, de Soubran, de
Sémonsac, de Semillac et de Marouatte, situées dans diverses provinces,
ledit seigneur de Jarnac, en cas qu'il mourut le premier, nomme tuteur de
ses enfans ledit seigneur abbé de Jarnac, son frère, qui se serviroit des
conseils du sr Robuste, avocat. — Ce testament, passé au chateau de
Jarnac, en présence de Messire Louis Angibeau, prestre, chapelain de la
chapelle Saint-Charles, et de Messire Elie Rangeard, sr de Bois-Fleurac,
fut reçu par Bernard, notaire royal à Jarnac (1691).

Quittance donnée par Charles Chabot, seigneur de Saint-Gelais
(1616) (p. 152).

Bibl. nation., Mss. — *Pièces origin.*, 642, n° 53.

Nous, Charles Chabot, sieur de Saint-Gelais et Sainte-Aulaye, soubz-
signé, confessons avoir eu et reçeu de Mre Anthoine Feydeau, conseiller du
roy, trésorier-général des pentions, la somme de sept cens cinquante livres
pour la première demye-année de la pention de XVc livres, qu'il plaist au
roy nous donner, la présente année mil six cens seize ; de laquelle somme
de VIIc L livres nous nous tenons contans et bien payé et en quittons
ledit sr Feydeau, trésorier susdit et tous autres, par la présente signée de
nostre main, le XVe jour de juillet, mil six cens seize (1616).

C. CHABOT.

Testament olographe d'Anne Chabot (1691) (p. 155). — Résumé.

Cab. des Titres — *Carrés de d'Hozier,* t. 160, p. 248.

Par lequel elle veut estre inhumée dans l'église de Saint-Paul, sa par-
roisse, sans aucune cérémonie. Elle donne à Madame la Princesse de Soubise, sa nièce, la somme de 6,000" comptant, avec 10,000*, à prendre sur
un contrat de 20,000ᵗᵗ que lui devoit Madame d'Epinoi ; plus à Madame la
marquise de Coëtquen, aussi sa nièce, la somme de 10.000ᵗᵗ, à prendre sur un
contrat de 14,000" que lui devoient les Etats de Bretagne ; plus à Mademoiselle
de Soubise, sa filleule, la somme de 2,000" à prendre sur le même contrat ;
plus la somme de 1,500ᵗᵗ de rente à M. le chevalier de Rohan, qui avoit été
nourri avec elle et 1,000ᵗᵗ une fois payées à Madame du Breuil, et elle institue
son héritier universel M. le Prince de Léon, fils aîné de M. le duc de Rohan,
son neveu, à condition de payer les dettes de la maison de Rohan des
biens qu'elle laissoit, voulant néantmoins que ledit seigneur duc de Rohan,
qu'elle savoit estre un bon père, eut la jouissance des biens qu'elle laissoit
à sondit fils et au chevalier de Rohan. Elle supplie M. le premier Président de la Cour des Aides d'estre son exécuteur testamentaire avec ledit
seigneur duc de Rohan. Ce testament, signé Anne Chabot ; à la suite duquel ladite dame prie très humblement M. le premier Président Le Camus
de vouloir bien recevoir de sa part une bague de cent louis d'or. Elle donne
et lègue tous ses meubles à M. le prince de Léon, à condition qu'ils ne se-
roient point vendus, hors la vaisselle d'argent qu'elle vouloit qu'il la fut.
Cette adjonction signée Anne Chabot. Le testament souscrit par Mᵉ Nicolas Labbé, commissaire au Chatelet de Paris, le 6ᵉ du mois de juin de
l'an 1691, sur une copie collationnée par Robillard et Vatthel, notaires au
Chatelet.

Erection de la terre de Rohan en duché pairie en faveur de
M. de Chabot (1648) (p. 158).

Père Anselme, IV, p. 550.

Louis, par la grace de Dieu, roy de France et de Navarre, à tous présens et avenir, salut. Encore que la vraye récompense et le véritable prix de la vertu, qui est la source de la plus pure noblesse, soit la vertu mesme, et que les marques d'honneur les plus certaines et les plus avantageuses dans les maisons célèbres et dignes de reconnoissance et d'estime, soient sans doute la réputation, la vénération universelle et la gloire publique légitimement acquise, néantmoins il a esté d'ordinaire pratiqué dans les estats bien policés, et les roys de France, ces sages monarques nos devanciers, ont toujours usé de la mesme sorte heureusement et avec succès, en faveur des grandes et illustres familles de nostre royaume, de ne leur desnier jamais aucuns honneurs, ni graces possibles, mais plutost de les décorer en toutes rencontres de toutes sortes de titres extérieurs, et par là les distinguer d'avec les autres par des degrez de grandeurs, par des qualitez et des prérogatives, les plus éminentes dont la Majesté et la magnificence royalles les pouvoient honorer, afin que, témoignant cette gratitude et cette justice aux belles et héroïques actions des grands hommes, et aux services connus des anciens, ou de leurs descendans, ces bienfaits servissent de nouveaux motifs et de puissants aiguillons pour exciter de plus en plus la fidélité de ceux qui les reçoivent, et pour en engager d'autres à espérer les mesmes avantages en suivant la vertu, et se proposant des exemples aussi assurez que ceux de leurs semblables.

Mais, entre tous les grands honneurs de nostre monarchie, il est indubitable que le plus éclatant, le plus solide et le plus élevé de tous pour l'établissement des familles est le titre de duché accompagné de la Pairie, qui relevant infiniment les principalles terres des maisons, communiquent en mesme temps aux seigneurs qui les possèdent et qui ont mérité cette faveur

des prééminences et un relief extraordinaire, au-dessus de toutes les autres
grandeurs communes de nostre Estat. Ce qui fait certainement que nous
n'en devons favoriser que les familles les plus puissantes. Aussi nous ne les
départo is qu'aux personnes les plus considérables de nostre haute noblesse,
soit que l'on les répute telles par le lustre du sang, ou que ce soit à cause de
la vertu et des hauts faits de leurs prédécesseurs et des leurs particuliers
qu'elles soient dans cet ordre.

Ç'a esté pour toutes ces considérations sans doute, et par d'autres encores toutes singulières, que les feus rois Henry-le-Grand et Louis-le-Juste,
nos très honorez seigneurs ayeul et père, de glorieuse mémoire, désirant
grati!fier plus particulièrement la très-illustre maison de Rohan, et favorablement traiter feus nos très-chers et très-amez cousins, Henry duc de
Rohan, prince de Léon, et Benjamin de Rohan, seigneur de Soubise, duc
de Frontenay, frères, les avoient faits et créez ducs et Pairs de France ;
sçavoir, nostredit seigneur et ayeul, en érigeant la vicomté de Rohan, l'une
des plus grandes terres de Bretagne, en duché et pairie en faveur de nostre
dit feu cousin Henry de Rohan, par ses lettres du mois d'avril de l'an
1603, vérifiées au Parlement de Paris le 7 aoust ensuivant, cy-attachées
sous nostre contrescel ; et nostredit seigneur et père, la terre de Frontenay,
première baronnie de Xaintonge, par lettres du mois de juillet 1626, pour
rendre duc et pair nostredit cousin Benjamin de Soubise, fils puîné de la
maison de Rohan ; ces deux grands et justes monarques estant très-bien
informez que la célèbre famille de Rohan estoit l'une des premières et des
plus grandes races, non-seulement de la Bretagne et de la France, mais
mesme l'une des plus illustres de toute l'Europe, comme estant sortie des
anciens rois dé Bretagne, et dont la suite des vicomtes, justifiée durant
700 ans, et depuis le fameux Salomon, vicomte de Rohan, qui vivoit au
commencement du IXe siècle, avoit toujours soutenu sa grandeur et conservé son éclat à l'égal quasi des maisons souveraines et des plus puissantes
de la chrestienté ; les grands biens, les grands honneurs et les hautes alliances de cette maison fameuse n'estant pas aussi inconnus à ces sages
rois, non plus que leurs emplois relevez de paix et de guerre, dont s'étoient

dignement acquittez tant de grands hommes portant ce surnom glorieux ;
comme entr'autres les mareschaux de Gié et de Montauban, dont le dernier
fut aussi admiral de France avec beaucoup d'honneur et de réputation, et
le premier ministre d'estat. Devant quoy et depuis il est notoire que les vicomtes illustres de Rohan avoient souvent donné et pris des femmes dans
les maisons des ducs de Bretagne, leurs princes naturels, dans celles de
tous les Princes voisins, et spécialement qu'ils s'étoient souvent alliez,
mesme immédiatement, avec la maison royalle de France et avec ses branches, tant celle d'Evreux, que celle dite communément de Valois et d'Orléans ; en la première, par le mariage de Jean II du nom, vicomte de
Rohan, avec Jeanne de Navarre, fille de Philippe d'Evreux et de Jeanne
de France, roy et reyne de Navarre ; en l'autre, par celuy de Marguerite
de Rohan avec Jean, comte d'Angoulesme et de Valois, grand-père de
François premier, et, depuis encore, avec la maison royalle de Navarre, du
nom d'Albret, par le mariage d'Ysabeau de Navarre, avec René, Ier du
nom, vicomte de Rohan, de toutes lesquelles maisons nous sommes des-
cendus ; avantages et grandeurs certainement extraordinaires et fort peu
communs mesmes aux plus grandes maisons de nostre estat, qui estoient
d'autant plus à estimer dans celle-cy, que l'on les pouvoit regarder avec justice toutes ramassées et recueillies en ces deux frères très braves et très considérables par leur valeur et par leurs autres éminentes qualitez ; nommément
en nostredit cousin de Rohan, qui est mort des blessures qu'il reçut en
combattant glorieusement pour nostre service, en la bataille de Reinsfeld,
et en deffendant la cause commune de nos alliez en Allemagne, avec cette
réputation générale d'avoir esté l'un des plus grands capitaines, comme il
estoit aussi d'ailleurs estimé l'un des plus savants hommes de son siècle.

Mais les feus rois, d'heureuse mémoire, nos très honorez seigneurs ayeul
et père, sçavoient encores bien mieux que personne, que nostredit cousin
le duc de Rohan estoit le plus proche parent du costé maternel (par ladite
maison de Navarre) qu'eust en France et ailleurs nostredit feu seigneur et
ayeul Henry-le-Grand ; en sorte qu'il estoit non seulement prince du sang
de ladite maison de Navarre, mais mesme s'est veu aussi longtemps hé-

ritier de cette couronne sous ce grand monarque, comme il estoit aussi d'ailleurs prince de Bretagne et héritier de la couronne d'Ecosse, si Jacques, roy d'Angleterre et d'Ecosse, fut mort sans enfans ; rencontres uniques et honneurs qui ont esté tous singuliers en la personne de nostre cousin de Rohan, et dont il faut demeurer d'accord qu'il ne s'en est point veu, et qu'il ne s'en rencontrera peut estre jamais de semblables en aucun prince ou seigneur dépendant du pays de nostre obéissance.

Ç'a esté donc avec beaucoup de justice et de raison, que nosdits cousins de Rohan et de Soubise ont esté décorés de ces titres, et favorisez de ces prérogatives d'honneur, mais on peut dire que ç'a esté pourtant avec peu de fruit et de succès pour leur famille que ces avantages leur ont esté départis. Car, d'un costé, nostredit cousin de Soubise estant mort sans s'être marié, et auparavant mesmes que d'avoir pu faire vérifier ses lettres de duché et pairie en nostre Parlement de Paris; et d'autre part, nostredit cousin de Rohan n'ayant laissé qu'une fille unique, leur maison n'a quasi point profité de ces illustres marques de la bienveillance et de l'estime des rois nos devanciers, les ayant veus (au défaut d'enfans masles) aussitost éteindre et finir, qu'elle les avoit vus naistre chez elle. Aussi, en considération de ce malheur arrivé de cette sorte à une si illustre maison, et encore à cause de la proximité et affection héréditaire, le feu roy, de très glorieuse mémoire, nostre très honoré seigneur et père, et nous-mesme, depuis nostre avènement à la couronne, par l'avis de la reine régente nostre très-honorée dame et mère, avons pris un soin très particulier des intérets, du bien et de l'avancement de nostre très-chère et très-amée cousine Marguerite de Rohan, princesse de Léon, restée seule unique, mais très digne héritière de nosdits cousins de Rohan et de Soubise, et de tous les grands biens et honneurs de cette puissante maison des vicomtes de Rohan et princes de Léon ; et parce qu'il importoit au bien de nostre service, qu'un parti si considérable comme celui-là, et qui estoit l'un des plus avantageux de France, ne tombast en des mains étrangères, qui nous peuvent estre ou devenir suspectes, nous avons certainement empesché et détourné, aussi bien que nostredit seigneur et père, plusieurs princes étrangers de penser au mariage de nostredite cousine, notre Conseil ayant toujours trouvé plus à propos pour lesdites raisons, et par d'autres considérations d'Estat, mais plus encore pour l'intérest de la vraye religion, pour laquelle nous continuons d'avoir le zèle extraordinaire de nos ancêtres, de marier dans nostre royaume cette héritière si riche et si puissante en grandes terres, vassaux, villes et autres possessions, tant en Bretagne qu'ailleurs, et de la confier à quelque seigneur de mérite de nostre cour, qui nous fut agréable, affidé à nostre service, et de la vertu et conduite duquel nous puissions espérer non seulement une fidélité entière, mais surtout de voir par son moyen restablir parmi les enfans et successeurs de nostredite cousine la vraye religion catholique.

Ce qu'ayant rencontré heureusement et avec satisfaction en la personne de nostre cher et bien amé cousin Henry Chabot, nous aurions résolu, par l'avis de la reine régente nostre très-honorée dame et mère et de nostre Conseil, de le préférer pour un mariage aussi avantageux que celui-là et de conclure l'affaire en sa faveur, trouvant aussi de la disposition en ce dessein de la part de nostredite cousine pour nostredit cousin de Chabot, dont la haute naissance et les alliances illustres, avec l'agrément et la recommandation particulière de nostre très-cher oncle le duc d'Orléans et de nos très-chers cousins le deffunt prince de Condé et celui d'aujourd'hui, son fils, avoient encore rendu sans doute le mérite et la personne plus considérable auprès de nous pour un parti de cette importance, lequel en effet nous ne procurerions pas à un seigneur indigne de cet honneur.

Puisque les barons de Jarnac dont il est sorti sont les aînés de l'illustre race des Chabot, l'une des plus anciennes et des plus puissantes du Poitou et de toute la Guyenne, maison dont l'ancienneté est justifiée chez les historiens par une notoriété publique depuis 690 ans, c'est-à-dire qu'elle est connue en France depuis Guillaume Chabot, chevalier, qui florissoit sous le règne du roy Philippe I, dès l'an 1040 ou environ ; duquel de père en fils est sortie une grande lignée, féconde en toute sorte de grandeur : des prélats, des chevaliers de nos ordres, des chevaliers de Saint-Jean de Jérusalem, grands-prieurs de France, des officiers de nostre couronne, des gouverneurs des provinces et des plus importantes places de notre royaume,

des princesses, et surtout des braves et grands capitaines, sans mesme
parler de l'admiral Chabot (l'un des premiers hommes de cette famille), qui,
n'estant que cadet de nos cousins les barons de Jarnac, dont est issu nostredit cousin Henry de Chabot, porta sa vertu et sa fortune si haut, qu'il
alla de pair avec les princes, le roy François I ayant marié une sienne nièce
aînée avec luy et ayant donné la cadette à nostre cousin de Montpensier.

Mais entre tous de ce surnom, nosdits cousins de Jarnac, devenus ainez
de leur famille par l'extinction de la branche des barons de Rays et de Machecoul, n'ont pas esté sans doute les moins recommandables en valeur,
ni en belles actions, dans leur race ; tesmoins, entr'autres choses, les grands
services rendus au roy François I par nostre cousin Charles de Chabot,
baron de Jarnac, que ce monarque créa chevalier de son ordre et lui donna
le gouvernement de la Rochelle et du pays d'Aunis.

Que si l'on considère les alliances de la maison de nostredit cousin de
Chabot, on trouvera qu'elles en accompagnent fort bien l'ancienneté, le
lustre et les honneurs. Car elle a esté alliée immédiatement avec la maison
de Lorraine, et dans les temps plus anciens avec les rois de Jérusalem, du
surnom de Luzignan, avec les vicomtes de Limoges nos ancestres ; par les
femmes, avec lez maisons de Chastillon-sur-Marne, de Craon, de Partenay, de Laval, de la Rochefoucaud, de Sainte-Maure, de Vivonne, de
Saint-Gelais, de Givry, de Duras, de Harcourt, de Longwy, de Gouffier,
de Tavannes, d'Aumont, d'Hallwin, de la Chastre, et plusieurs autres, et
médiatement avec les plus grandes maisons de l'Europe, nommément avec
celle de Rohan, en sorte qu'il a fallu nécessairement dispense de Rome
pour le mariage de nostredit cousin de Chabot, avec nostredite cousine
l'héritière de Rohan, qui se sont rencontrez parents au quatrième degré de
consanguinité. N'estant pas aussi à oublier, entre les plus remarquables alliances immédiates de la maison de Chabot, que nostredit cousin, par Magdeleine de Luxembourg, sa quatrième ayeulle, femme de Jacques de
Chabot, chevalier, baron de Jarnac, a l'honneur d'appartenir en degré assez
proche à toutes les maisons impériales, royales et souveraines de l'Europe ;
d'où vient que les rois nos prédécesseurs, tant de la branche dite commu-

nément de Valois que de celle de Bourbon, soit à cause de ladite alliance de Luxembourg, soit aussi parce qu'en effet tous les rois de France et toutes les branches royalles descendent médiatement d'une fille de Chabot qui fut dame Eustache, femme de Geoffroy de Lusignan, comte de Japhe, que lesdits rois nos devanciers ont depuis longtemps reconnus et traitez comme cousins et parens, tant par écrit qu'autrement, lesdits barons de Jarnac, prédécesseurs de notredit cousin de Chabot.

Celui-ci et ses deux frères, le comte et le chevalier, ont dignement répondu, par leur valeur et le mérite de leurs personnes, aux avantages d'une si belle et si haute origine, et d'aussi illustres et augustes alliances que celles-cy : ledit comte de Chabot s'étant signalé par un nombre infini de belles actions, notamment par la fameuse reprise de Flix en Catalogne, et après 14 belles et heureuses campagnes de service, ayant esté tué au premier siège de Lérida, auquel il commandoit à un quartier, comme plus ancien maréchal-de-camp ; le chevalier de Chabot, cadet de la maison, ayant aussi servi glorieusement 12 campagnes, et fait connoître son courage et sa valeur aux célèbres batailles de Rocroy et de Fribourg, et très dignement en celle de Nortlinghen, où il commanda le gros de réserve, finalement ayant aussi perdu la vie au siège de Dunkerque, en y faisant la charge de mareschal de camp, et nostredit cousin Chabot ayant tesmoigné le mesme courage et la mesme générosité en diverses occasions, principalement aux sièges de Hesdin, d'Arras, de Thionville et de Graveline; tellement que, par toutes sortes de considérations, nous l'avons jugé digne du mariage que nous lui avons voulu procurer avec nostredite cousine l'héritière de Rohan.

Pour auquel parvenir, et desirant de tout point qu'il sortist effet, nous avons, dès auparavant la passation de leur contrat, accordé à nostredite cousine, par brevet signé de notre main, la continuation et assurance des honneurs et avantages dus à sa qualité de princesse par tant de titres, et nommément par celui d'une si proche parenté avec nostre maison royalle de Navarre, qu'elle n'a point, du costé de son père, de plus proches parens que la reine régente nostre très honorée dame et mère, à cause du feu roy de glorieuse mémoire, et que nostre très-cher oncle le duc d'Orléans ; et par autre brevet du 1ᵉʳ mai 1645 avons aussi permis et accordé à nostredit cousin de Chabot, lors futur époux de nostredite cousine, de faire revivre en sa faveur et pour la considération de l'alliance où il entroit, le duché et pairie de Rohan, éteinte par la mort arrivée sans masles de nostredit feu cousin le duc de Rohan, et à cause principalement que l'aîné des enfans qui sortiroient dudit futur mariage devoit relever le nom et les armes dudit duc et des vicomtes de Rohan ; et mettant aussi en considération, que les droits de deux duchés et pairies, sçavoir de Rohan et de Frontenay, cy-devant érigés en faveur de nosdits feus cousins de Rohan et Soubise, se trouvent réunis en la personne de nostredite cousine leur héritière ; A ces causes, et autres à ce nous mouvans, voulant nommément favorablement traiter nosdits cousin et cousine de Rohan, et de plus en plus contribuer, à l'imitation de nos ancêtres, à l'agrandissement des familles illustres de nostre royaume, et en particulier à l'élèvement de la maison de Chabot, qui se trouve par ce moyen confuse avec celle de Rohan, et dont le fils aîné et ses descendans, comme dit est, doivent porter le nom et les armes à l'avenir, et pour satisfaire aussi à l'assurance que nous avons donnée à nostre cousin et cousine, auparavant l'accomplissement dudit mariage, de faire revivre en leur faveur ledit duché et pairie, promesse qui a esté comme l'une des conditions essentielles dudit mariage, et sans laquelle il n'eût pas esté fait : Sçavoir faisons, que, par l'avis de la reine régente, nostre très honorée dame et mère, des princes de nostre sang et grands seigneurs de nostre conseil, de nostre certaine science, pleine puissance et authorité royalle, et parce qu'ainsi nous plaist, nous, en exécutant nostredite promesse, ladite terre de Rohan et seigneurie de Pontivy, Goirée, les Salles, Loudéac et la chastellenie de la Chère, adjacente aux précédentes, de la consistance desquelles, de leur valeur, droits et autres avantages, il appert assez par lesdites lettres de création dudit duché de Rohan cy-attachées, toutes lesdites terres et appartenances, s'estendant aux trois évêchez de Vannes, de Saint-Brieuc et de Cornouailles, avons remis et restabli, remettons et restablissons, et en tant que besoin est, créé, érigé et establi, créons, érigeons et establissons, par ces présentes signées de nostre main, en duché et pairie de France; voulons qu'icelui nostredit cousin Henry de Chabot et ses descendans masles soient doresnavant nommez ducs de Rohan et Pairs de France, à tels et semblables honneurs, droits, rangs, prérogatives, prééminences, en tous droits, faits de guerre, assemblées de noblesse, cours et compagnies, comme en jouissoit nostredit cousin le deffunt duc de Rohan, et tout ainsi que les autres ducs et pairs de France en jouissent et usent; lequel duché et pairie nostredit cousin tiendra en foy et hommage de nous et de nostre couronne de France, et comme tel sera tenu de nous faire et prester nouveau serment, au nom, titre et qualité de duc de Rohan et pair de France.

Voulons et nous plaist qu'en cette qualité, lui et ses successeurs, ducs de Rohan, nous rendent, et à nos successeurs, leurs aveux et dénombremens, ainsi que leurs vassaux et tenanciers des fiefs mouvans dudit duché, le reconnoissent et lui prestent la foy et hommage, rendent leurs aveux et dénombremens et déclarations, quand l'occasion escherra, au mesme titre de duc et pair de France; voulons aussi et nous plaist que la justice dudit duché et pairie soit exercée et administrée audit duché de Rohan, suivant les clauses et conditions particulières, accordées par déclaration spéciale à nostredit cousin deffunt le duc de Rohan, par le roy Henry-le-Grand, nostre très honoré seigneur et ayeul, que Dieu absolve, en datte du mois de mars 1609, et confirmée par autre déclaration, obtenue par nostredite cousine Marguerite de Rohan, sa fille, depuis l'extinction dudit duché et pairie en datte du mois de may 1642, donnée par le roy deffunt, de glorieuse mémoire, nostre très honoré Seigneur et père; lesdites deux déclarations vérifiées en nostre cour du Parlement de Rennes cy-attachées sous le contre-scel des présentes; à la charge aussi que, deffaillant la ligne masculine de nostredit cousin de Rohan-Henry de Chabot et de ses descendans masles, ladite qualité de duc et pair demeurera éteinte, et retournera ladite terre en l'estat qu'elle estoit auparavant ladite érection, sans que, par le moyen d'icelle ni de l'édit fait à Paris en l'an 1566 et autres précédens et subséquens, mesme les déclarations du dernier décembre 1581 et mars 1582, vérifiées en nostre cour de Parlement, sur l'érection des duchés, marquisats et comtés, l'on puisse prétendre ledit duché de Rohan estre réuni et incorporé à la couronne, ni nous, ni nos successeurs y prétendre pour ce aucun droit ; desquels édits, ordonnances, déclarations, nous avons, pour les susdites considérations, excepté et réservé, exceptons et réservons, de nostre grace spéciale, pleine puissance et autorité royale, ledit duché et pairie de Rohan, appartenances et dépendances, sans laquelle exception ni réservation nostredit cousin n'eut voulu, ni ne voudroit accepter la présente érection.

Si donnons en mandement à nos amez et féaux les gens tenans nos cours de Parlement de Paris et Bretagne, et Chambre des Comptes de Paris et Nantes, et à tous nos autres justiciers, officiers ou leurs lieutenans, comme il appartiendra, que ces présentes lettres ils fassent lire, publier et registrer, et de tout le contenu en icelles ils fassent, souffrent et laissent jouir et user nostredit cousin et ses successeurs pleinement, paisiblement et perpétuellement sans leur faire, mettre ou donner, ou permettre leur estre fait, mis ou donné aucun trouble ou empeschement, lesquels, si faits, mis ou donnez estoient, les fassent réparer incontinent et sans délay, pleinement et entièrement, et remetre au premier estat et deu ; car tel est nostre plaisir ; nonobstant lesdites ordonnances et déclarations faites pour la réunion et réversion à nostre couronne des duchez, marquisats et comtez de nouvelle érection ; et que, pour le regard de ladite pairie, on voulust prétendre le nombre des pairs laïcs de France estre préfix ; à quoy et à quelqu'autres ordonnances, statuts, déclarations, restrictions, mandemens, deffenses et lettres à ce contraires, et notamment à nos ordonnances faites sur les remonstrances de nos Estats-généraux tenus en nostre ville de Blois, nous avons de nostre puissance et autorité que dessus, derogé et dérogeons, et aux dérogatoires des dérogatoires y contenues, par ces présentes ; lesquelles, afin que ce soit chose ferme et stable à toujours, nous avons signées de nostre main, et à icelles fait mettre nostre scel, sauf en autres choses nostre droit, et l'autrui en toutes.

Donné à Paris, au mois de décembre, l'an de grace 1648, et de nostre règne le sixième.

Signé : LOUIS.

Et sur le reply : Par le roy, la reine régente sa mère présente,

DE LOMÉNIE.

Et à costé : *Visa,* Seguier ; et scellées sur double queue, du grand sceau de cire verte, sur lacs de soye rouge et verte ; et à costé est écrit :

Registrées, ouy, ce requérant et consentant le procureur général du roy, pour jouir par ledit Messire Henry Chabot, de l'effet et contenu en icelles, lequel dit sieur Chabot a esté receu en la qualité et dignité de duc de Rohan, pair de France, fait le serment accoutumé, juré fidélité au roy, et a eu rang et séance en ladite cour — A Paris, en Parlement, le 15 juillet 1652.

Signé : DU TILLET.

Lettre de l'abbé duc de Rohan à l'abbé Matthieu [1] (1828) (p. 176).

Vie du card. Matthieu, par Mgr Besson.

26 juin 1828.

Il y a bien longtemps, Monsieur, que je vous dois une réponse et que j'ai ajourné le devoir de vous remercier de l'expression de vos sentiments et de vos vœux. J'ai été accablé depuis par une multitude de soins et d'occupations, que vous comprendrez mieux que personne comment jusqu'à ce jour j'ai différé, pour remplir des devoirs si impérieux, ce qui était pour moi une vraie jouissance. Je profite de ce retard pour remercier votre charité à l'approche du moment décisif. J'ai du être préconisé hier, et par conséquent avant un mois je serai consacré.

---

1. Cette lettre de l'abbé, puis cardinal, duc de Rohan est écrite en réponse à une lettre de félicitations sur sa nomination à l'archevêché d'Auch. L'abbé Matthieu, à qui elle est adressée, avait été de 1819 à 1822, au séminaire de Saint-Sulpice, le guide et l'ami du duc ; il devint après lui archevêque de Besançon et cardinal.

Depuis ma nomination, le poids de l'épiscopat ne s'est pas allégé. La croix se montre dans toute sa pesanteur ; c'est le calice d'amertume qui nous est offert, et pour le boire jusqu'à la lie, il faut une force plus qu'humaine. Veuillez la demander pour moi avec toutes les grâces dont j'ai besoin. C'est vous dire assez que jamais les sentiments d'attachement et de vénération que je vous ai voués depuis que je vous connais n'ont varié un seul instant, et que je les sens plus que jamais inaltérables.

Délibérations du Conseil de la ville de Beaune, relatives à la réception de Philippe Chabot, seigneur de Brion, gouverneur de Bourgogne
(1527 et 1528).

Archives de Beaune. — *Premier registre des Délibérations.*

Assemblée des notables des trois estats de la ville de Beaune, du jeudi 11 juillet 1527, au nombre de 40 ou 50 présents,

Auxquels M. le Mayeur a fait remonstrance et advertissement de la prochaine et espérée venue en cette ville de Beaulne de Mgr l'Admiral, et particulièrement leur a demandé advis de la manière de le recepvoir et du don qu'on luy debvra faire,

Aussi à Mme sa femme, et Mme de Guiry, sa belle-mère, qui viennent à mesme train avec ledit seigneur Admiral.

Lesquieulx gens des trois estats ont advisé et conclud que on recepvra mondit seigneur l'Admiral et mesdites Dames sa femme et belle-mère le plus honnestement que bonnement faire on pourra ; et touttefoys pour la povreté de ladicte ville, tant pour l'impost et grief, qu'il fault paier au roy nostredict seigneur, qui apovrissent ladicte ville, à la pluralité des voix ont délibéré qu'on donnera et fera présent à mondict seigneur l'Admiral, au nom de la ville, de 12 poinçons de vin cléret des prochaines vendanges en le priant l'avoir aggréable et avoir la ville pour recommandée ;

A Mme l'Admiralle, l'on donnera et fera présent du raizin d'or qui avoit esté faict pour donner à la feue royne, que Dieu absoille.

A Mme de Guiry, on donnera et fera présent de 12 fellettes de vin blanc, à les rendre aux prochaines vendanges.

Et selon que l'on verra l'oportunité et il semble pour le mieulx à mesdictz sieurs les majeur et eschevins, on fera ung eschaffault pour présenter à madicte Dame ledict raizin par le chemin où elle entrera.

Item ont advisé que, pour capter et s'entretenir en la grâce dudict seigneur, on luy présentera le poile, selon que on a faict au lieu de Dijon.

L'an 1528, le jeudi 18° jour de juing, ont esté mandez Messieurs les gens des trois estatz pour adviser, si bon leur semblera, amander et changer le don que délibéré a été donner de par la ville à Monseigneur l'Admiral de 12 poinçons de vin vermeil, en argent, affin que mondit seigneur ayt icelluy don plus acceptable, veheu qu'il ne boit point de vin, et au lieu dudict vin luy donner quelque belle couppe ou aultre beau vaisseau d'argent;... lesquels à la pluralité des voix ont opiné qu'on donne du vin à mondict seigneur l'Admiral selon la première délibération sur ledict don.

Entrée de l'amiral Chabot à Beaune (1528) (p. 187).

Archives de Beaune. — *Ibid.*

Le mardi après la feste Saint-Pierre, derrenier jour de juing, Monseigneur l'Admiral feist son entrée à Beaulne avec Madame, heure environ 4 heures, et entrèrent par le bourg neuf ; Madame seulement accompaignée de deux demoiselles et une en croppe, vindrent par la grand'rue, où y avoit ung eschaffault sur lequel estoit Noel [1] et ses enffans plantans la vigne, et

1. Noé

ung ange qui descendoit de Paradis apportant et donnant ladite vigne audict Noé ; passèrent devant la maison de la ville, où estoit ung aultre eschaffault et la vigne que on vendengeoit, et Anne Canet, fille de feu Jehan Canet, présenta à madicte Dame l'Admiralle ung raizin d'or, disant ces quatre vers :

> Excellent pris de noblesse et d'honneur,
> En ce païs la maistresse et régente,
> De par Beaulne de ses fruits le meilleur
> Cestuy raizin humblement se présente.

Et estoit ladicte Anne accompagnée de plusieurs belles filles bien accoustrées à mode de vendangeresses ; lequel don madicte Dame receust, rendant graces à icelle fille et à la ville. Et sur ceste responce sont plusieurs en différence, disant qu'elle ne respondist aulcune chose, et qu'elle fist ladicte responce. Toutesfois est plus à croire que elle ayt repondu que aultrement.

Ordonné que l'on paiera à M. Serre la somme de 60ᵘ pour les six queuhes de vin données en don à Monseigneur l'Admiral.

Quelques lettres de Philippe Chabot, seigneur de Brion [1] (p. 187).

A Louise de Savoye, mère de François I (1525).

Bibliot. nation. Mss. — *F. franç.*, 2962, fol. 84.

Madame, par Monsieur le mareschal de Monmorancy aurez entendu la bonne santé du roy et l'espérance de sa dellivrance après l'arivée de Madame vostre fille. Et pour tousjours contynuer en nostre bonne espérance, le commandador Figuerol arrivast hier icy pour faire déloger le Roy et

---

1. Parmi plus de cent lettres inédites de Philippe Chabot, qui se trouvent à la Bibliothèque nationale (mss.), nous n'en publions que quelques-unes sur divers objets.

s'aprocher de l'Empereur à une ville qui s'apelle Madril à douze lieues préz de luy, et ne devez pas, Madame, faire difficulté de croire que l'Empereur voira le Roy avent l'arivée de Madame vostre fille, là où je croy qu'elle trouvera les choses bien préparées.

Madame, encore que vous soyés en France et le roy en Espaigne, voz oppinions sont semblables; car aprez luy avoir dict de vostre part les propos qui vous a pleu me commander, et m'a faict response les vous avoir mandés en mesme substance par Monsieur le mareschal, et ne vous sarois dire l'aise en quoy il a esté quant je luy compté ce qui vous pleust me ordonner luy dire bien au longs.

Madame, le roy désireroit bien que tous ceulx du conseil il n'en vinst ung seul avecques Madame vostre fille, que ceulx qu'il m'a commandé luy escripre, ce que j'ay faict par le menu.

Madame, là vous feray fin de lectre, en priant nostre Seigneur vous donner très bonne vye et longue.

De Venisonom, ce XXᵉ juillet (1525).

Vostre très humble et très obéissant serviteur et subject.

BRYON.

Au Grand-Maître Anne de Montmorency (1527).

Bibliot. nation. Mss. — *F. franç.* 3066, fol. 21.

Monsʳ mon Compaignon, je croy que la bonne chère que vous faictes par delà nest point moindre que celle quil se faict icy; laquelle ne se peult déclarer autre, si non que pour le matin y a ordinaire de sermons et, pour le passetemps du soir, forces chançons et hymnes. Je ne vous en puis dire autre chose, ny du partement de ce lieu pareillement, Car à ce que je voy il n'y a riens de certain; et me semble que pour l'effect ce ne sera que le bruict. Sy la peste ne contrainct le desloger, dont aucuns ès environs d'icy se sont trouvez infectz.

Au demourant, Monsr mon compaignon, je croy que vous aurez entendu ce qui est dernièrement venu d'Ytallie, ou il n'y a que tout bien. Et jusques a maintenant les ennemys se trouvent ordinairement baptuz la où l'on les rencontre. Mess^r Charles de Bourbon fait démonstracion de vouloir lever la teste et tirer en la Rommaigne, mais il n'est encores sceu ou il doit tourner visaige. Le Seigneur Rouze a prins la Quille, qui est le commancement et entrée du Royaulme de Napples et sont de ce cousté là les affaires en très-bons termes. Ne reste, que au doubte et souspeçon quon a de Nostre Saint-Père, qu'on mect peine d'asseurer, de sorte que j'estime quil demeurera ferme et sans dangier de bransler ny varier. De ce qui surviendra, tant delà que d'ailleurs, vous serez incontinant adverty, attendant vostre retour. Et ce pendant je prieray Dieu vous donner, Monsr mon compaignon, bonne vie et longue.

A Saint-Germain en Laye, le XIIIe de mars (1526, anc. style).

Le tou antierement vostre bon compaignon et vray amy.

BRYON.

Au même (1529).

Bibliot. nation. Mss. — *F. franç.* Mél. Clairambaud, t. 329, fol. 2085.

Monsr mon compaignon, le roy vous envoye deux cymiers de cerfs de sa prinse de la chasse qu'il fit hyer, afin qu'en fassiez part et présent à Madame. Il se fait quelque pastez que l'on vous envoyera aussy, et par là vous verrez et cognoistrez comme les bœufs de ses forest d'icy sont nourriz.

De Coucy, le XXIXe juin.

Le tout antièrement vostre bon compaignon et ami,

BRYON.

A Charles Chabot, baron de Jarnac, son frère aîné (1535).

Bibliot. nation. Mss. — Mél. Clairambaud, t. 334, fol. 4679.

Monsr de Jarnac, j'envoie par della exprès pour mes affaires ce porteur, et luy ay donné charge d'aller à Sainte-Foy prendre possession de la seigneurie, en vertu de vostre transport. Je vous prie luy bailler quelcun de voz gens ayant povoir de m'y recepvoir par ledit porteur mon procureur, et luy fournir de vostre quictance des gaiges de maire depuis le jour de vostre institution jusques au XXIIe de ce mois, affin d'estre paié de ma demye-année qui expirera à ce jour, joincte l'accord que nous feismes ensemble que je jouyrois des gaiges tandisque je mectrois à jouyr de ladicte seigneurie, et que par semblable vous jouiriez de ladicte terre de Sainte-Foy.

Au demourant, Monsr de Jarnac, il a pleu au roy de Navarre me bailler son admiraulté de Guyenne, comme vous pourrez veoir par les lettres que cedit porteur a pour les présenter à Messrs de la court de Parlement à en faire la publication. Par celle vous congnoistrez que ou lieu que vous n'estiez que lieutenant, vous estes maintenant d'adventage, car vous povez autant comme l'admiral mesmes en ce cas et toutes autres choses qui sont à ma puissance. Ledit porteur vous en dira plus amplement et de mes nouvelles, comme je luy ay donné charge. Qui me fera remectre sur luy à finer ma lectre d'une bonne et très affectionnée recommandation à vostre bonne grace et de Mad^{me} de Jarnac ma seur, priant Dieu, Monsr de Jarnac, qu'il vous doint en santé longue vie.

A Rouen, le dernier jour de Febvrier (1532, anc. style).

L'antièrement vostre bon frère et ami,

BRYON.

Lettre de Françoise de Longwy à l'amiral Bryon, son mari.

(1527) (p. 189).

Bibliot. nation. Mss. — Coll. Moreau, 774, fol. 39.

Monsieur, pour continuer à vous faire savoir des nouvelles de voutre ba-
timant, l'on commanse anuit a metre la charpante de la tour de Viene et
suis bien après Monsr des Bares tous les jours pour faire faire se que vous
lui avés commandé; à selle fin qui n'i et point de faute quant vous viendréz.
Mais tout le monde me dit que quant vous y etes qui font plus an hun jour
qui ne font en trois. Asteure il commanset à besonnier au jeu de paume
et à la vis du couté de voutre chanbre, et fait aussi bon voir ce qu'il ont
blanchi qu'il et pousible, et croy que vous le trouverés beau. La première
salie que j'é fait [1] s'a été d'aler voir les galetas et la tour pour vous en
mander la vérité...

Je ne vous fairé plus longue, après m'être recommandée très humblement
à voutre bonne grace, prian Dieu qui vous doint bonne vie et longue.

De Paigni, le Xme de Setanbre.

Voutre très humble et très hobéisante fame.

FRANÇOISE DE LONGWY.

———

Déclaration du roi François I, sur l'innocence de l'amiral Chabot

(1542) (p. 189).

Bibl. nation. Mss. — *Coll. Fontanieu*, t. 252.

François, par la grace de Dieu, roi de France, à tous ceux qui ces présentes lettres verront, salut.

1. Elle avait été malade à Pagny.

Comme, pour extirper et tollir du doubte et ambiguité l'advis ou jugement donné et intervenu sur le procès faict par nos commissaires à nostre
amé et féal cousin, Philippe Chabot, chevallier de nostre ordre, comte de
Busançois et de Charny, admiral de France, Bretagne et Guyenne, gouverneur et nostre lieutenant-général en Bourgogne, et aussy lieutenant
de nostre très cher et amé fils le Daulphin au gouvernement de Normandie. Nous, qui de nostre part, n'avions en ce suspicion ne scrupule,
eussions faict derechef assembler et appeler nosdicts commissaires en
nostre ville de Paris, lesquels ensuivans nos commissions et ordonnances sur ce données, après avoir appellés et oüis nos advocats et procureurs par nous commis au faict de ce procès, auroient advisé, délibéré
et conclud sur le faict de nosdictes commissions les advis, délibérations et
conclusions qui s'ensuivent, cy-attachées soubz le contre-scel de nostre
chancellerie : « Nos.re advis, délibération et conclusion est que par ledict
« procès, faict audict sieur Admiral, n'avons trouvé iceluy sieur Admiral
« estre attaint, convaincu et crimineux de lèze-majesté, prodition et ma-
« chination à l'encontre de la personne du Roy, nostre Seigneur, ne contre
« l'estat de la République de son royaume ; » et auroient lesdits commissaires mis par escript et sursigné leursdits advis, délibération et conclusion,
et yceux envoyés par devers nous, lesquels avons depuis veu et communiqué avec nos chers et bien amez fils les Daulphin et duc d'Orléans, et plusieurs autres princes de nostre sang, chevalliers de nostre ordre, et gens de
nostre privé conseil ; Et veu et considéré ce que faisoit à voir et considérer,
et eu, sur ce, advis et conseil avec les dessusdits, mesmement avec nostre
amé et féal chancelier et nostre amé et féal conseiller, maistre des requestes
ordinaire de nostre hostel, maistre François Ollivier, qui est présentement
arrivé de Allemagne, où nous l'avions envoyé ambassadeur pour nos
urgens affaires, que avons trouvez en semblable advis, délibération et conclusion que nosdits commissaires ;

Avons dit et déclaré, disons et déclarons par nostre arrest et jugement
deffinitif que, par le procès faict à nostredict cousin, iceluy nostredit cousin
n'est attaint ne convaincu dudit crime de lèze-majesté, prodition, ne ma-

chination à l'encontre de nostre personne, ne l'estat de nostre république, ains l'avons déclaré et déclarons par nostredit jugement et arrest pur et innocent desdits crimes de lèze-majesté, prodition et machination à l'encontre de nous, nostre personne et estat de nostredite république, et ces présents nos jugements et arrest avons fait lire et publier en nostre présence et des dessusdits, et en outre ordonné et ordonnons à perpétuelle mémoire yceux estre publiez et enregistrez par le greffier à ce commis, par devant et en présence de nosdits commissaires, advocats et procureurs, pareillement estre leus, publiez et enregistrez en nos cours de Parlement de Paris, Dijon, Rouen, Bordeaux et autres nos Parlements, et autres nos juges, auxquels mandons et enjoignons ainsy le faire, sans y faire faulte ne difficulté ; car tel est nostre plaisir. En tesmoing de ce, nous avons faict mectre nostre scel à cesdites présentes.

Donné à Nogent-sur-Seine, le vingt-neuviesme jour de Mars mil-cinq-cens-quarante-un, avant Pasques, et de nostre règne le vingt-huictiesme.

Et sur le reply est escript : Par le roy estant en son conseil, où estoient présents Messeigneurs le Daulphin et duc d'Orléans, le duc d'Estouteville, les cardinaux de Ferrare et du Bellay, vous, Monsr le chancellier, le sieur d'Ennebault, mareschal de France, le sieur de Sainct-André, chevallier de l'Ordre, et maistre Fr. Ollivier, conseiller ordinaire du privé conseil. Ainsi signé : BAYARD.

Lecta, publicata et registrata, audito et consentiente procuratore generali regis, Parisiis in Parlamento, quinta die Aprilis, anno Domini millesimo-quingentesimo-quadragesimo-primo, ante Pascha (1542).

Lettre [1] *de Léonor Chabot, comte de Charny, gouverneur de Bourgogne,
au roi Henri III* (1587) (p. 192). — Autographe.

Bibliot. nation. Mss. — *F. franç.* 3379.

Sire,

Les estatz généraulx de ce pays députèrent en leur dernière assemblée
leurs esleuz présents porteurs, pour remonstrer a Vostre Magesté les néces-
sitez extresmes qui sont parmi vos sugetz de deça et quelques poinctz qui
regardent leur soulagement, et ilz vous les sauront représenter assez particulièrement; et toutefoys j'ay osé adjouster ce mot, qu'on ne vist jamais
ce pauvre peuple sy misérablement affligé comme il est depuis deux ans par
la peste, la famine et la guerre; et en tesmoingnage que je me suis desja
quelqueffois advancé de vous en rendre, selon les occurrences, et que Vostre
Magesté recevra encores, s'il luy plaist, de bonne part, d'aultant que vosditz
sugetz ne requirent et n'ourent tant besoin de sentir les rayons de vostre
bonté, ilz insistent fort sur plusieurs charges extraordinaires qu'on leur
donne et spéciallement en vertu d'une commission cy-devant dépêchée, on
ne lève point sur eulx les vingt-deux mil cinq cens escuz pris, par vostre
exprès commandement, à rente courante en l'année dernière, pour la com-
position du fait d'Auxonne, mais que l'acquittement s'en face des deniers
de l'octroy et autres de vostre recepte généralle de Dijon, selon qu'il vous
pleut le promettre et ordonner lors par vos lettres-patentes. Aussy n'y a-il
que ce seul moyen, à faulte duquel les cautions de cette somme, dont je
suis l'un, en entreront en de grandz interretz, ce que je pense estre du tout
esloingné de vostre intention, puisque vostre seul commandement nous y a
engagé pour le bien de vostre service. Je suplie le Créateur conserver à

1. Des nombreuses lettres de Léonor Chabot que renferme la Bibliothèque nationale, nous avons choisi, pour la publier, celle-ci, où se montre sa sollicitude pour le
bien de sa province.

Vostre Magesté, sire, en toute prospérité et santé très longue et très heureuse vie.

De Pagny, le XXe de juin 1587.

Vostre très humble et très obéissant suget et serviteur,

CHARNY.

N. B. Les archives de la branche du Chaigneau, de Nesmy, de Thénies, etc., ayant été brûlées, lors de l'incendie, en 1793, par les révolutionnaires, du château du Parc-Soubise, résidence de l'aîné de la famille, les documents qui concernent cette branche sont aujourd'hui très rares.

Quittance de Louis Chabot, seigneur de Chantemerle (1352) (p. 201).

Bibl. nation. Mss. — *Pièces originales,* t. 642.

Sachent tuit que je Loys Chabot, chevalier, ai eu et receu de Jehan Chauvel, trésorier des guerres du Roy nostre seigneur, par la main de Robin François son clerc et lieutenant, en prest sur...... ¹ de moy et de sept escuiers de ma compaignie déservis et à déservir en ces présentes guerres de Poitou, Limosin, Xainctonge, Angoumois et Pierregort par deça la Dourdongne, soubz le gouvernement de Monsr de Craon, lieutenant du Roy nostre seigneur esdictes parties, cinquante sept livres, sept soulz, six deniers,... dont je me tien pour bien paiez. Donné à Nyort, soubz mon seel, le XXVIe jbur de May, l'an mil CCC cinquante et deus.

(Scellé).

1. Le mot est effacé.

Enquête sur l'état mental du vicomte de Thouars, faite par ordre du
prince de Galles (1364) (p. 201). Extrait.

Cartul. d'Orbestier, n° 209.

Guillaume de Falleton, chevalier de très hault, très noble et très puissant
seigneur Monsr le Prince d'Aquitaine et de Gales, et son seneschal en
Poictou,... nous avons reçeu de mondict seigneur des lettres clauses,...
desquelles la teneur s'ensuit : « De par le Prince d'Aquitaine et de Gales,
cher et féal, nous vous envoyons une commission soubs nostre grant seel,
par laquelle nous vous donnons povoir de pourveoir de curateur au vicomte de Thouars, en cas qu'il vous apparra qu'il en ayt mestier... ; et ad
ce faire mectez bonne diligence, ainsi comme nous nous confions en vous,
etc... » Par vertu et auctorité desquelles lectres, nous nous sommes trans-
portés en nostre propre personne au chastel dudict vicomte, appelé Thal-
mont-sur-Mer,... et avons diligemment veu et considéré et regardé la personne, estat et gouvernement dudict vicomte de Thouars, et pour ce qu'il
nous est apparu, tant par l'inspection et examen de sa personne par nous
fait,... que par le tesmoingnage fait par les seremens de honnourables et
religieuses personnes Frère Denys Barclet, abbé de Thalmont, Frère Denys
Beuf, abbé de Jart, Frère Pierre de Bourg, abbé d'Orbester, Frère Jehan
de Pont de Vie, prieur de Fontaynnes,... et de nobles personnes Monsr
Loys Chabot, Monsr Morice Catus, Monsr Quehedin Chabot, Monsr Jehan
Catus, chevaliers, etc. ;... lesquels, et chascun pour soy ont tesmoingné
ledict vicomte estre de bonne vie, de bon gouvernement et de honneste
conversacion, telle qu'il n'a mestier de curateur, avons decerné et des-
cléré, décernons et desclérons, par nostre jugement, ledict vicomte de
Thouars estre tèle personne et de tel gouvernement qu'il n'a mestier de
curateur, et la main de Monsr le Prince, assise sur les biens et terres
dudict vicomte, avons levé et levons, etc.

Faict et donné audict chastel de Thalemont, soubz nostre séel, absent celi de la seneschaucie, le XI⁰ jour du moys d'Aougst l'an mil trois cens soixante et quatre.

Attestation des habitants de Venansault, en faveur de Léon Chabot (1575) (p. 209).

D. Fonteneau, **LXXXI**, fol. 665.

Aujourd'hui, 25ᵉ jour de septembre 1575, nous soussignés et nommés, paroissiens de cette paroisse de Venansault, certifions à qui il appartiendra, en tant que à nous touche, que pour noustre regard en ladite paroisse avons congneu et congnoissons, noble homme Léon Chabot, seigneur de Puyraveau, lieutenant de la principauté de la Roche-sur-Yon, homme de bien et issu de noble lignée, bien vivant, fidèle catholique et apostolique, protecteur du bien et profit de noustre seigneur le prince de ladite Roche-sur-Yon, gardant son bien et profit et les pauvres sujets de sa principauté, ayant toujours ledit Chabot eu égard et soin de la sauvegarde qu'il a pleu à nostredit seigneur le prince donner, en gardant et empeschant les compagnies de gendarmes tant à cheval que à pied, loger en cette dite paroisse de Venansault et ailleurs, en et au dedans ladite principauté, y mettant toutes ses forces et faisant signifier ladite sauvegarde ès capitaines et chefs passant par ladite paroisse de Venansault, en sorte que si ledit Chabot n'eut esté, que nous pauvres paroissiens et autres de ladite principauté eussions esté perturbés et empeschés par voleries et autres troubles de nos personnes et biens, et jusques à laisser guerpir ladite principauté, comme ont esté contraints aucuns n'estant résidents en ladite principauté, et comme ledit Chabot, lieutenant susdit, a plusieurs fois mandé et envoyé par devers les prêtres de cette dite paroisse qu'ils eussent à se garder, voire en a retiré une partie desdits prêtres au château de ladite principauté, où fait ledit Chabot, lieutenant susdit, sa résidence, pour le loyal service qu'il fait à noustre dit seigneur le prince et le soulagement des habitans de sadite principauté, comme l'on le voyait de jour en jour. Ce que certifions, noble homme André Boscher, sieur de la Pustière, frère Guillaume Cousineau, recteur et curé de ladite paroisse, Messire Révérent Bomyneau, vicaire, etc. (Suivent 20 noms des principaux paroissiens.)

Signé : DE LA BOUSCHERYE, notaire juré de ladite principauté, et à la requête de ceux qui ne savent signer (1575).

Jugement de maintenue de noblesse pour Charles Chabot, seigneur du Chaigneau (1667) (p. 215).

Jugement rendu à Poitiers, le 28ᵉ de septembre 1667, par M. Barentin, intendant dans cette généralité, par lequel Charles Chabot, écuyer, seigneur du Chaigneau, de la paroisse de Bourg sous la Roche-sur-Yon, élection de Fontenay-le-Comte en Poitou, est maintenu dans la possession de sa noblesse. Signé : BARENTIN.

Brevet du roi Louis XV, qui assure au duc de Rohan, au comte et vicomte de Chabot et à leurs descendants mâles et femelles le traitement de COUSINS *de Sa Majesté* (1764) (p. VIII).

Généalogie de 1834.

Aujourd'hui sixième jour de juin 1765,

Le roi estant à Versailles, voulant donner à la maison de Chabot une marque de la bienveillance dont Sa Majesté l'honore, et considérant aussi son illustration ancienne, les grandes alliances qu'elle a contractées dans les temps les plus reculés avec plusieurs maisons souveraines de l'Europe et l'honneur qu'elle a de lui être alliée ;

Sa Majesté s'étant fait représenter les titres de la maison de Chabot, sur lesquels sont fondées plusieurs distinctions honorables, dont elle est en possession depuis plusieurs siècles, a reconnu que ces prérogatives n'ont pas seulement été accordées par les rois ses prédécesseurs, en considération de l'attachement inviolable que cette maison a de tout temps témoigné au bien et avantage de leurs couronnes et de leurs personnes, des grands et fidèles services qu'elle leur a rendus dans les différentes charges de la couronne, gouvernemens et emplois militaires qui leur ont été confiés, et des preuves signalées de leur valeur, courage et expérience au fait de la guerre, que grand nombre de seigneurs de cette maison n'ont cessé de donner dans toutes les occasions qui se sont présentées ; mais que ces prérogatives ont aussi pour fondement l'honneur d'appartenir à Sa Majesté par plusieurs alliances, tant parce qu'en effet le roi Louis XIV l'a reconnu dans les lettres d'érection du duché de Rohan en faveur de Henry Chabot de l'année 1648, la branche royale de Bourbon et tous les rois de France descendant médiatement d'une fille de Chabot, qui fut dame Eustache, femme de Geoffroy de Lusignan, comte de Japha, que parce que le mariage de Jacques Chabot, seigneur de Jarnac, avec Madeleine de Luxembourg, de qui descendent M. le duc de Rohan aujourd'hui chef de la maison de Chabot, M. le comte et M. le vicomte de Chabot ses cousins germains, ils ont l'honneur d'appartenir à toutes les maisons impériales, royales et souveraines de l'Europe, et qu'ils comptent pour neuvième aieul Pierre de Luxembourg, seigneur de Brienne, de Saint-Paul et de Conversano, qui est le dixième aieul de Sa Majesté ; laquelle considérant que sur le fondement de ces alliances, les rois ses prédécesseurs, tant de la branche dite communément de Valois que de celle de Bourbon, ont depuis longtemps reconnu comme *cousins et parens*, tant par écrit qu'autrement, les seigneurs de Jarnac et autres de la maison de Chabot, et mettant de plus en considération que M. le duc de Rohan, M. le comte et M. le vicomte de Chabot sont descendans au septième degré de Jean d'Albret et de Catherine de

Foix sa femme, roi et reine de Navarre, en sorte qu'ils ont l'honneur d'être parens de Sa Majesté du septième au huitième degré de consanguinité ;

Sa Majesté a arrêté et ordonné que la maison de Chabot continuera de jouir des prérogatives et distinctions honorables dont elle a joui par ci-devant et qu'en conséquence dans les expéditions de la chancellerie et autres actes émanés de l'autorité royale où Sa Majesté parle directement, ainsi que dans les lettres missives elle continuera de traiter de *cousins* les ducs de Rohan, les comtes et les vicomtes de Chabot et leurs descendans, mâles et femelles, nés ou à naître en légitime mariage, ainsi qu'il s'est pratiqué jusqu'à ce jour dans toutes les occasions qui s'en sont présentées, et que, dans les brevets et autres actes où le roi parle indirectement par l'organe de ses ministres, ils recevront le traitement le plus distingué et le plus honorable dans tous les actes de cette espèce, par la dénomination qui précède le nom propre, qui est de M au lieu de S [1], de laquelle distinction ils sont en possession depuis longtemps. Et, pour assurance de sa volonté, Sa Majesté m'a commandé d'expédier le présent Brevet, signé de sa main, et fait contresigner par moi, son conseiller secrétaire d'Etat.

Signé : LOUIS.

Et plus bas : LA VRILLIÈRE.

---

1. *Monsieur* au lieu de *Sieur*.

APPENDICE

I. — LES CHABOT AUX CROISADES.

La noblesse poitevine, et à sa tête les hauts barons, ne resta pas étrangère au grand mouvement religieux qui enfanta les croisades.

Les Chabot, appartenant à une des principales maisons de la province, durent y prendre part. Si nous n'avons pas trouvé la preuve qu'ils se soient trouvés à la première croisade, plusieurs documents authentiques nous attestent qu'ils firent le voyage de Terre-Sainte, aux époques suivantes.

IIe CROISADE.

Deux chartes, publiées dans les documents qui précèdent, et tirées des Cartulaires de l'Absie, établissent que Sebrand I, seigneur de Vouvent, était sur le point de partir pour Jérusalem, lorsqu'il fit une donation à ce monastère, vers 1147, et qu'il la confirma après son retour, *anno quo perrexi in Jherusalem.*

IIIe CROISADE.

Une autre charte, qui offre tous les caractères de l'authenticité, et qui a été citée par M. de Fourmont (l'*Ouest aux Croisades*, III), nous fournit la preuve que Thibaud III Chabot, seigneur de la Roche-Cervière, accompagna Philippe-Auguste dans sa célèbre expédition contre les Sarrasins en 1190. C'est l'acte de la caution donnée à des marchands Génois par Thibaud, en garantie du prêt qu'ils avaient fait à plusieurs gentilshommes de sa suite. On sait qu'à cette époque la noblesse française était plus riche de bravoure que d'argent. Cette pièce est datée de Messine en Sicile, où Thibaud III s'arrêta au cours de son voyage. Nous l'avons également reproduite dans les documents.

IVe CROISADE.

Sebrand II Chabot, ayant pris la croix pour aller au secours de la Terre-Sainte, engage (1218) à l'abbaye de Saint-Maixent ses terres et revenus du consentement de sa femme, Agnès d'Oulmes, et de Thibaud, son fils aîné. Nul doute qu'il prit part à cette croisade, appelée la croisade des Poitevins, dans laquelle Savary de Mauléon, à la tête de 18,000 combattants de sa province, marcha au secours de l'armée chrétienne et entra dans Damiette en 1219.

Nous n'avons pas rencontré mention des Chabot dans les croisades postérieures, mais il paraît indubitable que des Chabot durent prendre part aux entreprises de ce genre : leur situation dans la noblesse de leur province les désignait naturellement pour marcher à la suite de leur souverain. C'est ainsi que nous voyons Girard II, seigneur de Rays, et son frère Guillaume, seigneur de la Mothe-Achard, recevoir la croix, avec l'élite de la noblesse, pour accompagner Philippe-le-Hardi dans son expédition contre Pierre III, roi d'Aragon, expédition à laquelle le Pape donna le nom et les privilèges d'une croisade.

II. — Libéralité des Chabot envers l'abbaye de l'Absie.

De toutes les abbayes du Poitou, qui furent l'objet des libéralités des Chabot, Sainte-Croix de Talmond, Noaillé, Orbestier, Les Fontenelles, Saint-Maixent, etc., l'Absie mérite une mention particulière, à cause de la prédilection que lui témoignèrent pendant plus d'un siècle les membres de cette famille.

L'abbaye de N.-D. de l'Absie, située en Gâtine, canton du diocèse de Poitiers, puis du diocèse de Maillezais et enfin de celui de la Rochelle, fut fondée vers 1120, par Giraud de la Sale. Elle était de l'Ordre de Saint-Benoît.

Les principales maisons du Poitou, les Lusignan, les Parthenay, les Mauléon, etc., contribuèrent largement à sa fondation et la dotèrent généreusement. Les Chabot surtout se distinguèrent, dans tout le XIIe siècle et au commencement du XIIIe, parmi les bienfaiteurs de ce monastère. On l'a vu, et par les extraits ou les résumés des chartes tirées des Cartulairesde l'Absie, qui se trouvent cités dans l'histoire généalogique, et par les chartes insérées tout au long dans les documents qui précèdent. Presque tous les membres de la maison de Chabot, de cette époque, et, pour ne mentionner ici que les aînés, Sebrand I, seigneur de Vouvent, Thibaud II son fils, Thibaud III, Sebrand II, Thibaud IV, seigneur de la Roche-Cervière, Girard I, seigneur de Rays, figurent dans les nombreuses donations en faveur de cette abbaye.

L'abbé Rainier, troisième abbé qui siégea de 1146 à 1187, était même un Chabot, d'après l'opinion d'un savant très compétent, M. l'abbé Drochon, curé actuel de la paroisse de l'Absie [1], dont l'église est celle de l'ancien monastère. Ce fut entre les mains de l'abbé Rainier que furent faites les principales libéralités des Chabot envers l'Absie.

---

1. M. l'abbé Drochon, prêtre aussi instruit que judicieux, prépare, en ce moment, à force de recherches, une collection des documents et des témoignages épars sur l'Absie, qu'il compte publier pour suppléer aux Cartulaires détruits de cette abbaye.

Une de ces donations, qui n'est pas mentionnée dans l'histoire généalogique, parce qu'elle a été connu trop tard, est celle de « Briand Chabot, Chabot son frère et Pierre Chabot, qui pour le salut de leurs âmes, donnèrent à Dieu et aux religieux de l'Absie, en présence de l'abbé Rainier, les bois, vignes et terres de Fouilloux, qui leur étaient venus de Gislebert, leur oncle. » Quel était ce Briand? Était-ce le neveu de Geoffroy Gilbert, cité page 7 ? Mais ce Pierre, de qui descendait-il ? Nous l'ignorons ; il doit être un des personnages du nom de Chabot, restés inconnus ou isolés dans les rares témoignages qui nous restent de ces temps anciens.

Quoique nous n'ayons plus guère trouvé, après les premières années du XIIIᵉ siècle, mention des libéralités des Chabot envers l'Absie, il est à croire que, dans les temps postérieurs, ils continuèrent, comme leurs prédécesseurs, à enrichir et à protéger ce monastère.

III. — La fée Mélusine.

Nous avons dit (p. 33), et nous le croyons encore, que la légende qui faisait la fée Mélusine d'Eustachie Chabot, mariée à Geoffroy I de Lusignan, était une fable contredite par les documents historiques. Toutefois, il serait possible que les traditions populaires aient attribué à cette Eustachie un rôle, que, dans ces temps naïfs, on n'a pu expliquer que par l'existence d'un pouvoir surnaturel. Quoi qu'il en soit, nous croyons devoir, à la suite d'une Histoire des Chabot, dire quelques mots de cette curieuse légende du moyen âge.

Nous ne pouvons mieux faire que de transcrire le passage que lui consacre M. Bélisaire Ledain, dans son savant ouvrage sur la Gâtine :

« L'histoire n'est pas d'accord sur l'origine de cette fée merveilleuse, dont le peuple poitevin conserve toujours le souvenir. Au XIVᵉ siècle, Couldrette, trouvère poitevin, composa un poème contenant 6,000 vers, intitulé Le livre des Lusignan.

« On y trouve réunie une grande partie des faits merveilleux attribués à

Mélusine. Cette fée bienfaisante, déjà fondatrice du château de Lusignan, construisit, ajoute le poète,

> « Le bourc et le château de Melle,
> « Après fist Vouvant et Mervand,
> « Et puis la tour de Saint-Maxant,
> « Le bourc fist, commença l'Abbaye
> « Où Nostre-Dame est bien servie,
> « Puis la ville de Partenay,
> « Et le Chastel jolis et gay. »

« Ce sont là autant de fables que notre naïf trouvère raconte avec une bonhomie charmante... Néanmoins il y a dans le roman de Couldrette certaines particularités qu'on ne saurait mettre en doute : ainsi les violences du fils de Mélusine, Geoffroy à la Grand'Dent. Echo de la tradition populaire, il nous représente Mélusine : « La fée, maudite par Pressine sa mère, « pour le crime qu'elle avait commis avec une de ses sœurs, en renfermant « son père Elénor, fut condamnée à devenir tous les samedis serpent « depuis la ceinture. Son supplice devait finir avec sa vie, si elle épousait « un mari assez discret pour ne pas la voir en ce jour néfaste ; et dans le « cas contraire, ce supplice devait continuer jusqu'au jugement dernier. « Alliée à Raymondin, neveu du comte de Poitou, Mélusine en eut neuf « enfants, et bâtit le magnifique château de Lusignan. Mais l'indiscrète « jalousie de son mari ayant provoqué l'acte de curiosité qui avait été in- « terdit, la fée s'élança du baquet où elle prenait tous les samedis ses ébats, « et disparut. Depuis lors, on la vit errer sur les creneaux de son palais, « effrayant par ses apparitions nocturnes les populations voisines, et an- « nonçant par ses gémissements plaintifs les malheurs qui menaçaient sa « lignée. »

« Abandonnant l'origine, attribuée à des temps fabuleux, de la fée Mélusine, certains auteurs, par un rapprochement historique qui n'est pas sans valeur, ont cru reconnaître Mélusine dans la personne d'Eustachie Chabot, fille de Thibaud, seigneur de Vouvant, épouse de Geoffroy de Lusignan, et qui fut mère de Geoffroy à la Grand'Dent. » (Bél. Ledain, *La Gâtine*).

Le souvenir de la fée, mère des Lusignan, s'est perpétué dans certaines parties du Poitou. Ainsi les habitants de Lusignan ont conservé jusqu'à nos jours un usage assez singulier : les pâtissiers de cette petite ville confectionnent des gâteaux bizarres, qui représentent la fée Mélusine, femme jusqu'à la ceinture, serpent jusqu'aux extrémités du corps. On offre ces sortes de gâteaux aux personnes distinguées qu'on veut inviter à des noces, ou comme témoignages de reconnaissance. Nous ignorons la date de l'origine de cette coutume ; mais elle est assez curieuse pour être mentionnée.

IV. — LA SEIGNEURIE DE PRESSIGNY.

La seigneurie de Pressigny, située en Gâtine, comptait au siècle dernier 108 feux. Elle appartient aux Chabot de la branche du Chaigneau. Ses seigneurs avaient la haute, moyenne et basse justice. En 1723, le vieux château était encore debout. De cette seigneurie dépendaient 75 fiefs. Les seigneurs de Pressigny jouissaient à Verruyes, village du Poitou, qui était de leur mouvance, d'un singulier droit féodal. Le jour de la fête de la Pentecôte, qui était le jour de *l'Assemblée*, ou fête locale, ils avaient le droit de faire sauter tous les nouveaux mariés dans un lieu consacré à cet usage et qu'on appelait le *saut de Verruyes*. (Voy. Bél. Ledain, *La Gâtine*.)

TABLE ALPHABÉTIQUE

DES NOMS DE PERSONNES ET DE LIEUX

CITÉS DANS L'HISTOIRE GÉNÉALOGIQUE

A

B

44

C

CAMBRAY, ville des Pays-Bas, 187.

CASTILLE (Charlotte de), femme de Charles Chabot, comte de Charny, 198. — (Pierre de), 198.

CAUCHON DE MAUPAS (Barbe), deuxième femme de Guy I Chabot, seigneur de Jarnac, 140, 141.

CÉCILE, femme d'Arnaud Chabot, 19.

CÉLESTINS, église et monastère de Paris, 149, 157, 160, 163, 166, 189.

CHABIEL (Cécile), deuxième femme de Jacques II Chabot, seigneur de la Chapelle, 235, 236, 237. — (Rodriguez), 235.

CHABOT.

Adeline, 222.

Aénor, 98, 99, 101.

Agnès, 41, 45. — 123.

Aimery, 19.

Airaud de Nieul, 20, 22.

Angélique-Perside, 237.

Anne, 104, 105. — 130. — 154, 161. — 193. — 196. — 203.

Anne-Julie, 155, 160, 161.

Antoine, chevalier de Malte, 126, 127, 131.

Antoine, seigneur du Chaigneau, 207, 208, 209, 210.

Antoine, seigneur des Aigneaux, 209, 210.

Antoine, 231. — 232.

Antoinette, 193.

Armand-Isaac, chanoine de Luçon, 218.

Arnaud, 19.

Artus, 206, 207.

Artus, seigneur de l'Aleu, 231.

Auguste-Jean-François, comte de Chabot, 221, 222.

Augustin, chevalier de Saint-Louis, 218.

Augustin-Prudent, comte de Chabot chevalier de Saint-Louis, 220. Beline, 12.

Bellassez, 39, 40, 70.

Bernarde, religieuse, 227.

Brient, 7, 8.

Catherine, 107, 108, 117. — 132. — 192, 193. — 198. — 203. — 205, 213. — 231. — 233. — 236.

Catherine, comtesse de Busançais, 192.

Catherine, dame de Lugny, 195.

Catherine de Jarnac, religieuse, 147, 148.

Catherine, religieuse, 143, 148.

Céleste-Eulalie, 221.

César-Auguste, 219.

Charles, 116. — 140. — 222.

Charles-Alexandre, 220.

Charles-Augustin, comte de Chabot, chevalier de Saint-Louis, 219, 220, 221.

Charles, baron de Jarnac, 129, 132, 133, 134, 135, 136, 137.

Charles, comte de Charny, 198.

Charles, prieur de Fontaine-Française, 195.

Charles-Raymond, 221.

Charles, seigneur de Charroux, 195.

Charles, seigneur de Sainte-Aulaye, 143, 152, 153.

45

D

E

F

G

H

I

J

K

L

ROIS DE FRANCE

M

N

O

P

Q

R

S

SAVOIE (Charlotte de), 109. — (Duc de),
188. — (Louise de), 132.

SAVOIE, duché, 188.

SAVONNIÈRES, prieuré de l'Anjou, 111.

SAVONNIÈRES, seigneurie de Touraine,
104, 106, 116.

SCHOMBERG (Jeanne de), 149.

SEMBLANÇAY, châtellenie de Touraine, 90.

SENLIS, ville et évêché de l'Ile-de-France,
76.

SENS (Marie de), 225.

SÉRENT (Armand, comte de), 176. — (Armandine-Marie de), femme de Louis-
François-Auguste de Rohan-Chabot,
duc et depuis cardinal de Rohan, 175,
176.

SEURRE, ville de Bourgogne, 190.

SÉVIGNÉ (Gilles de), 228. — (Guyon de),
228.

SÈVRE, rivière du Poitou, 41.

SIGOURNAY, seigneurie du Poitou, 144,
226.

SILLY (Catherine de), 195, 196. — (Louis
de), 195.

SMITH (Elizabeth), deuxième femme de
Marie - Charles-Rosalie de Rohan-
Chabot, comte de Jarnac, 182, 183.

SOLDÈNE, 16.

SOUBISE (abbé, puis cardinal de), 160, 161.
— (Mlle de), 155. — (prince de), 155,
162.

SPIRE, ville d'Allemagne, 171.

STRASBOURG, ville d'Alsace, 160, 161.

SULLY (duc de), 156. — (Marie de), 84.

SULLY, ville et château de l'Orléanais, 156.

SURESNES, bourg de l'Ile-de-France, 194.

SURGÈRES (Guiart de), 60.

SUZANNET (général, comte de), 220.

SYBILLE, femme de Brient Chabot, 8. —
femme d'Eude Chabot, 22.

SYRIE, 202.

SAINTS

AIGNAN (Michel de), 225.

ANTOINE, faubourg de Paris, 157, 165.

ARNAUD, 144.

AUBIN (Guillaume et Pierre de), 42.

AUGUSTIN, abbaye de Limoges, 30.

CHRISTOPHE, châtellenie de Touraine, 90.

CHRISTOPHE, prieuré du Poitou, 15.

CLOUD, ville de l'Ile-de-France, 162.

CYBAR (abbé de), 122.

ETIENNE, cathédrale de Limoges, 28.

ETIENNE-DE-MERMORTE, paroisse de Bretagne, 76.

FIACRE, seigneurie de Bretagne, 229.

FLORENT, abbaye de Saumur, 15, 227.

FLORENT-LE-VIEUX, seigneurie de l'Anjou,
227.

GELAIS (Jean de), 133. — (Jeanne de),
femme de Charles Chabot, baron de
Jarnac, 133, 134, 135, 136, 137.

GELAIS, seigneurie du Poitou, 134.

GERMAIN-DES-PRÉS, abbaye de Paris, 174.

GERMAIN-EN-LAYE, ville de l'Ile-de-France,
149.

GERVAIS, paroisse de Paris, 165.

GILDAS-DES-BOIS, abbaye de Bretagne, 90.

HILAIRE, église et chapitre de Poitiers,
112, 239.

HILAIRE-DE-MERMORTE, paroisse de Bretagne, 78.

HILAIRE-DE-VAUJOUX, châtellenie de Bretagne, 86.

HILAIRE-DU-BOIS, paroisse du Poitou, 41,
52.

HILAIRE-LE-VOUHIS, seigneurie du Poitou,
58, 102.

JACQUES-DU-HAUT-PAS, paroisse de Paris,
167.

T

U

V

Y

ERRATA

Page 8, ligne 19, au lieu de lA'rchevêque, lisez *l'Archevêque.*
— 47, note, — Boutarie, — *Boutaric.*
— 130, ligne 13, — Charles-Vivonne, — *Charles de Vivonne.*
— 161, ligne 1, — abbé, — *Cet abbé.*
— 169, note 2, — t. 1091, — *T. 1091.*
— 219, ligne 1. Transporter à l'article de *Charles-Augustin*, qui suit, la phrase : « *C'est lui qui présenta en 1778, etc.,* » placée ici par erreur.

TABLE CHRONOLOGIQUE DES DOCUMENTS

APPENDICE

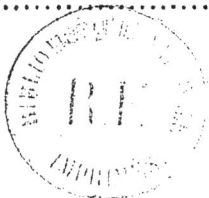

TABLE DES MATIÈRES

ACHEVÉ D'IMPRIMER

A NANTES

PAR

VINCENT FOREST ET EMILE GRIMAUD

LE XIVe JOUR DE JANVIER

M. DCCC. LXXXVI.

www.ingramcontent.com/pod-product-compliance
Lightning Source LLC
Chambersburg PA
CBHW071957270326
41928CB00009B/1466